Anonymous

Historisch-litterarisch-bibliographisches Magazin

Anonymous

Historisch-litterarisch-bibliographisches Magazin

ISBN/EAN: 9783744701358

Hergestellt in Europa, USA, Kanada, Australien, Japan

Cover: Foto ©ninafisch / pixelio.de

Weitere Bücher finden Sie auf **www.hansebooks.com**

HISTORISCH -
LITTERARISH - BIBLIOGRAPHISCHES
MAGAZIN.

Errichtet

von

einer Gesellschaft litterarischer Freunde

in und aufser Deutschland.

Herausgegeben

von

JOHANN GEORG MEUSEL,

Hofrath und Professor der Geschichte in Erlangen.

Erstes Stück.

1 7 8 8.

ZÜRICH
bey Johann Caspar Füefsly.

VORBERICHT.

Durch diefes neue Magazin foll gewiffermaffen mein, zuletzt in Bayreuth verlegtes hiftorifches Journal (*litterarifche Annalen der Gefchichtkunde* &c.) und das eben dafelbft gedruckte *biftorifch - litterarifches Magazin*, mit einander verbunden werden, jedoch mit der Einfchränkung, dafs in diefer neuen periodifchen Schrift nicht auf die gefammte Gefchichte überhaupt, fondern nur auf Litterargefchichte, Rückficht genommen werden foll. Es fey nämlich — da uns meines Wiffens gegenwärtig ein folches Magazin fehlt — einzig und allein der Kultur der Gelehrtengefchichte, nach ihrem ganzen Umfange, gewidmet! Es foll, wo möglich, und wenn der Eifer des litterarifchen Publikums eine lange Fortfetzung erwarten läfst, nach und nach eine Sammlung von Materialien für ein künftiges vollftändiges Syftem der Litterargefchichte — woran es noch immer fehlt — darbieten.

Dem zu Folge hat man hier zu erwarten: Abriffe der Gefchichte einzelner Wiffenfchaften und ihrer Theile, wie auch wichtiger Erfindungen; Ferner, Verbefferungen der neueften Hülfsmittel zur Litterargefchichte; Biographien berühmter Gelehrten, oder Materialien zu folchen Biographien, auch Berichtigungen fchon vorhandener Lebensbefchreibungen; Anekdoten und Charakterzüge; Anfragen, um deren Beantwortungen man hiermit ein für allemal patriotifch-gefinnte Gelehrte gebeten haben will; Nachrichten und Recenfionen von *alten* raren und *neuen* merkwürdigen Litteraturwerken, befonders von folchen, wobey fich eigene Bemerkungen anbringen laffen; auch wohl Recenfionen alter Werke, die zwar nicht felten, aber bey dem fich immer ftarker anhäufenden Bücherfchwall, gleichfam in Vergeffenheit gerathen find, ohne es zu verdienen; kritifche Befchreibungen brauchbarer Handfchriften; vorzüglich auch einzelne Bemerkungen, dergleichen viele Gelehrte bey ihrem Denken und Lefen machen, ohne fie — fo nützlich fie auch feyn mögen — öffentlich mitzutheilen, oder deswegen gleich eine befondere Abhandlung daraus zu machen.

Von allen diefen Dingen oder Gegenftänden wird man nun zwar nicht gleich in diefem erften oder in jedem Stück etwas finden. Aber nach und nach in den folgenden Stücken wird man Bearbeitungen aller derfelben antreffen; und ich fchmeichle mir, jedem Litterator werde doch in jedem Stück eines und das andere für fein Lieblingsfach aufftoffen. Die Mannichfaltigkeit der Gelehrten, die fich zur Bearbeitung diefes Magazins mit mir vereinigt haben, berechtiget mich zu diefer Hoffnung. Sie leben meiftens in, zum Theil auch auffer Deutfchland. Ihre Zahl ift gegenwärtig zwifchen dreiffig und vierzig. Sie wird hoffentlich immer ftärker werden, und mit der Zeit wird fich vielleicht eine eigene, lediglich zur Beförderung der Litterargefchichte vereinigte Gefellfchaft daraus bilden laffen.

Diejenigen Gelehrten, die mir Erlaubnifs gegeben haben, fie als ljetzt fchon befchäftigte oder auch künftige Mitarbeiter zu nennen, sind noch alphabetischer Ordnung folgende:

Herr Professor *Ackermann* in Altdorf.
- Stadtpfarrer *am Ende* in Kaufbeuren.
- Rath und Bibliothekar *von Bretschneider* in Lemberg.
- Rath und Bibliothekar *Cubn* in Cassel.
- *Ekkard*, erster Custos bey der königl. Biblioth. in Kopenhagen.
- Professor und Bibliothekscustos *Eyring* in Göttingen.
- Justitzrath *Gercken*, der sich bald in Frankfurt am Mayn, bald in Worms, aufhält.
- Zunftmeister *Heidegger* in Zürich.
- Rektor *Hummel* in Altdorf.
- Professor *Jäger* in Altdorf.
- Syndiakonus *Kapp* in Bayreuth.
- Rath und Archivar *Ledderhose* in Cassel.
- Archidiakonus *Lengnich* in Danzig.
- Professor *Meister* in Zürich.
- *Nyerup*, zweyter Custos bey der königl. Bibliothek in Kopenhagen.
- Schaffer *Panzer* in Nürnberg.
- Hofrath und Professor *Pfeiffer* in Erlangen.

Herr Profeſſor und Bibliothekscuſtos *Reuſs* in Göttingen.
- geheime Hofrath *Ring* in Carlsruhe.
- Diakonus *Roth* in Nürnberg.
- Prediger und Stadtbibliothekar *Schelhorn* in Memmingen.
- Profeſſor *Schwarz* in Altdorf.
- Regierungsrath *von Senkenberg* in Gieſen.
- Doktor und Profeſſor *Siebenkees* in Altdorf.
- Hofrath und Bibliothekar *Strieder* in Caſſel.
- Pfarrer *Strobel* in Wöhrd bey Nürnberg.
- Rath und Bibliothekar *Walch* in Meiningen.

Andere verdienſtvolle Männer, vorzüglich einige wackere italieniſche und franzöſiſche Litteratoren, die künftig mitwirken werden, kann ich noch zur Zeit nicht nennen. Von einigen erwarte ich erſt noch ihren Entſchluſs, ob ſie Theil nehmen wollen oder nicht.

In Anſehung der Erſcheinung der Stucke will man ſich an keine beſtimmte Zeit binden, und man hoft, hierinn eben ſo viel Beyfall zu erhalten, als in Anſehung der Wahl lateiniſcher Lettern.

Jeder Band wird mit einem Regiſter verſehen werden.

VORBERICHT.

Ich fchlieſſe mit der Verſicherung, daſs mir jeder Vorſchlag zur Verbeſſerung oder Vervollkommung unſers Plans angenehm ſeyn, und daſs man, wo möglich, Gebrauch davon machen werde.

Geſchrieben in Erlangen, am 10ten Julius 1788.

Johann Georg Meuſel.

INNHALT.

Seite.

I. Abhandlungen oder Auffätze, Biographien &c.

Abrifs einer Gefchichte der Statiftik. 1
Bearbeitung der Statiftik in alten Zeiten. . . ib.
- - derfelben in den mittlern Zeiten. . . 2
- - der Statiftik der alten Staaten in neuern Zeiten. . ib.
- - der neuern Statiftik vor Corings Zeit. . 3
- - der neuern Stat. feit Coring b. a. Eberh. Otto. ib.
- - - - - feit Eberhard Otto. . . 4
Ueber Privatbibliotheken und ihre Befitzer zwifchen
den Jahren 1750 und 1760. 6
Leben des Freyherrn Samuel von Pufendorf. . . 27

II. Recenfionen oder Befchreibungen feltener Bücher.

Epiftolæ obfcurorum virorum &c. 38
Epift. obfc. v. ad M. O. Grat. nil præter lufum &c. . ib.
Duo volumina epiftolarum obfc. vir. &c. ib.
Wolfgangi Comitis de Bethlen, prioribus Sec. XVII. &c. 47
Jufti Lipfii epiftolarum centuriæ duæ; &c. . . . 51
Eine höchftfeltne Samml. Günther - Zainerif. Druckfchr. 57
Ein paar alte kleine Schriften von der Beicht. . . 63

INNHALT.

	Seite.
Eine sehr alte Ausgabe der römischen Canzleyregeln des Pabsts Paul II. und Sixtus IV.	68
Ein paar alte Bücher von der Jungfr. Maria, ohne Titel.	74
Alte, meist. unbek. Ausg. kleiner Schriften. alle in Quart.	78
Tractatus in elucidationem cujusdam hostie rubricate in vrbe inclita Berna.	80
Penitentiarius de confess. Jesuida hieronimi de passione. Lactantius de resurrect.	81
Diuina Prouidentia.	84
Contra fratrem Hieronym. Heresiarcham libell. & process.	85
Eximii in sacra pagina doctoris Johannis de Gersonno &c.	37
Incipit Tractatus magistri Johannis de Gersonno &c.	88
Alphabethum diuini amoris de eleuat. mentis in deum.	89
Stella clericorum &c.	91
Vita diui Antonii a Mapheo Vegio Laudensi &c.	97
Sebastian Brants Narrenschiff 1506.	102
Introductio vtilissima, hebraice discere cupientibus: cum latiori ementatione Joannis Boeschenstein. &c.	108
Cosmographicus liber Petri Apiani Mathematici stud. coll.	114
Verschiedene im XVten Jahrhundert gedruckte Schriften, in einem Quartbande.	119
Gregorii magni libri quatuor dialogorum &c.	120
Jo. Gerson sex lectiones de vita aegritudine & morte &c.	121
- - de Imitatione Christi & de contemptu mundi. &c.	126
- - de pollutionibus, & de cognitione castitatis. &c.	132
Augustinus de virtute Psalmorum.	134
De spiritu Guidonis. Delphis 1486.	ib.
Jacobus Carthusiensis de arte bene moriendi.	148

INNHALT

Seite.

III. Recensionen neuer Bücher.

Bibliotheca Moguntina &c. 153
Monumenta typographica, &c. . . . . . . ib.
Bibliothecæ academicæ Ingolstadiensis &c. . . . ib.

IV. Anfragen. 171

V. Einzelne Bemerkungen und Berichtigungen, kurze Nachrichten, Antikritiken, Ankündungen, und dgl. 173

Nachricht von zwey alten Impressen des XVten Jahrhunderts, betreffen den Bruder Niclaus von Flüe, und von einigen Ausgaben des Thomas à Kempis. 177
Bibliographische Beschreibung. 181
Einzelne Bemerkungen und Berichtigungen. . . 191
Project einer histor. Gelehrten Gesellsch. zu Heidelberg. 209
Exempt aus einem Schreiben des B. C. Haurisius, &c. ibid.
Berichtigung einer gewissen Allegation. . . . ibid.
Eines alten Theologen, Erhard Schnepfs Aeusserungen von dem Laster der Selbstbefleckung, &c. 213
D. Nicolaus Selneccers eigener Bericht von Schimpfnamen, womit ihn seine Gegner belegt. . . 215
Alphabetis. Verzeichn. von Schimpfnamen, die Cochläus dem D. Luther in einer einzigen Schrift beylegt. ibid.
Franciscus Lambertus las zu Wittenberg 1523. &c. 217
Erasmi von Rotterdam, Gedanken &c. . . . 218
Einige unverdächtige Zeugnisse, dass Fridrich &c. . 219

	Seite.
Erasmus in Opere Epistolarum (Basel 1538. fol.) p. 425.	219
Joh. Friedrich, Churf. zu Sachsen, und &c.	221
Melanchthon in einem Brief an Veit Dietrich &c.	222
In Wolfg. Kraussens Stamm und Ankunft &c.	ibid.
Sonderbare Dedication.	223
Litterarisches Project.	224
Ankündigungen.	226

(Die in diesem Stücke vorkommende Druckfehler werden, wegen Abwesenheit des Autors, im nächsten Stücke angezeigt werden.)

HISTORISCH-
LITTERARISCH-BIBLIOGRAPHISCHES
MAGAZIN.

I.

ABHANDLUNGEN ODER AUFSÄTZE, BIOGRAPHIEN, &c.

I.

Abriſs einer Geſchichte der Statiſtik.

I.

Bearbeitung der Statiſtik in den alten Zeiten.

Die Statiſtik oder Staatskunde iſt keine ſo neue Wiſſenſchaft, als man etwann aus ihrem Namen ſchlieſſen könnte. Schon die alte Welt und das Mittelalter hat Beyſpiele von Nachrichten über den damaligen Zuſtand eines oder mehrerer Staaten aufzuweiſen. Ihre Nützlichkeit hat bereits *Sokrates* eingeſehen. *) *Xenophons* Statiſtik von Athen und Lacedämon beſitzen wir noch. *Ariſtoteles* lieferte Statiſtiken von 158 oder nach andern von 255 Staaten. Es ſind aber von denſelben nichts weiter als Bruchſtücke vorhanden, ſo wie von des *Heraklids Pontikus* Statiſtik von Griechenland, und von dem Werke des *Dicäarchens* aus Meſſina. Die meiſten übrigen ſind ganz verloren gegangen; z. E. *Sphärus* vom lacedämoniſchen Staate, *Agathokles* aus Samos, vom peſſinuntiſchen Staat. Des *Tacitus* Nachricht von Germanien iſt eines der ſchätzbarſten Ueberbleibſel des Alterthums. Auſſerdem haben manche griechiſche und römiſche Geſchichtſchreiber und Geographen ſtatiſtiſche Nachrichten ihren Werken einverleibt, z. E. *Strabo*, *Pauſanias*.

*) Xenophont. Memor. Socr. Libr. III. c. 6.

A

2.
Bearbeitung derselben in den mittlern Zeiten.

Die Furcht vor den Türken und die Kriege mit ihnen gaben gegen das Ende des Mittelalters Veranlaſſung, daſs *Aeneas Sylvius*, der nachmalige Pabſt Pius II, in ſeiner Toſreographie eine Statiſtik der europäiſchen und aſiatiſchen Staaten, vornemlich in Klein-Aſien lieferte.

3.
Bearbeitung der Statiſtik der alten Staaten in neuern Zeiten.

Nach der Wiederherſtellung der Wiſſenſchaften wurde zuförderſt die Statiſtik der alten Völker und Staaten fleiſſig und zum Theil auch glücklich bearbeitet, und das Antiquitäten-Studium bahnte erſt der Kenntniſs der neuern Staaten den Weg. Den Anfang zur Kultur der Alterthums-Wiſſenſchaft machte man in Italien; von da verbreitete ſie ſich nach Frankreich, England und andern nordiſchen Ländern. Diejenigen Schriften, welche einzelne Beyträge dazu enthalten, ſind groſſentheils in den bekannten Theſauris antiquitatum geſammelt, zu welchen noch immer der Theſaurus Antiquitatum germanicarum fehlt. Hier will ich nur die allgemeinern Schriftſteller nennen. Mit der Statiſtik der Ebräer beſchäfftigten ſich *Carl Sigonius*, *Peter Cunäus*, *Wilhelm Schickard*, *Jacob Basnage*, und am glücklichſten der Ritter *Michaelis*. Die Statiſtik der Egypter bearbeitete *le Mascrier*; die der Perſer *Barnat*, *Briſſon*; die der Carthaginienſer *Chph. Hendruch*; die Statiſtik Griechenlands *Joh. Meurſius*, *Ubbo Emmius* und *Potter*, die der Römer *Carl Sigonius*, *W. H. Nieupoort* und *Maternus von Cilano*; die Statiſtik der alten Deutſchen *Joh. Cluver*; *Paul Hachenberg*, *Joh. G. Heineccius*, und *J. U. Treſenreuter*. Auch *Rollin* in der Geſchichte der alten Völker und die Verfaſſer der engliſchen *allgemeinen Welthiſtorie* ſind nicht zu vergeſſen.

In Schweden, Frankreich, England und Italien haben sich zum Besten dieses Studiums eigene Gesellschaften vereinigt; die Verdienste der Deutschen um dieselbe sind aber nicht minder grofs, obgleich Deutschland noch nicht lange eine Gesellschaft der deutschen Alterthümer zu Cassel hat.

4.

Bearbeitung der neuern Statistik vor Conrings Zeit.

Die ersten, welche die Statistik der neuern Staaten bearbeiteten, waren Italiäner. Vornemlich haben die Gesandten der Republik Venedig seit dem Ende des XVI. Jahrhunderts ihre Berichte und Relationen bekannt gemacht. So entstand das Werk des *Franz Sansovino*, des *Joh. Botero*, welcher auf dem Titel seines Buchs die erste Welt-statistik ankündigte; und die Sammlung von statistischen Abhandlungen einiger Italiäner, welche unter dem Titel: Thesaurus politicus von *Caspar Ens* ins Lateinische übersetzt wurden. Auf diese folgte *Pierre d'Avity* mit seiner sehr grossen Statistik, welche *Franz de Ranchin* und *Joh. Bapt. de Rocoles*, der letzte aber mit sehr ungleichem Glück, fortsetzten; und aus welcher, wie aus einem grossen See, *Ludwig Gottfried* und *Lucas de Linda* ihre Werke ableiteten. Hiezu kamen endlich die sogenannten *Elzevirischen Republiken* *), von verschiedenen Verfassern, und von sehr manchfaltigem Werth.

5.

Bearbeitung der neuern Statistik seit Conring, bis auf Eberhard Otto.

Hermann Conring zu Helmstädt, ein wirklicher Polyhistor, machte zuerst (1660.) die Statistik zu einer Universitätswissenschaft, und hatte darinn, vornemlich seit dem Anfang dieses Jahrhunderts, auf andern Universitäten mehrere Nachfolger. *Phil. Andr. Oldenburger* liefs dessen

*) Litterar. Wochenbl. (Nürnbg. 1770. 8.) I. Th. S. 79 - 85.
II. Thl. S. 225 - 231.

Vorlefungen mit feinen Zufätzen drucken. *Sam. Puffendorf* fügte jedem Capitel feiner Einleitung zur Staatenhiftorie eine Nachricht von der Staatsverfaffung bey. *Joh. Andr. Bofe*, *Georg Schubart* und *Cafpar Sagittar* lehrten theils mündlich, theils fchriftlich die Statiftik zu Jena mit groffem Beyfall. *Joh. Chph. Bromann* hatte die Abficht, eine Weltftatiftik nach einem fyftematifchen Plan zu liefern, und fein Werk mag das befte aus dem vorigen Jahrhundert feyn. *Chriftian Gaftel* fchrieb mehr ein Staatsrecht der europäifchen Länder, als eine Statiftik. *Friedrich Leutholf von Frankenberg* (d. i. Bernhard von Zech) trug durch feinen europäifchen Herold zur Verbreitung diefer Wiffenfchaft etwas bey. Auf der neuen Univerfität zu Halle erfchienen die *Rengerifchen Staaten*, von welchen *Ludw. Henr. Gude* die meiften gefchrieben hat. Eben dafelbft lehrte *N. H. Gundling* diefe Wiffenfchaft, und feine Difcourfe wurden auch gedruckt, trugen aber nichts zur Vermehrung feines Ruhms bey. Zu Altdorf lehrte *Joh. Dav. Köhler* europäifche Statiftik nach feinem eigenen Entwurf.

6.
Seit Eberhard Otto.

Eberhard Otto machte durch fein neues Lehrbuch (1726.) den Eifer für diefes Studium aufs neue rege, und fein Handbuch blieb über 20 Jahre beliebt, bis es durch neuere Compendien verdrängt wurde. Dergleichen lieferte *Gottfr. Achenwall*, *Chr. Wilh. Franz Walch*, *Joh. Paul Reinhard*, *Eobald Tos*, *Ludw. Adolph Baumann*, *Bielefeld*, und *Jul. Friedr. Remer*. Nun wurde Statiftik auf den meiften deutfchen Akademien ein Univerfitätsftudium.

Den Deutfchen gebührt der Ruhm, dafs fie die Statiftik der wichtigften Staaten Europens fleiffiger, als andere Nationen bearbeitet, welche in den neueften Zeiten faft gar kein allgemeines ftatiftifches Werk geliefert haben.

Thomas Salmons Weltftatiftik ift faft das einzige wichtige Werk, welches die Engländer in diefem Fache aufweifen können; und *Raynals* berühmtes Werk das befte, was man über die Statiftik der Länder auffer Europa hat. Ausländer lieferten dagegen in Reifebefchreibungen und andern Schriften fehr wichtige Materialien zur Verarbeitung, und vorzügliche Bücher über ihre Nationalftatiftik.

Ueber die Statiftik mehrerer einzelner deutfcher Staaten haben wir nichts als Verfuche von *J. P. v. Ludwig, Joh. Steph. Pütter, W. A. Rudloff, Ph. C. Bertram, M. C. Curtius, Joh. Herm. Stöver, Gerh. Phil. Heinr. Norman,* und *Joh. Geo. Auguft Galletti*, welche zum Theil nicht einmal alle deutfche Staaten umfaffen.

Es fehlt jedoch nicht mehr fo fehr an Statiftiken einzelner Länder des deutfchen Reichs, und an ftatiftifchen Geographien, welche groffentheils aus Büfching entftanden find.

Mit *Büfchings* Magazin (1767.) fängt fich faft eine neue Epoche der Statiftik an. Sein Vorgang fand Nachfolger: *Lebret, Schlötzer, Dohm, Haufen, Sprengel* und *Forfter* theilten uns ftatiftifche Sammlungen mit, durch welche in einer Zeit von 20 Jahren mehrere und wichtigere Nachrichten bekannt wurden, als vorher kaum in 100 Jahren.

Als Hülfsmittel zu diefem Abrifs habe ich vornemlich gebraucht:

God. Achenwall diff. notitia rerum publ. academiis vindicata. (Gött. 1748.) §. XI. - XV.

J. C. Gatterers Ideal einer allgemeinen Weltftatiftik. Gött. 1773. 8.

P.

2.

Ueber Privatbibliotheken und ihre Befitzer, zwifchen den Jahren 1750. und 1760.

Von groffen, öffentlichen, kayferlichen, königlichen, fürftlichen, gräflichen, klöfterlichen und Univerfitätsbibliotheken, auch manchen *Privat-Sammlungen*, die fo oft mit jenen fich meffen und die Vergleichung zu ihrem Vortheile aushalten können, ift längft fo manches gefagt, niedergefchrieben, gefchwatzt und zufammengeftoppelt worden, dafs fo manch' anders auch ich felbft dem fchon gefagten, aus eignen auf meinen ehmaligen Reifen gemachten Bemerkungen, beyfügen und es nach meiner Art zu fehen und zu bemerken — denn jeder hat auch wol hier, fo wie in allen andern Dingen, feine eigne Manier — wieder darftellen könnte, ich dennoch vor der Hand diefe fchon fo oft berührten Dinge nicht wieder berühren, fondern es lieber abwarten will, bis man mich etwa dazu auffodern und aus dem, was ich gegenwärtig vorzubringen im Begriff bin, etwa die Schlufsfolge ziehen möchte, dafs ich wol auch von *gröſſern Bibliotheken* etwas fruchtbares dürfte vorbringen können, da *kleinere* mir fo reichen Stoff zur Unterhaltung verfchafft haben.

Alfo von *kleinern*, von *Privat-*, von folchen *Bibliotheken* und *Bücherfammlungen* rede ich diesmal, deren vielleicht noch niemand, wenigftens fo nicht gedacht hat, wie ich derfelben erwähnen und fie dem Lefer intereffant und wichtig zu machen fuchen werde. Trokne Nomenclaturen werden wol auch, fo dann und wann, vorkommen und mir, bey allem meinem Beftreben fie zu vermeiden, bisweilen unvermeidlich werden. Aber dafür gebe ich mein *Ehren-* und *Autorswort*, dafs ich das Trockne möglichft vermeiden und wo es nur immer thunlich feyn wird, diefs und das beybringen, einfchieben,

zwifchen den Jahren 1750. und 1760. 7

und zur Schau aufftellen werde, das die Scene beleben
und dem Lefer, wenn er kein purus putus *Bücherwurm*
oder *Antiquarier* von der fchlimmften Art ift, hoffentlich
fo ganz wohl behagen foll.

Aber wo fchlage ich meine Bude zuerft auf und mit
was eröfne ich die Bühne? Das ift, dächte ich, gleich
viel — Nehmen wir einmal die gelehrte Charte vor uns;
hier fällt mir fogleich *Hamburg* auf, und hier wollen wir
weilen. Es ift, wie bekannt, ein in jedem Betrachte
merkwürdiger Ort uud ob ich fchon fo glücklich nicht
gewefen bin, den berühmten hamburgifchen Arzt D. *Ehrhorn*, weil er zu meiner Zeit noch nicht exiftirt hat, von
Perfon und deffen fonderbare *Bibliothek* in natura zu kennen, deren wohlverdientes Andenken uns Dr. *Báldinger*
in feinem medicinifchen Journal 1786. St. X. erhalten
hat — Es heifst dort von ihm, dafs er ein Mann von
eignem Humor gewefen, wenig practicirt, von feinen
Renten gelebt und eine fehr fchöne *Bücherfammlung* gehabt, aber geglaubt habe, es beffer zu verftehen, als die
Verfaffer, und daher die Stellen, die ihm mifsfielen, mit
Papier überklebt und die Verbefferungen, die er für nöthig
gefunden, darauf gefchrieben habe; dafs diefs Verdammungsurtheil oft ganze Blätter, Bogen, Kupfertafeln und
ganze Abfchnitte der Bücher getroffen, er fie ausgefchnitten, weggeworfen, in andre Theile verfetzt, und wol gar
in andre Bücher eingeheftet habe u. f. w. Man fehe auch
die allgem. litterat. Zeitung 1787. No. 210. b. — fo hab
ich doch da andre *Bekanntfchaften* und *Entdekungen*
gemacht, die es doch wohl auch verdienen gepriefen und
aufbewahrt zu werden.

Einen *Lehnlaquayen*, der ein Original in feiner Art
war, hatte mir hier mein günftiges Gefchicke vorgeführt,
den ich doch meinen Lefern auch ein wenig vorführen
mufs. Unfer Accord par jour war kaum gefchloffen, als
er bey mir anfragte: was für ein *Kleid* ich befehle, dafs

8. Ueber Privatbibliotheken und ihre Besitzer,

er anziehen solle, um mich zu melden und zu den Besuchen zu begleiten: er habe deren mehrere, je nachdem die Personen seyen. Ich war, wie sichs versteht, bescheiden genug, diefs seiner eignen klugen Wahl zu überlassen, gab ihm nun auf einer Karte meinen Namen und Charakter, und liefs mich bey Herrn Pastor *Hornbostel* melden, an den ich ein Paquet abzugeben hatte; mein Herr Bediente kam zurück, und nachdem er sich in gehörige Positur gestellt hatte, räusperte er sich, denn schon etwas alt und abgelebt war er, und so haranguirte er mich: Dem Herrn (hier folgte mein Charakter und Name --- *ius*,) lassen sich der Herr Pastor *Hornbostelius*. — Ey! verwünschter Complimentarius, fiel ich ein, wer hat ihm denn gesagt, dafs mein Name sich in ein *ius* endigt? Um Vergebung! Herr (hier folgte abermal mein Charakter und Name mit dem *ius*) ich werde doch wissen, da ich in meinem Leben so viele Fremde bedient habe, was man einem *Gelehrten* schuldig ist. Einmal für allemal, sagte ich ihm nun, lafs er mir das *ius* weg oder wir sind geschiedne Leute und er versprach zu gehorchen. Ein andermal (diesen Trait, der seinem Verstande Ehre macht, mufs ich doch auch noch dem Leser zum besten geben) da ich einmal, ohne ihn bey mir zu behalten, in frölicher Gesellschaft war, und vorausgesehen hatte, dafs ich erst gegen Tag zu Hause kommen würde, hatte ich ihm aufgegeben, mich an 2 bis 3 Orten auf Morgen zu melden und erst zum Frühstück sich wieder einzufinden und mir seinen Rapport zu machen. Er erschien in der Auberge und erfuhr, dafs ich erst gegen Tag angefahren gekommen sey und der Bediente eines Freundes mich auskleiden geholfen habe, dafs vor 10 oder 11 Uhr es also bey mir wol schwerlich Tag werden würde, allein nichts hielt ihn ab, um 7 Uhr pochte er bis ich erwachte, ich schikte ihn faire — er aber liefs nicht nach, ich mufste aufstehen und ihm die Thüre öfnen, denn, rief er draussen, ich hab' Ihnen was wichtiges auszurichten. Und was war's? Dafs mich der Herr.... bis künftigen Donnerstag — jezt war's Dienstag Morgens um 7. Uhr — und Herr.... bis künftigen Sonntag zum Mittagessen habe einladen lassen! Was halfs, dafs ichs ihm vordemonstrirte, diefs mir zu verkündigen hätte doch noch immer wol ein paar Stunden oder Tage anstehen können. Dann hätte ichs vergessen können, erwiederte er, und dafs es eben keine so grosse Freude für einen Reisenden seyn könne, in *Hamburg* zu Gaste gebeten zu werden, da er sich Zwang anthun und wenigstens eben so viel an Trinkgeld, wo nicht mehr zahlen müsse, als es ihn in der Auberge und in muntrer Gesellschaft gekostet haben würde, es ist aber doch eine grosse Ehre — war alles, was er antwortete.

Nun in diesen Händen war ich ein paar Monate lang; oft muste ich lachen, oft ärgerte ich mich, doch mein Temperament und meine Laune siegten gemeiniglich. Eines Tages gab ich ihm zween Briefe; diese, sagte ich ihm, überbringe er, nebst meinem Compliment, dem Herrn *Candidat Teklenburg* und frage er an: wenn ich aufwarten könne. Er sah mich starr an. Also auch den kennen Sie? fragte er; nicht doch, aber ich will ihn kennen lernen, erwiederte ich; und nun gieng er, kam wieder und richtete mir aus, dafs sich der Herr Candidat die Ehre meines Besuchs nach der Mittagstafel ausbitte und mich beym Caffee erwarten wolle. Wie staunte ich, als ich einen wenigstens 40- wo nicht mehrjährigen, venerablen, schwarz gekleideten Mann vor mir stehen sah, der mich sehr freundlich bewillkommte, mich in ein sehr schönes, spacieuses Zimmer führte, mich aus dem schönsten Porcellaine serviren liefs, mir einen ganzen Schrank voll chinesischer Figuren vorzeigte, an denen Köpfe und Hände sich bewegten und zitterten, wenn man die Figuren nur ein klein wenig berührte, mir auf

einem groſſen *Silbermanniſchen* Pantalon oder Fortepiano,
einem damals noch ſehr ſeltnen und folglich theuren In-
ſtrumente eins vorſpielte und darneben noch ein anders
Clavecin ſtehen hatte, das ſich 28 mal verändern und
auch wie ein Glockenſpiel ſpielen ließ. Mein Staunen
vermehrte ſich noch um vieles, als er eine Thüre öfnete
und mich einen Blick auf ſeine *Bibliothek* werffen ließ,
die einen ganzen langen Saal füllte, wo alle Bücher in
groſſer Zahl zierlich geordnet und nach den Materien aufgeſtellt waren. Alles was zur *Critica ſacra,* den *Anti-
quitatibus eccleſiaſticis,* zur *Exegeſe der Bibel* und zur
Litterargeſchichte gehört, fand ſich hier in reichem Ue-
berfluſſe. Der Herr Candidat, dachte ich, muſs nicht
von der Alletagsſorte ſeyn und ſo war es auch; an ein
öffentliches Amt dachte er nicht, ſondern lebte als ein
Privatmann bey ſeinem Bruder, der ein Kaufmann war,
und hieng blos an ſeiner Liebhaberey, und dieſe waren
Muſik und Bücher. In den Jahren 33. und 34. hatte er
in *Jena* ſtudirt und nachher einmal in den *Bremiſchen
Beyträgen* ſeine Gedanken über das dictum: Das Fleiſch
gelüſtet wider den Geiſt, eröfnet, ſonſt aber nichts oder
wenig geſchrieben, aber deſto mehr geſammelt und zuſammengetragen; ſo hatte er z. B. *Schetelig's Bibliothek*
durchſchoſſen und mit vielen Zuſätzen bereichert, und
eben ſo waren auch von ihm *Wolfs* Curæ philolog. *Lilien-
thal* und *Salthenius* behandelt; als daher einmal und wie
von ungefähr der ſchönen Stelle aus dem Briefe *Jacobi:*
ἡ δὲ ἄνωθεν ϲοφία πρῶτον μὲν ἁγνή ἐϛιν von mir gedacht
wurde, war er flugs bey der Hand und holte mir ein paar
Commentatoren über dieſen Brief herbey, von denen ich,
aller meiner Polymathie ungeachtet, noch nichts weder
gehört noch geſehen hatte, z. B. Schriftmaatige Verklaa-
ringe ober den algemeenen Sendbrief von den H. Apoſtel
Jacobus door *Theodorus Antonides,* gedrukt zu Leuwar-
den 1699. Er ſagte, der Verfaſſer ſeye ein *Socinianer,* habe

aber gute Sachen; *Laurentii* Amftelodamenfis Comment; in Epift. Jacobi, *Thomas Marton*, einen Engländer, deſſen Commentar 1651. zu London gedruckt ift; *Damins* deutſche Ueberſetzung dieſer Epiftel mit Anmerkungen, die *Baumgarten*, wie er ſagte, ſehr lobe. Als er bemerkte, daſs meine Aufmerkſamkeit ſonderlich auf das *litterariſche Fach* gerichtet war, ſagte er lächelnd: ich weiſs wohl, wie es geht; auf Reiſen ſieht, hört und erfährt man freylich vieles, aber man kömmt doch ſo etwas aus dem Zuſammenhange und den ſcheinen Sie mir eben nicht gerne verlieren zu wollen; wiſſen Sie was, durchgehen Sie meinen ganzen Vorrath und was Ihnen auffällt oder neu ift, das legen Sie nur an ſeiner Stelle um, ich will es ſodann ausheben, in einen Korb legen laſſen und Ihnen, zu beliebigem Gebrauche bey den Morgen - oder Abendſtunden, in ihr Logis ſchicken und damit, wenn Sie einen Korb zurückſenden, fortfahren bis Sie verreiſen oder damit zu Ende ſind. Und er hielte Wort, zu meinem groſſen Vergnügen und nicht geringem Aerger meines Bedienten, der immer brummte: ſo was habe er noch nicht erlebt, ſo viele hundert Reiſende er auch in ſeinem Leben bedient habe. Tropf, ſagte ich denn; wenn's mir im Strumpfe war, das waren wol Herren in *ius*, das bin ich aber nicht. In *Hamburg*, ſagte der Herr Candidat, habe man die ſchönſte Gelegenheit, bey *Auctionen* wolfeil zu *Büchern* zu kommen; er müſste ſterben, ſetzte er hinzu, wenn er keine Bücher mehr kaufen könnte und gebe dem Buchbinder jährlich gar viel mehr zu verdienen, als dem Schneider; der Augenſchein zeigte, daſs er wahr redete. *Felbingers* ſocinianiſches Neues Teſtament, *Reiſens*, *Drufii*, *Elsners*, *van Dalen*, *Ligtfoots* Schriften, wobey man die Opera poſthuma nicht vergeſſen muſs, die *Critici anglicani*, *Poli* Synopſis, die Commentatoren über die *Pſalmen*, über das Buch *Hiob*, alle *Journale*, *Grotii* Manes ab iniquis obtrectatoribus vindicati, von welchem Buche *Buddeus* zu fagen pflegte: Wer zween Röcke habe, folle einen verkaufen, um fich diefs Buch anzufchaffen, eine groffe Sammlung von *Cataloguen*, *Gallonius* de Cruciatibus Martyrum in 4. Paris, mit vielen Kupfern, ein Buch, das ich, als ich es in der Folge einmal, in gewiffer Abficht, lefen mufste, wegen den unfinnigen Wundern, die es uns zu glauben vormahlt, mehr denn einmal, wider die Wand geworfen, und in meinem gerechten Eifer, zwar nicht verflucht, aber doch fehr verwünfcht habe; ein anders Buch von gleicher Materie, holländifch in folio und mit Kupfern, *Limborchii*, Hiftoria Inquifitionis mit fchönen Kupfern, fol. *Sandii* Interpretationes paradoxæ IV. Evangel. Die *Epiftolæ Arminianorum*, *Clerici* und *Ludolfs* Leben und hundert anders war da hingeftellt, das man bey einem S.S. Theologiæ Candidato eben nicht gefucht haben würde. Auch fein übriger Umgang war artig, angenehm und lehrreich. Einmal brachte er die *Wertheimer Bibel* herbey und erzählte mir bey diefer Gelegenheit, dafs er den Ueberfetzer *Schmidt* gar wohl gekannt habe; er befchrieb mir ihn als den artigften uud befcheidenften Menfchen, der nichts in diefer Sache ohne Zureden und Aufmunterung der groffen Theologen *Mosheims* und *Reinbeks* gethan habe, die er in groffe Verlegenheit hätte fetzen können, wenn er ihre Briefe an ihn hätte wollen drucken laffen, daher denn auch letzterer, als er endlich die Feder wider ihn ergriffen, gar fäuberlich mit dem Knaben Abfalom verfahren feye — und ich fetzte nun hinzu, was ich von diefer Sache aus *Mosheims* Vorlefungen und dem freymüthigen Geftändniffe des groffen Mannes wufste und mündlich gehört hatte. Ein andermal erzählte er mir von *Caloven*, dafs er, fobald er ein Buch bekommen, fogleich vornen oder hinten hineingefchrieben habe: *Errores* und nun, beym Durchlefen, was ihm fo vorgekommen, angemerkt habe; der berühmte Hamburger *D. Mayer*, durch *Christian Thomasens* sel. Andenkens so sehr verewigt, als immer *Masius* in Copenhagen, hatte *Calovs* Bibliothek gekauft, wo man denn diesen Unfug und Muthwillen bey jedem Buche sehen konnte — und so war es ihm denn auch ein leichtes, dem *Musæus* 95 falsche Theses zu objiciren, dessen Defension aber unvergleichlich und eines *Musæus* würdig ist. Von *Joh. Alb. Fabricius* erzählte er mir, daß er den Leuten seine *Bücher* zum Durchlesen gleichsam mit Gewalt aufgedrungen habe und wenn sich jemand bey der Zurückgabe etwa wegen einem Dintenkleks entschuldigt, gelächelt und gesagt habe: Ey, das schadet nichts, ich sehe daraus, daß sie das Buch gebraucht haben! Wahrlich ein guter Mann! Von einem Juden *Pauli*, der zum Narren worden war, besaß er einige Bände, *Schudt*, *Eisenmenger*, das *Liber Cosri*, vom *Thomas de Aquino*, eine alte Ausgabe, waren auch vorhanden. Einen gewissen L.. nachdem ich zu fragen einen Auftrag hatte, schilderte er mir als einen Narren, der in Gesellschaften unerträglich sey; der zwar ein Kind habe, wobey er aber auch nicht einmal Adjunctus-Dienste habe leisten können, denn er seye ein elender Krüppel und zum Ehestande, si quis unquam, impotens. Man wird leicht denken, daß ich nach dieser Schilderung das Männchen aufzusuchen eben keinen Lust gehabt haben werde und mich an den Verslein begnügt habe, die mir von ihm zu Handen gekommen waren. Von einem gewissen I. mir sonst lieben und werthen Mahnke, der glaube ich noch lebt und viele Proben von Fleiß und Geschiklichkeit zu seiner Zeit gegeben hat, erzählte er mir einmal, daß er ihm einen Engländer zum Unterricht in der deutschen Sprache für 200 Thaler mit 50 Thaler Vorschuß übergeben, dem er auch nicht einmal dafür Lection zu geben angefangen habe. Es dient zu meiner Prüfung, habe er blos geantwortet, als man ihm den jungen Menschen wieder abgenommen und ihm gezeigt, wie er, wenn er nur ein wenig Fleiſs verwendet hätte, ſich eine jährliche Revenue von wenigſtens 2000 Mark hätte machen können. Die Sucht nach *Franzbänden* hätten in der Folge eben dieſen Mann in ſolche Schulden geſtekt, daſs er beym Abzuge nicht aus *Hamburg*, ſondern aus der Nachbarſchaft, alles habe verkaufen müſſen; edelmänniſchen Staat habe bey alle dem, aus gewiſſen Urſachen, da ſeyn müſſen, und leider iſt dieſe Schilderung nur allzu ſehr nach dem Leben! Was könnte ich nicht aus eigner Erfahrung hinzuſetzen, wenn Schonung und Bedauren mir nicht hier die Feder hemmten! Man mache nun aus alle dem den Schluſs, ob ich den patriarchaliſchen Candidaten oft und gerne beſucht habe; Zweifelsohne iſt er längſtens todt, aber ich glaubte ihm und ſeinem Andenken dieſe Zeilen und ein ſit illi terra levis, aus guten Gründen, ſchuldig zu ſeyn. In der Folge hab' ich weiter nichts von ihm gehört; mit einem Namensverwandten deſſelben, einem jungen Kaufmann reiſte ich einmal ein paar Stationen lang; er ſpreche 12 Sprachen, ſagte er mir — es war ein junger Hans ohne Sorgen — aber alle auf deutſch und ich verſicherte ihn dagegen in allem Ernſte, daſs ich ihm eine groſſe volkreiche deutſche Stadt nennen könnte, wo in jedem Quartier eine andre deutſche Sprache geſprochen würde und jede Menſchenart einen beſondern, andern unverſtändlichen Dialect oder Jargon hätte, Fiſcher anders als Schiffer und Gärtner anders als Fleiſcher, Schuſter, Schneider, u. ſ. w. redeten und alſo ſein Talent ſo was auſſerordentliches eben nicht ſey, als er vielleicht denke. Nach einigen Proben, die ich ihm davon gab, erkannte er mich für ſeinen Meiſter und zog ruhig ſeine Straſſe, nachdem er mir noch verſprochen, daſs er meiner nie vergeſſen und ſeinen *Hamburger* Namens-Vetter in meinem Namen zu grüſſen nicht verſäumen wolle.

zwischen den Jahren 1750 und 1760.

Bey dem, als ich ihn kennen lernte, schon 74jährigen, aber noch immer muntern, zuvorkommenden und einnehmenden Prof. *Richey* hab' ich auch eine wichtige in vier Zimmern aufgestellte *Bibliothek* vorgefunden, in der ich mit dem freundlichen Manne vergnügt herumgewandert bin und mich nach Herzenslust umgesehen habe. Seinen Schülern, sagte er mir, rathe er immer, die Bücher ja nur als Werkzeuge anzusehen, zum practischen Leben sich fähig und tüchtig zu machen, und nicht zu glauben, daß ein *Büchergelehrter* vor einem Schifscapitaine z. B. oder guten Soldaten u. s. w. einen Vorzug habe, sondern der, dessen Wissenschaft gemeinnütziger seye. Als Rector zu *Stade* hatte er sich bey Pest und Belagerung mit seiner schwangern Frau retiriren müssen und seine *Bibliothek*, alles untereinander, in den Keller geworfen, wo es mit Stroh und Mist zur Noth bedeckt war. Ich bemerkte unter seinem Vorrath nebst manch anderm, eine seltene italiänische Schrift, darinn die Geschichte des *Halsstretens* Pabst *Alexanders* gerettet und ihre Wahrheit, wenigstens glaubte es der Besitzer, überzeugend dargethan wird; *Egberti Grim*, Licentiats der H. Schrift ausführlichen Beweis der Historie von der Päbstinn *Johanna* zu *Wesel* in holländischer Sprache gedrukt, einen dicken Quartanten, den *Dyckmann*, der davon ex professo geschrieben, nicht gesehen hatte, ehe R. ihn ihn vorgezeigt, der auch bey dieser Gelegenheit äusserte, daß *Muratori's* Gegenbeweise ihm nicht hinlänglich scheinen; der Titul, wenn ich ihn anders recht abgeschrieben habe, hieß: Pluselike Heligheyt dats Catholyck ende authenthyck Vertoog dat Johannes, gemeenlyk Paus Jutte genaemt eene vrouwe gewest was, tot Wesel 1635. Seiten 499 und der Appendix Seiten 32. Ein *Psalterium Davidis*, das Churfürst *August* aus dem deutschen D. *Luthers* ins lateinische übersetzt und mit lateinischen Gebetern versehen hatte; hinten steht die Nachricht davon, welche *Elias Reinhardt*, der zweyen Prinzen deſſelben Hofmeiſter, verfaſst und eingeſchrieben hat; vornen findet ſich die *Handſchrift* beyder Prinzen nebſt ihrem Wahlſpruch, die Decke zeigt das churfürſtliche Wapſſen. Ihr Zeiten, ihr Sitten, wie habt ihr euch geändert und wie ferne ſind wir von euch und ihr von uns! — Einen handſchriftlichen Codex von des *Hugo d. Trimberg* Renner vom Jahr 1319. auf Papier ſehr ſauber und leſerlich geſchrieben. Bey dieſer Gelegenheit äuſſerte ſich der Beſitzer gegen mir, daſs er glaube, man werde nicht eher zu einer rechten *Grammatik* im Deutſchen kommen, bis eine Geſellſchaft von Leuten aus allen deutſchen Nationen und Zungen ſich zuſammenthun und von einer jeden was ihr Landesdialekt beſonderes habe, genau und ſorgfältig bemerkt und angegeben werde, welches er auch *Gottſcheden*, als ihn dieſer beſuchte, nicht verholen habe; er an ſeinem Orte habe mit ſeinem *Idioticon Hamburgenſe*, womit er mir ein Geſchenk machte, den Anfang gemacht, das er nun viel vermehrter wieder auflegen laſſe, nachdem ihm Herr Regierungsrath *von Cramm* viele Beyträge dazu mitgetheilet habe. Wer hierinn was beſonderes leiſten wolle, fügte er noch hinzu, müſſe ſeinem Bedünken nach der angelſächſiſchen und theotiſchen Sprache, wie auch des alten runiſchen kundig ſeyn, und aus dieſem Grunde habe auch *Dietrich von Stade*, ein in dieſer Art von Wiſſenſchaft bekannter maſſen ſehr erfahrner Mann, den Straßburgiſchen Dr. und Prof. *Schenz* ſehr äſtimirt, durch deſſen Gloſſarium, ſo wie durch *Bodmers*, *Adelungs*, *Müllers*, *Oberlins*, u. a. glückliche Bemühungen in ſpätern Zeiten, dieſe Sache der Vollendung um ſo gar vieles näher gebracht iſt. Ein *griechiſches Neues Teſtament* von *Simone Colinäo* iſt mir hier auch aufgefallen, es war vom Jahr 1534. und hatte ehedem dem Straßburgiſchen Polyhiſtor *Joh. Heinrich Bökler* angehört; das dictum 1. Joh. V. 7. fehlte darinn und war am Rande

bey-

beygefchrieben. Unter andern fahe ich auch hier das heulende Portrait des berühmten *Magliabecchi*, dem Herr *Brokes*, unfers Hrn. Prof. Zeitgenoffe und vertrauter Freund, aufgewartet und ihn, wie man ihn immer befchrieben, gefunden hatte, nemlich mit einer Pelzmütze, die unter'm Halfe gebunden war, in einem langen Talar, vor dem man kein Hembd fahe, mitten unter Büchern, die einem fchon auf der Treppe entgegen fielen; auf dem Tifche lag ein Stück geräuchert Fleifch, das er verehrt bekommen hatte, alte Wäfche und dgl. mehr; er felbft ift bey alle dem ein ungemein höflicher und dienftfertiger Mann gewefen und unermüdet in Vorzeigung feiner Bücher; im Portrait hält er ein Buch in der Hand, auf deffen Rücken die Worte zu lefen find: *Anima fedendo fit fapientior*. Ich hoffe, meinen Lefern folle diefe Nachricht nicht mifsfallen, zumal da fie einen Mann betrift, der, wie man fieht, nur in und unter *Büchern* gelebt hat und alfo hier nicht am unrechten Orte fteht. Von dem nicht lange zuvor, als ich nach *Hamburg* gekommen war, verftorbenen *Brokes*, hoffe ich, da ich feiner oben gedenken müffen, die Erlaubnifs zu haben, auch das herzufetzen, was mir der Wahrheitliebende *Richey* bey diefer Gelegenheit von dem brafen und würdigen Manne erzählt hat; es war diefs, dafs *Brokes* durch den bekannten *Bartholdus Feind*, einen Mann, der *Hamburg* vieles gefchadet habe, auch fo gar durch feine Gedichte, die er herausgegeben, erft zum Dichten und dann durch den *Marino*, den ihm jener, als das non plus ultra, des Erhabnen empfohlen, zum fchwülftigen Dichten gebracht und verleitet worden, woran er fich nach und nach fo gewöhnt habe, dafs er fichs nicht mehr habe abgewöhnen können, fo oft und viel ihn auch feine Freunde defswegen erinnert hätten. *Brokes* einzige Tochter hatte Herr *Märtens*, einen Kaufmann, der mehrere Tonnen Goldes befafs, geheurathet und kürzlich aus altem Hunge zu den Studien den Character eines Licentiati Juris sich beylegen laſſen; er befaſs einen ſuperben Garten, den ich beſucht, den Herrn deſſelben ſelbſt aber und ſeine Gemahlinn, welches mir um gar vieles intereſſanter geweſen wäre, kennen zu lernen verfehlt habe, ſo gut mich auch *Richey*, um dieſe Bekanntſchaft zu machen, unterrichtet hatte. Von der bekannten *patriotiſchen Geſellſchaft*, die in ihrer Zeit nicht nur Senſation, ſondern Epoche gemacht hatte, erzählte mir der Herr Profeſſor, daſs viele Herren und Bediente des Raths, nebſt *Reimarus* und ihm, Mitglieder geweſen, und ihnen letztern beyden, wegen überhäuften Geſchäften der andern, die Arbeit meiſt über'm Halſe geblieben ſey; *Hoffmannen*, den Verfaſſer der zwey Bücher über die Zufriedenheit, des Lebens *Cicero's* und der Ueberſetzung der *Bücher* von den Pflichten, konnte er noch, wegen ſeinen aufrichtigen und durchaus rechtſchaffnen Geſinnungen, nicht genug bedauren. Hier kam uns auch der Graf von *Bünau* in den Wurf, mit dem *Richey*, ſo lang er als Reſident in *Hamburg* geweſen, ſehr genauen Umgang gepflogen hatte. Einſt überraſchte ihn *Bünau* mitten unter ſeinen Büchern und im Schlafrocke, da er eben damit beſchäftigt war, *Wernsdorfen*, dem er den folgenden Tag opponiren ſollte, Pfeile zuzuſchnitzen, um ſie auf ihn abzudrücken; der Graf blieb 6 volle Stunden bey ihm, bat ſich *Fabricii* Bibliothecam græcam und einen *Livius* aus; nach 14 Tagen lud er *Richeyen* zum Mittageſſen, er hatte inzwiſchen die 14 Bände vom *Fabricius* durchſucht und ſich die beſten und ſeltenſten Ausgaben griechiſcher Autoren, um ſich ſolche anzuſchaffen, ausgezeichnet, auch aus dem *Livius* eine Rede ins deutſche überſetzt, worüber er ſich, ſowol in Anſehung des deutſchen Ausdrucks als der ganzen Wendung, die er der Sache gegeben hatte, des Herrn Prof. Urtheil nunmehr ausbate. Dieſs, ſetzte *Richey* hinzu, that *Bünau* in der bedenklichen Zeit, da K. *Carl VII.*

geftorben und er dadurch in taufend Verdrüfslichkeiten verwickelt worden war; *Bünau* war eben ein univerfelles Genie, den nichts fo leicht befchränken oder irre machen konnte; er hatte fehr gewünfcht in *Hamburg* bleiben zu können und war gefonnen, einen Ausfchufs aus feiner *Bibliothek* zu machen, und folchen dahin bringen zu laffen, da denn *Richey* nebft einem jungen Edelmann den *Catalogue* dazu verfertigen und ausarbeiten follte. Mit Vergnügen erinnere ich mich, diefen herrlichen Vorrath, wo oft von einem Autor 30- bis 40erley Ausgaben und aus der Reformationsgefchichte fo manch feltenes Stück vorräthig war; anderer Merkwürdigkeiten nicht zu gedenken, im gräfflich-bünauifchen Schloffe zu *Nettnix* bey *Dresden*, unter freundlicher und gefälliger Anführung unfers verewigten *Winkelmanns*, bey dem ich auch das Mittagsmal genoffen, einen ganzen Vor - und Nachmittag lang beaugenfcheinigt und mich mit wollüftiger Freude bey den Cimelien deffelben verweilt zu haben. *Richey* verehrte mir einmal ein von ihm im Namen der patriotifchen Gefellfchaft verfertigtes und auf einem Regalbogen abgedrucktes lateinifches *Gedicht* auf diefe *Seltenheit unter den Grafen*, das fo kurz es war, alles enthielte, was affectvolle Liebe eingeben konnte, und in fchönem, reinem Latein fich beym erften Ueberlefen dem Gedächtnifs fo fehr einfchmeichelte, dafs man es, ohne fichs felbft bewufst zu feyn, wieder auswendig herfagen konnte; es verdiente hier eine Stelle, da es einen fo groffen und erlauchten *Bücherkenner* betraf, wenn fich nicht der Bogen bey mir egarirt und fich mein Gedächtnifs, nach fo langer Zeit, als eine nicht immer getreue Wiedergeberinn deffen, was man ihm ehedem anvertraut hat, zu meinem nicht geringen Bedauren vetrathen hätte; welches mir um fo mehr leid thut, da ich es fonft nirgend aufbewahrt gefunden zu haben mich befinnen kann, welche Ehre es doch vor fo vielen andern fo vorzüglich verdient hätte; vielleicht besitzt es jemand, der diefs liest und stellt es irgendwo auf, wo es nicht wieder vergessen werden kann, welches mich nicht wenig, um des *Grafen* und des *Dichters* willen, freuen sollte. Einmal, als davon die Rede war, dafs er die Dichtkunst nie anders als ein Nebenwerk getrieben, und es ihm, sonderlich mit deutschen Gelegenheitsgedichten, nach dem bekannten: quoniam nemini obtrudi potest, itur ad me: ergangen sey, hab' ich den guten Mann wider Willen und Absicht, betrübt und heisse Zähren über seine Wangen herabrollen sehen müssen, die zu trocknen ich, damals junger Mann, ausser Stande war; ich hatte ihm von seinem Herrn Sohn und dessen deutschen Gedichten gesprochen. Ach! sagte er, Sie kennen diese jugendliche Versuche und loben sie, Sie sind wol gütig. Aber dieser Sohn, die einzige Hofnung und Stütze meines Alters, ist, leider! nicht mehr, er ist als Syndicus seiner Vaterstadt und Abgeordneter derselben an den Kayser im 31sten Jahre seines Alters zu *Wien* gestorben. Ich selbst war über die Wendung, die die Sache wider mein Erwarten genommen hatte, um so mehr betreten, da der freylich traurige und für den guten Vater immer neue Fall sich bereits im Jahr 1738. zugetragen hatte, und hätte gern mein Wort zurückgenommen, wenn es möglich gewesen wäre; am Ende zeigte er mir desselben Bildnifs gemahlt, da er noch Student war, und sein eignes in Wachs poussirt; und als ich verreisen wollte, schickte er mir zum Andenken das sehr sauber gestochne Portrait seines Sohns, das ich denn bis jetzt heilig aufbewahrt habe. *Richey* war, wie *Uffenbach* in seinen Reisen bemerkt hat Th. II. S. 153. ein reicher Kaufmanns-Sohn, hatte von ihm ein Vermögen von mehr als 30000 Gulden und doch sich nicht geschämt, erst Rektor in *Stade* und nun, wie er mir selbst sagte, bereits über 38 Jahre Professor am Gymnasium zu *Hamburg* zu seyn. Einer seiner Schüler, dessen er sich auch mit vielem Wohlgefallen rühmte, war der berühmte Rektor zu *Lübeck* Herr *von Seelen* gewefen, der ihm auch wirklich Ehre macht, weil er ein litteratiffimus vir, nach damaliger Zeit, gewefen ift, der viel und manch Gutes gefchrieben und zufammengetragen hat. Noch will ich eine *etymologifche* Bemerkung, die mir *Richey* einmal, da zwifchen uns vom Lex Salica die Rede war, mitgetheilt hat, hieher verfetzen, ob fie fchon jetzt nicht mehr neu feyn dürfte; *Sal*, fagte er, heifst ein Zuftand, daher komme *felig*, i. e. etwas, das in derjenigen Vollkommenheit fteht, in der es fich feiner Natur nach befinden könne, *Lex Salica* feye daher lex eorum, qui perfecte Franci funt. (In *Leger Wal* kommen heiffe banqueroute machen, bemerkte er incidenter) Trübfal, Labfal feyen Abftammungswörter von Sal, dem primitivum, das nicht mehr, wie fo viele andre primitiva in ufu feye, obfchon die derivativa davon noch immer beftehen. Lehrreich und angenehm war, wie man fieht, der Umgang des Mannes in jedem Betrachte und ich übergehe vieles, worüber ich mich mit ihm oft ftundenlang unterhalten habe. Deum effe qui nefcit, non vivit; qui credit, torpet; qui dubitat, ægrotat; qui negat, infanit; qui fcit, vivit, viget, valet, fapit, war der Denkfpruch, den er mir, bey Ueberfendung des Portraits feines Herrn Sohnes, fehr fchön, für einen fo alten Mann, und beynahe wie gedruckt gefchrieben, beygelegt und darunter gefetzt hatte: bene cupientiffimus fcripfit Michaël *Richey* Hift. & Græc. Ling. Prof. Publ. Ordinis fui Senior, anno ætat, LXXIV. Er ftarb 1761. und alfo im 84ften Jahr feines Alters.

Vom Prof. *Reimarus*, den damals ganz feine Ausgabe des *Dio Caffius* befchäftigte, kann ich nur weniges, das zu meiner gegenwärtigen Abficht dienet, hier beybringen, wenn ich nicht auf Nebendinge verfallen will. Nicol. Carminii *Falconis* Ausgabe von den 3 letzten Büchern des *Dio Caffius*, Rom 1724. 4. brachte er mir einmal hervor und machte mich auf dem Titul das Wort ἀκτοήβιτα griechifch gedruckt, als eine auffallende, foll ich fagen, Lächerlichkeit oder Unwiffenheit? bemerken und auch diefs, dafs er zweymal, wo offenbar *Dio Chryfoftomus* verftanden werden follte, den *Dio Caffius* mit ins Spiel bringt und alfo diefen mit jenem, unverantwortlich für dem Richterftuhl der Critik! verwechfelt; fonft find feine Prolegomena ganz gut, aber nicht wenig weitfchweifig, und von dem ganzen Unternehmen mufs man *Reimarus* Brief an den Card. *Quirini*, der 1746. zu Hamburg gedruckt ift, fo wie des Card. Antwort und felbftgefälliges Lob des *Falco*, den er über alles erhebt, nachlefen im II. Bande des *Dio*, edit. *Reimari* Seite 1545. ff. Vom *Simeon Macarius* wiefs er mir einft eine griechifche Ausgabe, wo *Fabricius* und er einige fehlende Blätter von ihrer Hand hineingefchrieben hatten, um kein incompletes Exemplar zu haben, welchen Dienft ich mich erinnere in meiner Jugend, weil ich den griechifchen Character und felbft die eben nicht leicht nachzumachenden Abbreviaturen fehr gut mahlen konnte, einem berühmten Gelehrten bey feiner *Bibliothek* mehr denn einmal geleiftet und mich ihm dadurch nicht wenig empfohlen zu haben. Uebrigens rühmte der Herr Prof. von fich, dafs er feine Bemerkuugen, die er fich über *alte Schriftfteller* gemacht und gefammelt habe, gerne andern mittheile und fo dem Dr. Medicinæ *Schulze* in Halle, was er über den *Eunapius* hatte, zugefchickt, den nun *Carpzov* blos cum varietate lectionum und ohne alle andre critifche Behandlung herausgeben wolle. Beym *Tacitus* des Ernefti bedaurte er, dafs des *Ryckii* Noten, die in 8. heraus und vortreflich gerathen feyen, nicht mit beygefügt worden, zumalen das Büchelchen in unfern Gegenden rar zu bekommen fey. Von Büchern, die allerley Sprachen neben einander haben, hielt er, wie billig, nicht viel. Ueber den *Ammonius* des Herrn *Stöbers* in Strasburg, den *Valkenaer* herausgeben wollte, fprach er einft umftändlich, und von *Reisken*, den er wegen feiner Verwegenheit in criticis befcheiden widerlegt habe, wufste er vieles vorzubringen. *De Legibus mofaicis ante Mofen* hatte er eine Differtation gefchrieben und wollte von mir wiffen, ob *Iken* in *Bremen*, der eine andre eben diefes Arguments gefchrieben, etwas darwider erinnert habe, welches er doch näher hätte haben können, als von einem Reifenden, allein unter Nachbarn ift felten gutes Einverftändnifs zu finden und Eiferfucht wird nie eher rege, als wenn zween, die einander fo nahe find, eine und eben diefelbe Sache betreiben. *Reimarus* mufs in jungen Jahren ein feuriger Mann gewefen feyn; jetzt war er 58 Jahre alt, klagte fehr über Abnahme der Kräfte, fchlaflofe Nächte, u. f. w. und fahe gleichwol noch fehr feurig aus; Ernft fcheint das Dominante feines Characters, fo wie Freundlichkeit in dem feines Collegen *Richey* gewefen zu feyn. Er hatte eine auszeichnende, beträchtlich groffe Nafe und war, wie bekannt, des groffen *Fabricius* würdiger Tochtermann.

Den durch feine in *Petersburg* erftandnen Abentheuer (er foll fich da in die Kayferinn *Elifabeth*, noch ehe fie Kayferinn war, fterblich verliebt gehabt haben und darüber beynahe zum Narren geworden feyn; im Grunde war er's aber doch nicht, denn er hatte fich in was verliebt, wo es doch der Mühe werth war) verfchrieenen Profeffor *Kohl* fand ich ganz befcheiden unter feinen Büchern fitzen; er zeigte mir feine *hamburgifchen Berichte von gelehrten Sachen*, die er von 1732. bis 1757. fortgefetzt hat und feinen gedruckten *gelehrten Briefwechfel* und bat fich für die Zukunft, durch die Leipziger Meffe, auch meine Correfpondenz mit vieler zudringlichen Höflichkeit aus. Er hat fich fonft noch durch feine *Introductio in Hiftoriam litter. Slavorum* und durch feine *Hamburgifche vermifchte Bibliothek* bekannt gemacht.

Einſt zeigte er mir ein altes *Manuſcript* vom guten *Melanchthon* vor, das wol der erſte Entwurf zu ſeinen Locis communibus geweſen ſeyn möchte, und von *eben demſelben* eine ſchöne *Abſchrift* der Epiſtel an die *Römer*, die der fleiſſige Mann ſich mit eigner Hand in ſeinem 19ten Jahre gemacht hatte. Er hatte auch einen *Valerius Maximus* in folio bey *Peter Schöffern* 1474. gedruckt, desgleichen eine ſeltne Schrift von *Dolete* und andre rare Piecen, deren er an die 300 zu beſitzen vorgab und mir erzählte, ſich erſt neulich noch für etliche und 20 Thaler aus der *Bergeriſchen* Auction dazu erſteigert zu haben. Der Mann iſt erſt im 81ſten Jahr ſeines Alters 1778. zu *Altona* geſtorben, wo er dem Chriſtianeum ſeinen *Büchervorrath* vermacht hat.

Beym Paſtor *Myllus*, der eine Zeitlang Conrektor zu *Verden* geweſen war, fand ich eine niedliche *Bibliothek*, zwar auſſer einer *plattdeutſchen Bibel*, darinn mit Gott ſo ganz natürlich und platt geſprochen wird, nichts auffallendes, aber doch alle neue Journale, Wochenſchriften, Reiſebeſchreibungen, *du Halde* chineſiſche Geſchichte, *Tindals* Chriſtenthum ſo alt als die Welt, mit der Widerlegung, 60 Bände engliſcher Predigten von den vornehmſten Männern des vorigen und jezigen Jahrhunderts, andre engliſche Bücher, *Foſters* Reden, wo Socinianiſmus nach und nach zum Vorſchein kommt, *Moshcims* Moral, die freylich ſyſtematiſcher ſeyn könnte. Von ihm, als ſeinem Lehrer, dem er alle ſeine Worte aufgefaßt habe, wuſte er vieles zu erzählen, das aber hieher nicht gehört, ſo wie hundert andre Dinge, worüber ich mit dieſem freundlichen Manne, und mit ſo manch anderm, mich in angenehmen Unterredungen oft verloren habe. Mit *Sacks* vertheidigtem Glauben der Chriſten war der orthodoxe Mann, wie man leicht denken wird, auch nicht ſo recht zufrieden und glaubte, daſs nun endlich im 8ten

Stücke der grobe Indifferentifmus herrfchend fey; allein non meum erat tantas componere lites, und in mein Exemplar hatte ich längft aus dem *Virgil* gefchrieben:
Hunc focii morem facrorum, hunc ipfe teneto,
Hac cafti maneant in religione nepotes;
denn *Sak* hatte mir die theure Lehre aus'm 1. B. Mofe mitgegeben: Lieben Brüder, zanket nicht auf dem Wege; und ich bin ihrer immer eingedenk geblieben, fo fehr ich auch von allem, was Theologie heifst, entfernt mein Leben zubringe.

Beym Conrektor *Richerts*, deffen Bekanntfchaft zu machen mir der liebe *Hagedorn*, (wie leid thut es mir, dafs hier der Ort nicht ift, alles zu fagen, was ich dem täglichen Umgange mit dem würdigen Manne verdanke!) empfohlen hatte, fand ich nicht nur fchön eingebundne Bücher, *Röfels* Infekten-Beluftigungen mit lebendigen Farben ausgemahlt, welches *Reaumur* noch nicht geleiftet hatte u. a. fondern was mir weit angenehmer war, einen muntern, aufgewekten Mann, der alles mit feinem Witz und heiterm Scherz zu durchwürzen wufste. Nach Proportion, glaubte er, feye hier die Liebe zu reellen Wiffenfchaften viel zu geringe und diefs komme unter andern auch wol daher, weil ein unftudirter eben fo gut *Rathsherr* und *Bürgermeifter* werden könne und die lieben Eltern gleich beforgten, ihre Söhngen möchten zu gelehrt werden, und alfo nur felten fie bis unter des Conrektors und Rektors Hände kommen liefsen. *Richerts* hat nachher fein Amt niedergelegt, ift von neuem auf die Univerfität gezogen, hat Medicin ftudirt und fich zum glücklichen practifchen Arzte umgebildet. Es war ein hübfcher Mann, lebhaft wie Salpeter, complaifant und alfo kein Wunder, dafs ihm das Schulconrektorfeyn in die Länge nicht behagt hat,

Da der *Hamburgifche Booksbeutel* doch auch ein klein
wenig zu den *Büchern* gehört, fo muſs ich feiner hier
um fo mehr gedenken, weil er mir Gelegenheit giebt,
meinen Lehnlaquayen noch einmal vorzuführen. Schon
lag fein Geld auf'm Tifche vorgezählt und ein gutes Trinkgeld dabey, als er mir erklärte, daſs er mit mir fehr zufrieden fey. Ich aber bin es mit ihm nicht, guter Alter,
erwiederte ich lächelnd — und wie fo? fagte er ganz
betreten. Das will ich ihm erklären; wir haben die gute
Stadt und ihre umliegenden Gegenden, zu Fuſs und zu
Kutfche, ins Creutz und in die Queere, fo oft und fo
viel mit einander durchwandert und auch nicht einmal ift
es ihm, alten Practicus, eingefallen, das merkwürdigfte,
was *Hamburg* für jeden Reifenden hat, meinen Augen
vorzuführen, den *Hamburger Booksbeutel!!* Gott ftrafe
mich! fiel er nun ein, ich rühre das Geld nicht an, bis
Sie ihn gefehen haben, und fchlug fich vor'n Kopf. Strei-
che er immer ein, war meine Antwort, ich hab' ihn gefehen, und fehe ihn in ihm doppelt vor mir, denn er
ift mir eben fo merkwürdig. Er vergoſs Thränen und
rief mir, fo lang er mich noch fehen konnte, nach: Ja,
Sie will ich gewiſs nicht vergeſſen fo lange ich lebe!
Sie find ein braver, aber fchlimmer Herr! fo hab' ich in
meinem Leben noch keinen bedient, Gott fegne Sie! —
und weg war ich und weg war er, für immer! Gott habe
ihn felig.

Man denke ja nicht, daſs ich von *Hamburg* und
hamburgifchen Gelehrten und hamburgifchen Seltenheiten,
Merkwürdigkeiten, Luftbarkeiten, Anecdoten, u. f. w.
nichts weiter als das Vorgebrachte vorzubringen habe;
nein, ich bin auf der *Alfter* und *Elbe* mehr denn einmal zu Schiffe gewefen, habe *Herbftelude* gefehen, bin
auf'm *Jungfernfteige* gewandelt, habe in dem *Picheli-
fchen*, *Amfingifchen*, *Jenquelifchen* und andern Gärten

zwifchen den Jahren 1750. und 1760.

in fchöner und frölicher Gefellfchaft mich erluftiget, habe auffer den Herren Paftoren *Hornboftelius* und *Mylius* auch die Herren *Neumeifter*, *Schloffer*, *Wagner*, *Zimmermann*, *Hoek*, *Krohn*, u. a. und auffer den Profefforen *Reimarus* und *Richey*, auch die Profefforen *Wolf*, *Schellhaffer*, *Schaffshaufen*; auffer Vater *Hagedorn* auch feinen von ihm unzertrennlichen Schatten, den Licentiat *Dreyer*, die Licentiaten *Hübner*, *Fleifchmann*, *Jenquel*, den Herrn *von Bar*, den zu Grabe gehenden Bürgermeifter *Lixftorx*, den ihn überlebenden und deffen Sohn und hundert andre gekannt, aber fie gehören jezt nicht hieher, famt alle dem, was ich Schönes und Rühmliches von ihnen zu fagen wüfte, welches mir zwar leid thut, aber für diefsmal wenigftens nicht zu ändern und nicht thunlich ift; denn ich rede nun blos von *Privatbibliotheken*, die ich in *Hamburg* gefehen habe, und beyläufig von ihren *Befitzern*. Ifts den Lefern Recht, fo werde ich fo fortfahren und fie von Ort zu Ort herumführen; wollen Sie aber auch von den ebengenannten *Dingen* und *Perfonen* von mir was weiters hören, fo erwarte ich ihre Befehle, und meine Galerie foll fich öfnen; widrigenfalls bleibts blos beym Durchfchauen der *kleinern* oder *gröffern* Privatbibliotheken auch an andern Orten, wie wir fie bisher in *Hamburg* beaugenfcheinigt haben — und ich gehe nächftens mit ihnen nach *Bremen*, nach *Hannover*, oder wohin fie wollen, über.

3.
Leben des Freyherrn Samuel von Pufendorf.

Unter den deutfchen Gelehrten des vorigen Jahrhunderts, welche fich durch die Zerftreuung der Nebel der Ariftotelifch-Scholaftifchen Philofophie Verdienfte erwarben, gebührt dem Freyherrn *Samuel von Pufendorf* nicht einer der letzten Plätze. Er gehört unter diejenigen, welche die philofophifche Aufklärung unfers Jahrhunderts, unter vielen und groſſen Verfolgungen, welche fogar nicht ohne Lebensgefahr waren, vorbereitete. Die Geſchichte ſeines Lebens, ſeiner Schriften und Streitigkeiten ſcheint mir daher eine Erneuerung vor andern würdig zu ſeyn, obgleich dieſelbe ſchon öfter iſt bearbeitet worden. Ich werde in den meiſten Erzählungen meiner Vorgänger einige Umſtände zu berichtigen und zu ergänzen Gelegenheit haben, und einige zerſtreute Nachrichten und Anekdoten von ihm ſammeln. Das, was mir dabey doch noch entwiſchen ſollte, wünſche ich von andern Litteratoren, bemerkt zu leſen, und jede Berichtigung meiner Erzählung wird mir erwünſcht ſeyn.

* * *

Samuel Pufendorf †) war den 8. Januar 1632. zu Dorfchemnitz *), einem kurſächſiſchen Dorfe unweit Chemniz, geboren. Sein Vater Eſaias war Paſtor daſelbſt, und wurde 1633. nach Fleh, einem 4 Meilen davon gelegenen Dorfe, befördert. Daher rührt es, daſs manche ſeiner Biographen Fleh für Pufendorfs Geburtsort gehalten haben. Er hatte noch drey Brüder, von welchen zwey von ihrem Vater, eben ſo wie er, Prophetennamen erhalten hatten: der eine hieſs *Jeremias*, **) der andere *Eſaias* ***). Der dritte aber hieſs *Johannes* ****). Unter dieſen vier

---

†) Er ſelbſt ſchrieb ſich auf der Originalausgabe ſeiner Bücher *Pufendorf*.

*) Dieſs beſtätigen *Heumanni* Acta philoſ. III Th. S. 951. und *Gebauer* in nova juris nat. hiſtoria. p. 42. Pufendorf ſelbſt nannte ſich öfters Chemnicenſem.

**) Dieſer iſt dem Vater im geiſtlichen Amte gefolgt, und 1793. geſtorben.

***) Dieſer war den 26. Jul. 1628. geboren, und ſtarb 1689. als däniſcher Geſandter zu Regenſpurg.

****) Dieſer Bruder Pufendorfs ſtarb den 3. Aug. 1668. an einem hitzigen Fieber zu Paris. S. Lieberkühns Miſcellaneen. S. 9.

Söhnen wurde Samuel der berühmteſte, obgleich ſein Bruder Eſaias auch als Staatsmann und Gelehrter ſich Anſehen erworben hat. — Den Freyherrnſtand hatte er alſo nicht ſeiner Geburt, ſondern ſeinen eignen Verdienſten zu danken.

Den erſten Unterricht erhielt Samuel von ſeinem Vater, welcher ihn aber bald, aus Mangel eignen Vermögens, als Alumnus der Fürſtenſchule zu Grimme anvertraute, um daſelbſt zu ſeinen künftigen Studien den eigentlichen Grund zu legen. Hier ſtudierte er die claſſiſchen Schriftſteller der alten mit beſonderm Fleiſs, und ein zufälliger Umſtand gab Gelegenheit, daß er ſich in der lateiniſchen Sprache eine beſondere Stärke erwarb. Er hatte ſich mit vieler Mühe aus den claſſiſchen Schriftſtellern, welche er las, ein Excerptenbuch zuſammengetragen. Einer ſeiner neidiſchen Mitſchüler nahm ihm dieſe Frucht ſeines Fleiſſes weg, und warf ſie in den Abtritt. Pufendorf wollte dieſen für ihn ſchmerzlichen Verluſt erſetzen, und las nunmehr eben dieſe Schriftſteller noch einmahl, und zwar mit weit größerm Nutzen, als vorhin; *) obgleich der Curſitor M. Brodkors, wie er ſelbſt erzählt **), ihm etlichemahl deswegen Maulſchellen gab, weil er dieſe Lecture den trocknen Grammatiken, Logiken und Rhetoriken vorzog.

Von Grimme gieng er 1650 nach Leipzig, wo er anfangs Theologie ſtudirte, und ein Mitglied des Collegii anthologici wurde. ***) Nachher wendete er ſich zu den Studien der Rechtsgelehrſamkeit, vornemlich des Staats- und Völker-Rechts und der politiſchen Wiſſenſchaften, und erhielt von ſeinem Bruder Eſaias den erſten Unterricht im Naturrecht nach Grotius. Seine meiſte Bildung hatte er aber ſich ſelbſt zu danken, da ſeine Lehrer noch ariſtoteliſche Philoſophen

---

*) Dieſe Anekdote erzählt Glaſey in der vollſtänd. Geſchichte des Rechts der Vernunft. S. 261.

**) S. Heumanni Acta Philoſ. III. Th. S. 954.

***) S. Gebaueri Collegii Gelliani & Anthologici Hiſtoria, Diſſert. Anthologi. praemiſſa. p. 33. 41. 57.

waren, so wie seinen Unterhalt, welchen er sich grossentheils durch Informiren erwarb, da sein Vater, der 1648 gestorben, ihm keine grosse Schätze hinterlassen hat.

Im Jahr 1656 verliefs er Leipzig und begab sich nach *Jena*, wo er in dem Hause des berühmten Mathematikers, *Erhard Weigels*, wohnte. *) Dieser ermunterte ihn, die Moralphilosophie demonstratisch zu bearbeiten, und Weigel soll ihm auch seine euclidische Ethik geschenkt und erlaubt haben, davon beliebigen Gebrauch zu machen. Eben dieses gab Gelegenheit zu der ersten Schrift, mit welcher Pufendorf nachher in der gelehrten Welt auftrat.

In Jena wurde er noch in eben diesem 1656 Jahre auf Weigels Anrathen Magister **), und nach Ablauf des Jahrs 1657 gieng er wieder nach Leipzig zurück. Vergeblich wünschte er in seinem Vaterland eine Beförderung, und ein schlechter Schuldienst, den er gesucht, wurde sogar ihm verweigert. Er musste also sein Glück ausser seinem Vaterlande suchen.

Sein Bruder Esaias ***) stand bereits in schwedischen Diensten. Auf dessen Anrathen und Empfehlung gieng daher Samuel im Jahr 1658 nach Kopenhagen, als Hofmeister über die Kinder des dortigen schwedischen Gesandten *Peter Julius Coyet*, bey diesem Herrn machte er sich so beliebt, dass dieser ihm die geheimsten Staatssachen anvertraut, und ihn zu denselben gebrauchte.

---

*) Und zwar auf eben dem Zimmer, auf welchem der Aristotelische Metaphysiker *Stahl* gestorben war. S. Eris Scand. p. 248.

**) Ich finde nirgends, dass er die Doctorwürde in den Rechten jemahls angenommen. Diess erregte auch seines Gegners, *Nicol. Beckmanns* Neid und Vorwürfe. Es soll ihn auch gereuet haben, dass er Magister geworden, weil er sich ohne dergleichen äusserliche Ehrenzeichen seinen Ruhm gründen wollte.

***) Nicht *Elias*, wie ihn Glafey unrichtig nennt.

Einige Monate nach Pufendorfs Ankunft brach der Krieg zwischen Dännemark und Schweden aus. Der Gesandte war einige Tage vor der Einschliessung Kopenhagens nach Schweden abgereist, hatte aber seine Familie nebst Pufendorfen bey dem andern schwedischen Gesandten *Streo Bielke* *) zurückgelassen. Hiedurch gerieth Pufendorf in einen achtmonatlichen Arrest. Da er in demselben gar keine Bücher hatte, und niemand sprechen durfte **) so durchdachte er das, was er von Vejeln gehört, und in den Schriften des Grotius und Hobbes gelesen hatte, brachte das, was ihm am besten gefiel, in ein kleines Lehrgebäude, und machte nach seiner Einsicht Veränderungen und Zusätze. Diesen blos durch die lange Weile erzeugten Versuch gab er hernach auf Anrathen eines Freundes heraus, und bahnte sich dadurch den Weg zu seinem künftigen Glück.

Im Jahr 1659 erhielt er seinen Abschied, nachdem er vorher an der Petechen gefährlich krank gelegen, gieng nach Leiden, um seine Studien fortzusetzen, und gab einige Werke des *Meursius* heraus. Im Jahr 1660 liess er zu Haag seine erste eigne Schrift drucken: Elementa Jurisprudentiae universalis. Er dedicirte sie dem gelehrten Kurfürsten von Pfalz, *Carl Ludwig*, welcher diese seine Jugendarbeit so wohl aufnahme ***), dass er ihm sogleich die Stelle eines Lehrers der Institutionen des Civilrechtes auf der Universität Heidelberg anbot. Pufendorf verbat sich aber diesen

---

*) Als Secretär, wie *Glafey* l. c. sagt.
**) Diess erzählt P. selbst in einem Schreiben an den Baron von Boineburg. S. *Græningii* Bibl. Jur. gent. Europ. p. 281. *Majcov* irrt also, wenn er sagt, P. habe den Grotius und Hobbes jezt gelesen.
***) S. das Antwortschreiben des Kurfürsten vom 29. Sept. 1660, in *Joh. Græningii* Bibl. Jur. gent. Europ. p. 307. und in *Ludovici* Historia Jur. Nat. p. 74. *Leibnitz* in Folleti otio Hannov. p. 181. gibt diess als die einzige Ursache hievon an, weil Pufendorf den Lieblings-Autor des Kurfürsten Hobbes, empfohlen hatte.

Antrag *) , und erfuchte den Kurfürften ihm das Amt eines öffentlichen *Lehrers des Natur - und Völkerrechts* zu ertheilen. Sein Wunfch wurde ihm gewährt, und auf diefe Weife erlangte Heidelberg die Ehre, die *erfte Univerfität* zu feyn, auf welcher im Jahre 1661 ein eigener und ordentlicher Lehrer des Natur - und Völkerrechts angeftellt wurde **): und eine Ehre, die noch gröffer war, dafs Pufendorf diefer Lehrer wurde.

Pufendorf erhielt zugleich 1667. den Auftrag, dem Kurprinzen, der fchon feine Lehrer hatte, aufferordentlichen Unterricht zu ertheilen. ***) Er fchrieb hier auch das berüchtigte Buch de ftatu Imperii Germanici ad Laelium fratrem, unter dem Namen des Severini de Monzambani Veronenfis, worinn die Gebrechen der deutfchen Reichsverfaffung erörtert werden, und wodurch er in der politifchen Welt groffes Auffehen und im deutfchen Staatsrecht Epoche machte.

Der König von Schweden *Carl XI.* hatte im J. 1668. eine neue Univerfität zu *Lund* ****) in Schonen geftiftet. Auf diefe wurde Pufendorf, nachdem er fieben Jahre zu Heidelberg gewefen, und dafelbft unter andern auch

Schweden

---

*) S. Eris Scand. p. 63.

**) Nach diefem Beyfpiel wurden in der Folge auch auf andern Univerfitäten Profefforen des Naturrechts angeftellt. Zu Leipzig wurde 1711. *Carl Otto Rehenberg* zum erften Profeffor des N. R. ernennt. Gregorovius hatte am erften diefe Profeffur zu Königsberg. 1746. wurde *J. A. von Ickftatt* zu Ingolftadt am erften diefe Profeffur übertragen.

***) S. Eris Scand. p. 106.

****) Weil diefer Ort im Lateinifchen *Londinum* Scanorum heifst, fo machten *Glafey* in der Gefchichte vom Recht der Vernunft S. 204. und *von Zahlheim* im Verfuch einer Gefchichte der nat. Rechtsgelehrtheit, S. 62. *Londen* daraus.

Schweden zu Zuhörern gehabt *), und von dem Kurfürsten ungerne entlassen worden, wahrscheinlich auf Veranstaltung seines Bruders Esaias, der noch in schwedischen Diensten stand, als erster Professor der Rechten mit einer größern Besoldung, als die übrigen Professoren hatten, berufen, um das Natur- und Völkerrecht zu lehren. **) Sein Ruhm nahm hier zu, theils durch den Beyfall, den seine Vorlesungen erhielten, theils durch die Schriften, welche er herausgab. Er schrieb nämlich das *größere* und *kleinere* Werk *über das Natur- und Völkerrecht*, die ersten eigentlichen Systeme dieser Wissenschaft, und die *Einleitung* in die *Historie der Staaten von Europa*, welche dem historischen Unterricht eine andere Wendung gab. Hier nahm aber auch der gelehrte Krieg seinen Anfang, in welchem Pufendorf seinen Gegnern nichts schuldig blieb. Man verketzerte ihn und hielt ihn nicht mehr für einen rechtglaubigen Lutheraner, weil er mehrere Jahre zu Heidelberg mit den Reformirten friedlich gelebt, und den Engländer Hobbes öfter gelobt hatte. Alles, was in seinen Schriften nur einen Schein der Neuheit hatte, wurde aufgesucht, um ihn als einen Atheisten und Indifferentisten in der Religion und Moralphilosophie darzustellen. Hieran waren theils seine Angriffe auf die bisherige scholastische Philosophie Schuld, welche noch viele Verehrer hatte, deren Grillen er mit noch mehr Muth,

---

*) Eris Scand. p. 18. Martiniere in Eloge hist. de Mr. de Pufendorf von dessen Introduct. à l'histoire gen. & polit. p. XXXV. erzählt, Pufendorf sey um's Jahr 1669. nach Kopenhagen gegangen, um daselbst eine Professorsstelle zu suchen, welche er aber nicht erhalten habe. Von da sey er erst nach Schonen gereist, wo er erst 1670. sein Lehramt angetreten habe.

**) In Heidelberg hatte man ihn dadurch verdrüsslich gemacht, daß ihm *Böckelmann* als Professor der Institutionen vorgezogen wurde.

als fein Vorgänger Grotius, verwarf, theils perfönlicher Haß und Verketzerungsfucht, ein charakteriftifcher Zug feiner Zeitgenoffen. Er gerieth daher in vierzehnjährige Streitigkeiten mit *Scherzer*, *Alberti*, *Sekendorf*, *Veltheim*, *Gefenius*, *Strimefius*, *Zentgran*, *Pfanner* und *Slevogt*. Er hatte auch die Ehre, daß *Leibnitz* einige feiner Sätze prüfte. Seine heftigften Gegner waren feine zwey neidifchen und zankfüchtigen Collegen, der Theolog *Jofua Schwarz*, und der Jurift *Nicolaus Beckmann*, den es verdroß, daß Pufendorf, der nicht einmal Doctor der Rechte war, ihm in der Facultät war vorgezogen worden.

Diefe Streitigkeiten und der Krieg in Schonen bewogen Pufendorfen, Lund zu verlaffen, und nach dem Tod des *Johann Locornius*, als königl. fchwedifchen Staats-Secretär-Rath und Gefchichtfchreiber nach Stockholm zu gehen *), wo er zugleich bey der Mutter des Königs die Stelle eines Secretärs erhielt.

Die Gefchichte, deren Studium mit der Rechtsgelehrfamkeit fo genau verbunden ift, hatte ihn fchon immer befchäftigt. Hier verfertigte er meift aus archivalifchen Nachrichten fein Gefchichtbuch de rebus fuecicis, durch welches er fich viele Feinde und Verfolger zuzog, weil er in demfelben nicht alle in fchwedifchen Dienften geftandene Generale und andere Perfonen gleich ftark gelobt, oder einige derfelben, welche nachher in groffes Anfehen gekommen, übergangen hatte. **) Diefer Umftand bewog ihn, Schweden zu verlaffen, nachdem er durch diefe hiftorifche Schriften fich fo groffen Ruhm erworben, daß

---

*) Das Jahr, wann diefs gefchehen, finde ich nicht angegeben. Es fcheint um 1678. gefchehen zu feyn. Eris Scand. p. 144. (der Mafcov. Ausg.)

**) Diefen Umftand hat aus der mündlichen Erzählung feiner Wittwe bekannt gemacht, *von Ludwig* in dem Vorbericht zu feiner Erläut. der Reichshift. S. 41.

Friedrich Wilhelm, Kurfürst von Brandenburg ihn in seine Dienste verlangte.

Er kam also 1686. als Hofrath, Historiograph und Beysitzer des Cammergerichts nach Berlin mit einem Gehalt von 2000 Thalern. Hier schrieb er, gröstentheils aus archivalischen Quellen, die Commentarios de rebus gestis Friderici Wilhelmi, durch welche er den Ruhm eines pragmatischen Geschichtschreibers noch mehr befestigte.

Im Jahr 1690. erhielt er den Charakter eines kurbrandenburgischen geheimen Raths, und sollte eine Lehrstelle auf der neu errichteten Universität zu Halle übernehmen, welche er sich aber verbat. Im Jahr 1694. wurde er auf einer Reise, die er nach Schweden machte, von dem dortigen König Carl XI. in den Schwedischen Freyherrnstand erhoben. *) Nach der Erzählung Leysers **) hat der König von Schweden ihn kurz vor seinem Tod wieder in seine Dienste nehmen wollen.

Der verdienstvolle Mann starb noch in eben diesem Jahre 1694, den 26. October zu Berlin, an einem zu tief geschnittenen Leichdorn, zu welchem der kalte Brand schlug, nachdem er ein Alter von 63 Jahren erreicht hatte.

Daß er verheyrathet war, ist zuverläßig. Aber sonst findet sich von seinem Ehestand keine nähere Nachricht. Nur so viel weiß man, daß er eine Stieftochter hatte ***), er also eine Wittwe zur Frau genommen haben muß, und daß seine Gattin ihn überlebt hatte. Ludwig ****) spricht von zwey Töchtern, welche an vornehme Männer verheyrathet worden.

---

*) Daß er von Kaiser *Leopold* in den Freyherrnstand erhoben worden, wie im *allgem. hist. Lexic.* und von Martiniere in dessen Leben gesagt wird, ist nicht erwiesen, und nicht einmal wahrscheinlich.

**) De variat. & retractat. I. Tom. p. 25.

***) Eris Scand. p. 119.

****) In Eulogia Pufendorfiorum. p. 488.

Diefer Abriſs von Pufendorfs Schickſal kann allen, die ohne Reichthum ſtudieren, und denen es ſonſt nicht an Fähigkeiten fehlt, zur Ermunterung und Aufrichtung dienen, wenn ſie leſen, daſs der Sohn eines Dorfgeiſtlichen, der, wie alle Propheten, in ſeinem Vaterlande nichts galt, im Ausland ſich Ehre und Ruhm und reichliches Auskommen erwarb, und ſich bis zum geheimen Rath und Freyherrn nicht durch ererbtes Verdienſt, ſondern durch eigene Kräfte ſchwang. Er giebt auch ein Beyſpiel ab, wie weit eigener Fleiſs und Anſtrengung einen guten Kopf, auch bey einem ſchlechten oder mittelmäſſigen Unterricht, bringen kann.

Sein Bildniſs findet ſich oft in Kupfer geſtochen. Ich kenne zur Zeit nur folgende:

1) Vor Martinieres franz. Ueberſetz. ſeiner Einleit. in die Staatenhiſt., geſtochen von W. Jonkmann, in 8.

2) In Fol. ohne Namen des Kupferſtechers.

3) In 4. ohne Namen des Künſtlers, ein ſehr ſchlechter Stich.

4) In Fol. von S. Bleſſendorf.

5) In 4. von Bereigeroth.

6) In 8. von Fehr.

7) In gr. 4. vor Barbeyracs franzöſiſchen Ueberſetzung des Droit de la nature & des gens. D. Klöcker Ehrenſtrahl delin. F. A. Stöcklein ſculp. Baſil.

8) Nach eben dieſer Zeichnung iſt dasjenige von J. D. Schleuen in 8. kopiert, welches vor dem 14ten Theil des deutſchen Nicerons ſteht.

9) Faſt vor allen Ausgaben von Pufendorfs Einleitung in die Hiſtorie der vornehmſten Reiche und Staaten, ſteht auch ſein Bildniſs. *M.*

* * *

Die meiſten Geſchichtſchreiber des Naturrechts haben Pufendorfs Leben erzählt. Faſt alle haben ſie aber aus folgender Quelle geſchöpft.

Leben des Freyherrn Samuel von Pufendorf. 37.

Bey der deutſchen Ueberſetzung von Pufendorfs Monzembano (v. 171b. S. 1715.) S. 639 - 804. ſteht eines Ungenannten, der ſich Petronius Hartewig Adlenenesthot genennt, und *Peter Dahlmann* mit ſeinem wahren Namen hiefs, Auffatz: Vita, Fama & Fata litteraria Pufendorfiana, oder denkwürdige Lebens-Memoire, und ſeltſame Fata des Weltberuffenen Baron Samuels von Pufendorf, welches eine der erſten ausführlichern Nachrichten von ſeinem Leben iſt; obgleich manche Fehler darinn vorkommen, und den Erzählungston dieſes Biographen zu verdauen eine ziemliche Portion Geduld erfordert wird.

Auſſerdem verdient verglichen zu werden *J. P. Ludewig* Elogium Eſaiæ ac Samuelis Pufendorfiorum, laconice ſcriptum, in deſſen Opuſc. orator. (Hal. 1721. 8.) p. 463 - 488, welches auch vor Eſ. Pufendorfii Opuſc. Hal. 1700. 8. ſteht.

Niceron in den Memoires T. XVIII. p. 224 - 256. oder nach der deutſchen Ueberſetzung. XIV Th. S. 239-267.

Und *Gottfried Maſcovs* Vorrede zu ſeiner 1744. zu Leipzig erſchienenen Ausgabe des Pufendorfiſchen Juris naturæ & gent. welcher vornämlich die Erid. Scand. dabey benutzt hat.

Zeuner in Hollſtein, Pufendorfs Schweſterſohn, wollte die Lebensgeſchichte Samuel Pufendorfs, und des Bruders deſſelben Eſaias, beſchreiben. Sie iſt aber nicht zum Vorſchein gekommen.

* * *

Künftig ſoll die Geſchichte ſeiner Schriften und ſeiner gelehrten Streitigkeiten folgen, bey welcher ich eine kleine Schrift benutzen zu können wünſchte, welche 1781. zu *Stockholm* erſchienen iſt: E. S. Brings diſp. de vita academica, quam Londini Gothorum degit vir. ill. Sam. Pufendorf. Wer dieſelbe mittheilen könnte, dürfte ſie nur an den Herausgeber dieſes Journals ſenden.

P.

II.

RECENSIONEN oder BESCHREIBUNGEN
SELTENER BÜCHER.

1.

Epiſtolæ obſcurorum virorum ad D. M. Ortuinum Gratium, attico lepore refertae, denuo excuſae, & a mendis repurgatae, priſtinoque nitori reſtitutae. Quibus obſtili & argumenti ſimilitudinem adiecimus in calce dialogum mere Feſtiuum, eruditis ſalibus refertum. M.D.LVI. 8.

Epiſtolæ obſc. v. ad M. O. Grat. nil præter luſum continentes & iocum in arrogantes ſciolos, plerumque famæ bonorum virorum obtrectatores & ſanioris doctrinæ contaminatores. Denuo vetuſtiſſimo & feſtiviſſimo exemplari præ cæteris editionibus locupletatæ & auctæ. Vier Verſe an den Leſer 1556. Alterum volumen ep. obſc. vir. - - repurgatæ, quibus ob ſtili - - refertum. M. D. LVI. in 12.

Duo volumina epiſtolarum obſc. vir. - - repurgata. Quibus ob ſtili - - refertum. M. D. LXX. in 12.

Daſs ich juſt dieſe drey Ausgaben gewählt habe, ihre Auffchriften herzuſetzen, geſchieht deſswegen, weil ſie die unbekannteſten unter allen übrigen, und wahrſcheinlich ſeltner, als andere ſind. Einige Leſer werden vermuthlich lachen, andre ſich ärgern, daſs ich von dieſem närriſchen Buch rede. Bey manchem aber hoffe ich doch Dank zu verdienen. Meine Abſicht iſt nicht, zu recenſiren, ſondern meine geſammelten Nachrichten von dem wahren Verfaſſer mitzutheilen, alle mir bekannte Ausgaben anzuzeigen, und zuletzt auch einiger Nachahmungen zu gedenken. Um deſto ungehinderter fort er-

zählen zu können, will ich die Bücher, auf die ich mich beziehen muſs, mit einander in der Note *) anzeigen.
Wer diese wahre Satyre auf die Unwissenheit der damaligen Geistlichen und ihr barbarisches Latein verfertigt habe, das ist eine Frage, die sehr verschiedentlich beantwortet wird und noch nie ganz ausgemacht ist. Ich will die Meinungen sammeln und die völlige Entscheidung andern überlassen, glaube aber, man werde nie zu befriedigender Gewißheit kommen. *Koch* sagt, *Paul Jovius* schreibe diese Briefe dem Johann Reuchlin, *C. Barth* und *Morhof* aber dem Ulrich von Hutten, andere dem *Cobanus Hessus* zu, *Hamelmann* nenne den Hermann Busch unter den Verfassern. Er und *Rechenberg* glaubt, sie haben mehrere Verfasser, z. Ex. den Grafen von Nuenar, Hutten, Reuchlin, Erasmus, Busch. *Freytag* nennt uns die vornehmsten und eines solchen Denkmals wür-

---

*) Koch observationes miscellaneæ oder vermischte Gedanken über allerhand Materien, Leipzig 1712. B. I. S. 339-353. Theophili Sinceri neue Nachrichten von lauter alten und raren Büchern 1753. 4. p. 108. Rechenberg Differt. de ineptiis clericorum Romanensium litterariis. Freytagii adparatus litter. T. II. p. 1187. T. III. p. 536. Weislinger Huttenus delarvatur 1730. Biedermanni nova acta, scholastica, T. II. p. 190. Schurzfleischii elogia scriptorum illustrium Sec. XVI. Wellers Altes aus allen Theilen der Geschichte B. I. S. 87. 788. Burckhardii comment. de Ulr. de Hutten fatis & meritis P. I. p. 167. P. III. p. 71. Analecta ad comment. de vita Jac. Burckhardi. Ej. comment. de fatis linguæ latinæ. P. I. p. 321. P. II. Wolf. 1721. p. 433. Unschuldige Nachrichten 1716. p. 382. 1717. p. 140. Löscher Reformations - Acta B. I. C. 29. und p. 551. B. II. p. 575. Kapp Nachlese von Reformations-Urkunden, Th. II. S. 444. J. B. Scheibe, in den freymüthigen Gedanken aus der Historie &c. Th. II. S. 124. Heumannii documenta litteraria, commentat. isagog. p. 100. Schelhornii amœnitates litterariæ Tom. IX. p. 659. Placcii theatrum anon. & pseudonym. p. 378. sequ.

digen Helden, denen zum Spott die Briefe geschrieben sind, Johann Pfefferkorn, Jacob Högstraten, Arnold von Tongern, Ortuin Gratius, redet von der Gelegenheit und dem Streit, bey welchem sie geschrieben wurden, und nennet eine ganze Menge von Verfassern, Johann Crotus Rubranus, Hutten, Busch, Hermann Graf von Nuenar, Johann Rhagius Aesticampianus, Joh. Cäsarius, J. Reuchlin, Bilibald Pirkheimer, Johann Glandorp, Coban Hess. Ob würklich gar so viele Gelehrte Antheil daran gehabt haben, daran möchte man fast zweifeln. *Weislinger* hingegen will sie durchaus dem Ulrich von Hutten allein aufdringen, den er den *verschreyten Urheber* nennt. (Von dem Schiksale seiner Schrift, welche von den Römischen Bücherrichtern selbst in das Register der verdammten Bücher gesetzt worden ist, s. m. *Schelhorns Ergötzlichkeiten* B. I. S. 171. und 370.) *Schurzfleisch* und andre kennen keinen Verfasser als Hutten, *Weller* nennt ihn den vornehmsten, sagt aber doch zuletzt auch, Crotus sey der Verfasser von dem ersten Theil. *Burckhard* gibt Nachricht von der Bulle, mit welcher der Pabst im J. 1517. diese Briefe verdammt hat, und zeigt, dafs Crotus, Hutten, Busch, Aesticampianus, die Verfasser seyn mögen, besonders von dem ersten Theil. Dafs Crotus so vielen, oder vielleicht den meisten Antheil daran hat, ist den wenigsten bekannt. Aber *J. C. Olearius*, auf den sich *Burckhard* und *Kapp* berufen, hat solches in seinen Anmerkungen zu dem Brief eines ungenannten, (vermuthlich *Justi Jonä*,) ad Jo. Crotum Rubeanum verum inventorem & auctorem epistolarum obscurorum virorum hinlänglich bewiesen. Die *unschuldigen Nachrichten* erzählen, dafs der Concipient in der responsione ad apologiam Jo. Croti Rubeani ungefehr 1527. melde, Crotus sey der wahre Verfasser und habe den Hutten zu dergleichen Dingen angereitzt, und viele spitzige Epigrammata über den Pabst gemacht. *Scheibe* sagt mit Recht, *Gabriel Naude* in seinem *Mascurat* sey ganz irrig, wenn er den Reuchlin für den einigen Verfaſſer halte, ſintemal er den wenigſten (ich ſage: *vielleicht gar keinen*.) Antheil daran gehabt habe, und nach ſeiner Meynung ſind die Verfertiger der Briefe, Crotus, Hutten, Buſch, Graf von Nuenar, Pirkheimer, Reuchlin und andre. Endlich muſs ich noch einen ziemlich unbekannten Mitarbeiter anführen, Jacob Fuchs. *Heumann* ſchreibt von ihm: Huttenum epiſtolas obſc. virorum permultas finxiſſe dubium non eſt; nonnullæ Reuchlino & Eraſmo tribuuntur. Jac. Fuchs nondum in ſuſpitionem hujus ingenii laſciviæ venerat. Dieſes beziehet ſich auf einen Brief Laur. Behaim vom 27. April 1517. an Bil. Pirkheimer S. 255. wo geſagt wird: Jacob Fuchs habe vermuthlich einige dieſer Briefe verfertiget, oder ſey doch wenigſtens nicht weit davon geweſen, als ſie geſchrieben worden ſeyen.

Ohne jemand in ſeinem Urtheil vorzugreifen, iſt meine Muthmaſſung folgende: Den erſten Einfall, Idioten durch eine ſolche Satyre zu züchtigen, mag wohl Crotus gehabt haben. Huttens ſatyriſchem Geiſt gefiel dieſe Idee natürlicher Weiſe ſehr wohl und er wurde alſo Croti treuer Mitarbeiter, keinesweges aber, wie einige träumen, der *einige* oder *vornehmſte* Verfaſſer. Ihre Freunde, Buſch und Aeſticampianus, lieferten auch Beyträge und ſo kam der erſte Theil heraus. Das Ding gefiel ihren übrigen Freunden wohl und nun verbanden ſich auch, der Graf von Nuenar, Pirckheimer, Fuchs, und vielleicht noch andre mit ihnen, und lieferten den zweyten Theil. Wer am dritten Theil Antheil hat, will ich nicht errathen, eben ſo wenig, als, wie viel oder wenig, Antheil Cäſarius, Glandorp, Heſs, an den beyden erſten hatten. Ob Reuchlin etwas beygetragen hat, daran zweifle ich; und ob Eraſmus? da möchte ich gern Nein ſagen. Das ſind Muthmaſſungen, wird man ſagen. Gut! ſo entſcheide ein anderer. Mich dünkt, *Reuchlin* und *Eraſmus* haben sich beyde hinlänglich vertheidiget. Man lese den *Placcius* l. c.

Diese lustigen Briefe wurden sehr oft gedruckt, und fanden grossen Beyfall. Dem ohngeachtet sind alle alte Ausgaben selten, zum Theil sehr selten. Was ich davon weiss, will ich anzeigen. Das Jahr der allererften Ausgabe ist nicht sicher bekannt: wahrscheinlich ist es 1516. Der erste Theil hat folgende Auffchrift: epistolae obscurorum virorum ad magistrum Ortuinum Gratium Dauentrienfem, Coloniae latinas litteras profitentem. Zuletzt stehet: Jn Venetia impressum in impressoria Aldi Minutii, anno quo supra. Etiam cauifatum est, ut in aliis, ne quis audeat post nos impressare per decennium, per illustrissimum, principem Venetiarum. Auf dem zweyten Theil stehen nach der obigen Auffchrift noch folgende Worte: non illae quidem veteres & prius vifae: fed & nouae & illis prioribus elegantia, argutiis, lepore & venustate longe superiores. (Sollte man daraus nicht fast schliessen können, *Crotus* sey allein Verfasser des ersten Theils, und hier habe er dem *Hutten* und andern Mitarbeitern am andern Theil ein Compliment machen wollen?) Zuletzt steht: quinta luna obscuros viros edidit. Lector folue nol dum & ridebis amplius. Impressum Romae Curiae, ohne Jahr in 4. Ohne Zweifel hat *Burckhard* Recht, dass Aldus an dieser Ausgabe keinen Antheil hat. Eher mag sie wohl in einem Winkel Deutschlands erschienen seyn. Schon der Name Minutius anstatt Manutius ist verdächtig; und da die Verfasser niemand, als ihren guten Freunden, bekannt werden wollten: so haben sie den wahren Druckort gewiss nicht angegeben.

Die andre Ausgabe: Epistolae obsc. vir. ad venerabilem virum M. O. Gr. D. Col. Agrippinae bonas litteras docentem: variis & locis & temporibus misse ac demum in volumen coacte. Cum multis aliis epistolis in fine annexis quae in prima impressura non habentur. (Vermuthlich find diefes Briefe von neuen Mitarbeitern, und wer beyde Ausgaben vergleichen kann, wird die Vermehrungen und den Unterfchied beftimmen können.) Zuletzt heiſſet es: & fic eft finis epiftolarum obfc. vir. Deo gratia ejusque fancte matri. Jn Venetia impreſſum.— — principem Venetiarum, in 4.

Die dritte ſcheint mir ziemlich unbekannt zu ſeyn. Ich kenne fie nur aus dem *Theoph. Sincerus*, oder *Schwindel*, aus welchem ich den langen Titel abgekürzt herſetzen will: Epiftole obfcurorum virorum: nil preter Lufum continentes & Jocum in paleas: Feces & quisquilias, e quibus fefe Barbari quidam: & elingues fcioli iactitant: Cum additionibus nouo Privilegio ad feptennium fancitis. Zuletzt ftehet: Jmpreſſum Coloniae Anno M. CCCCC. XVIII. in Augufto. in 4. Von diefer Zeit an bis zum Jahr 1556. ift mir zu meiner Verwunderung keine Ausgabe mehr zu Geficht gekommen. Aber in diefem Jahr erfcheinen auf einmal drey.

Duo volumina epift. obf. v. ad D. M. Ort. Gr. Attico lepore referta., denuo excufa &, a mendis repurgata. Quibus ob ftili & argumenti fimilitudinem adiecimus in calce dialogum mere Feftiuum., eruditis falibus refertum. MDLVI. zuletzt: Romae Stampato con Privilegio del Papa & confirmato in lugo, qui vulgo dicitur Beluedere, in 12.

Von eben diefem Jahr find die zwey Ausgaben, davon ich oben den Titel angegeben habe. Von der in Octav habe ich nur den erften Theil vor mir, zweifle aber nicht an der Exiftenz des andern. Auf dem Titelblatt des angehängten Dialogus ftehet ein Epigramma J. A. B. ad lectorem. Das foll, wie es in den Ducatianis p. 31. heiſſet, Jo. Alexander Braſſicanus feyn. In diefem Buch, das ich nicht gefehen habe, follen nach einer Anzeige des fel. *Schelhorns* mehr Anmerkungen über diefe Briefe ftehen. Zuletzt p. 215. ftehet: Finit fe opus egregium magna diligentia a fpectabilibus magiftris noftris compilatum, & iam melius quam ante impreffum in Vtopia, in impreffsoria Claudi Sutoris cum ftella tenebrofa. Anno..quo fupra: cauifatum etium eft, ut in aliis, ne quis audeat poft nos impreffare per decennium.

In der Duodezausgabe aber ftehet noch nach diefen Worten bey dem Schlufs des zweyten Theils, fo wie auch bey dem erften: Romae ftampato con privilegio &c. So unbekannt diefe Ausgabe bisher war: eben fo unbekannt ift die mir ganz unvermuthete Entdeckung, die ich gemacht habe, dafs die Bücher hier umgewendet ftehen. Das andere fteht zuerft und das erfte ift das andere. Was diefer Einfall wohl bedeuten foll? Schon J. H. *Maius* hat diefe Entdeckung gemacht, wie ich aus dem *Placcius* S. 379. fehe.

Duo volumina epiftolarum &c. MDLVII. in 12. ohne Ort. Diefes ift die einige Ausgabe, die *Maittaire* im dritten Band S. 698. hat. Im Regifter aber gibt er eine Ausgabe Rom. 1557. in 4to. an.

Die feltne Ausgabe 1570, die dritte, von der ich oben den abgekürzten Titel hergefetzt habe. Zu Ende des erften Theils ftehet, wie fonft: Finit fe opus &c. und zu Ende des zweyten: Romae ftampato, &c. Diefe Ausgabe ift nicht paginirt.

Epift. obfc. vir. cum variis additionibus ejusdem argumenti, Francof. 1581. 8.

Obfc. virve. ad Orthuinum Gratium epiftolarum libri II. Francofurt. 1624. 8. kenne ich blofs aus dem *Placcius* S. 378.

Ep. - - Noua & accurata editio. Cui quae acceffere, fequens contentorum indicat Tabella. Francof. ad Mœnum Anno 1643. 12. diefe Zufätze find zwey bekannte alte Stücke: de fide concubinarum in facerdotes und de fide meretricum in fuos amatores.

volunt omnes habere ad ſtultum, qui aliquid ſcribunt, ſicut nos habuerunt ad ſtultum diabolice. Ergo nos in corde noſtro concluſimus &c. Faſt ſcheint dieſer Nachahmer die Sache ein wenig übertrieben zu haben. Doch wollte ich den Anfang herſetzen, damit einige Leſer, die vielleicht bisher gegähnt haben, noch etwas zu lachen fänden.

2.

Wolfgangi Comitis de Bethlen, prioribus Seculi XVII. annis Cancellarii Aulici Tranſylvaniae, hiſtoriarum Pannonico - Dacicarum Libri X, a clade Mohazenſi M. D. XXVI. uſque ad finem ſeculi. In arce Kreuſch Tranſylvaniae, typis & ſumptibus Authoris. In Folio.

Eine wahre Seltenheit, die ich unverhoft zu Geſicht bekommen habe, ohngeachtet ich mir vorher auch im Traume nicht hätte einfallen laſſen, ſolche jemals ſehen zu können. Ich will zuerſt von dem Buch und ſeinem Verfaſſer nur etwas ganz weniges ſagen, und alsdenn dieſes höchſt ſeltne Exemplar kurz beſchreiben. Die beſste Nachricht von dem Verfaſſer iſt vermuthlich diejenige, die *Alexius Horanyi* in ſeiner Vorrrede zu der hiſtoria rerum Tranſylvanicarum ab anno 1662. ad annum 1673. producta & concinnata auctore *Joanne Bethlenio*, Wien 1782. gegeben hat. Wegen ſeines Buches aber beziehe ich mich der Kürze wegen theils auf *Clements* Bibliotheque curieuſe hiſtorique & critique, Tome troiſiéme p. 253. welcher es eine Ausgabe von der äuſſerſten Seltenheit nennet, und nur zwey noch vorhandne Exemplare davon anzugeben weiſs, das eine in der Bibliothek des Grafen von Schaffgotſch zu Hermsdorf, das andre in der Eliſabethaniſchen zu Breſslau; theils auf D. *Gottfried Schwarz* Anzeige von des Herrn Grafen Wolfgangi de Bethlen hiſtoriarum Hungarico-Dacicarum libri XVI. als einem nach dem gedruckten erſten, und ungedruckten andern Theil zum Verlag ganz ausgefertigt liegenden Werk, Lemgo 1774. 4. Damals kam dieſe vollſtändige Ausgabe, welche man in Ermanglung der kleinen Schwarziſchen Schrift aus der allgemeinen deutſchen Bibliotheck B. XXV. S. 549. kennen lernen kann, nicht zum Vorſchein. Der vorhin gemeldete *Horanyi* verſicherte im Jahr 1782, daſs nächſtens eine neue Ausgabe erſcheinen würde, aber ohne zu ſagen, von wem und wo ſie beſorgt werden ſollte, wie man ebenfalls aus der allgemeinen deutſchen Bibliothek B. LIX. S. 177. ſiehet. Vermuthlich iſt es diejenige, von der ich zuletzt reden will. Indeſſen lernte ich aus dieſer Anzeige, daſs auch *Schwarz* ein Exemplar der erſten faſt ganz für verlohren geſchätzten Ausgabe beſitzt und daſs eines auf der fürſtlichen Bibliothek zu *Caſſel* iſt. Nun wiſſen wir alſo ſchon *vier* Exemplare, und noch ein paar werde ich bald anzeigen. Wahrſcheinlich wurden bey den Rakoziſchen Unruhen und der Annäherung der Feinde nicht gar alle vermauert, ſondern einige wenige ausgetheilt. Daher findet man auſſer den zweyen dem Moder entriſſenen und von *Clement* angeführten Exemplaren noch etliche andre, aber immer noch ſo wenige, daſs die äuſſerſte Seltenheit, von der Clement redet, noch keinen Abbruch leidet. Vielleicht lieſſen ſich in Wien einige entdecken. Wenigſtens hat ein bekannter Antiquarius *Garttner* daſelbſt einen guten Freund verſichert, daſs der Herr Cardinal *Garampi* ein ſchönes Exemplar mit einem Titulblatt (das alſo wohl nicht mit vermauert geweſen ſeyn mag,) für die Vaticaniſche Bibliothek erkauft habe, und daſs der Herr Baron *von Brukenthal* ein etwas mangelhaftes beſitze. Das wären alſo ſchon *ſechs* Exemplare. Die Geſchichte nebſt der Beſchaffenheit des *ſiebenten* will ich jetzt beſchreiben. Es befand ſich ehemals in der Gräflich-Kaiſerlingiſchen Bibliothek zu Wien, welche der eben gemeldete Antiquar mit

Beyhülfe des fel. Hofraths, *von Kollar* käuflich an sich brachte. Diefem überliefs er es für 24 Dukaten. *Kollar* liefs das Titulblatt in Rom dazu drucken, vermuthlich aus dem Exemplar, das *Garampi* dahin gebracht hatte, und die Zufchrift: celfiffimo principi ac domino domino Michaeli Stpafi Dei gratia principi Tranfylvaniæ, partium regni Hungariæ Domino ac Siculorum Comiti &c., nebft der Vorrede an den Lefer auf fünf Blättern aus dem Breſlauer Exemplar abfchreiben. In der Kollarifchen Auction kaufte *Garttner* diefes Exemplar noch einmal und überliefs es fodann dem fel. Hofrath *von Oefele* in München um 80 Gulden. Nun ift es mit der ganzen vortreflichen und zahlreichen Oefelifchen Bibliothek in dem anfehnlichen Auguftinerklofter *Raitenbuch* oder *Rottenbuch* in Baiern unter einer groffen Menge andrer litterarifcher Schätze und Seltenheiten zu fehen, wo es mir der würdige Herr Bibliothekar, *Clemens Braun*, bereitwillig zeigte und mir die Gefchichte deffelben erzählte. Wer die Seltenheit des Buches kennet und nie Hofnung gehabt hat, es jemals zu fehen, der wird würklich mit Freude überrafcht, wenn er diefes gut confervirte Exemplar unverfehens hier in die Hände bekommt. — Das Blat, auf welchem der Titel ftehet, ift nicht fo fein, als das Papier im Buch felbft. Das Wort *Kreüfch* auf dem Titel laffe man fich nicht irren, wenn gleich andre den Druckort *Keresd* nennen. Denn das Bethlenifche Schlofs *Kreufch* heifst auch *Körös* und daraus mag man *Keresd* gemacht haben. Auch darf man fich nicht irren laffen, dafs in der Auffchrift nur 10 Bücher genennet werden, wenn andre fagen, der Druck fey mitten im 11ten Buch abgebrochen. Es ift würklich fo. S. 818. endet fich das 10te Buch und unten fteht der Cuftos WOLF. S. 819. fängt das 11te Buch an: Wolffgangi de Bethlen hiftoriarum liber undecimus. Es lauft mit gleichen Lettern und Papier durch fieben Blätter fort, und die 832fte Seite endigt fich mit den Worten: *quic-*

D

quid extra in pagis erat reper — nebft dem Cuftos : tum, mit welchem die Fortfetzung in der oben gemeldeten Schwarzifchen Handfchrift fortfährt. Darauf folgen aber noch zwey gedruckte Blätter, ohne Anzeige, wenn und wo fie gedruckt find, mit ganz verfchiednen Lettern und Papier, ohne Seitenzahlen. Auf dem erftern ftehet: epiftola Leopoldi Roth de Rothenfels ad Gottl. Kranz, und auf dem andern die Kranzifche Nachricht von dem *Wolfgang von Bethlen*, und diefem feinem Buch. Da Clement folche weitläuftig excerpirt hat: fo will ich ihn nicht abfchreiben, fondern blofs fagen, dafs, wer feine Bibliothek nicht hat, beyde Briefe auch in *Gundlings* fortgefetzter Hiftorie der Gelahrheit, Frf. 1746. S. 287. lefen kann. Ift diefe nicht bey der Hand, fo mufs man mit *Vogts* Auszug aus *Köhlers* hiftorifchen Münzbeluftigungen fich befriedigen. (catalog. libr. rar. p. 83.) Zugleich mufs ich noch anmerken, dafs ich nicht errathen will, wo der Recenfent in der allgemeinen deutfchen Bibliothek B. 59. S. 177. die Jahrzahl 1687. hergenommen hat, wenn er fagt: libri XI. Kerefdini 1687. Auch wünfchte ich zu wiffen, wo die weit gröffere Anzahl der Exemplare, die nach Anzeige des 25ften Bandes diefer Bibliothek, S. 550. vorhanden feyn foll, anzutreffen fey. So gar grofs wird fie gewifs nicht feyn, als fich der Recenfent einbildete. Von der nun wirklich erfchienenen neuen Ausgabe kann vielleicht ein ander Mahl weitere Nachricht folgen. Sie kam zu Hermanftadt im Jahr 1782. u. f. in vier Bänden in grofs Octav unter der Auffchrift heraus: Wolfgangi de Bethlen hiftoria de rebus Transfylvanicis, Cibinii, &c. Der vierte Band ift recenfirt in der allgemeinen deutfchen Bibliothek, B. 76. S. 169. Die bisher ungedruckte Fortfetzung foll in ein Paar Bänden nachfolgen.

3.

Justi Lipsii epistolarum centuriae duae; quarum prior innovata, altera nova. His juncta est ejusdem institutio epistolica. Lugduni in officina Q. Hug. a Porta, apud fratres de Gabiano 1592. 8.

Von den Briefen dieses sonderbaren Gelehrten ließ sich viel Gutes und auch vielleicht viel Böses sagen: ich will mich aber kurz fassen. Die Anzahl seiner Correspondenten war sehr ansehnlich und wenn man etwa einen *Erasmus*, *Luther*, *Melanchthon* und dergleichen Männer ausnimmt, so wird man wenig Gelehrte finden, deren Briefe in so grosser Menge, und manche Sammlungen so oft, gedrukt sind, als *Lipsii* Briefe. Erst gab er sie in Centurien heraus, davon die ersten Auflagen alle sehr selten sind; darauf lieferte er gröffere öfter gedrukte Sammlungen; auch in der Sammlung seiner Werke, die öfters gedruckt ist, stehen seine Briefe: und nach seinem Tod gaben uns berühmte Männer, z. Ex. Herr *van Meel*, der Herausgeber der Hotomannischen Briefe, *J. H. Kromayer*, *Cyprian*, *Gesner*, *Uffenbach*, *Goldast*, besonders aber *Burmann*, eine sehr starke Nachlese. Von dem allem will ich nichts weiter sagen, sondern nur noch einen einigen Brief bemerken, der an einem Orte stehet, wo man ihn nicht suchet, nämlich in *Ekharts* monatlichem Auszug 1700. S. 691. ein Brief an den bekannten *Friedrich Taubmann*, im Jahr 1602. zu Löwen geschrieben.

Auf mein Exemplar der ersten beyden Centurien hat mich zuerst *Vogt* aufmerksam gemacht. In seinem bekannten Verzeichnisse rarer Bücher redet er von der grossen Seltenheit der ersten Ausgaben der Briefe Lipsii, die er damit beweiset, daß Lipsius in der Antwerper Ausgabe

1592. und den folgenden die bekannten vier Briefe, in welchen er fchimpflich von Weftphalen geredet hatte, weggelaffen und andre an deren Stelle, gefetzt hat. Hätte *Vogt* Recht, fo würden fie in meiner fonft ganz unbekannten Leidner Ausgabe nicht ftehen. Aber fie find würklich in der zweyten Centurie, Num. 13-16. S. 204-208. zu lefen. Lipfius fah felber ein, dafs er es zu grob gemacht hatte, er bekam mehr Verdrufs über diefe vier Briefe, als er fich eingebildet haben mochte, er fuchte fie aus dem Geficht zu bringen und verwechfelte fie mit andern: aber alles war vergebens; fie wurden noch oft genug gedrukt, obgleich Lipfius felbft eine Entfchuldigung defswegen drucken liefs, davon ich aber die erfte Ausgabe, die vermuthlich 1592. herauskam, nicht angeben kann. Um bey der Erzählung diefer Verdriefslichkeit, die Lipfius erfahren mufste, nicht zu weitläuftig zu werden, beziehe ich mich auf *Stolles* Nachricht von den Büchern und deren Urhebern in der Stollifchen Bibliothek, B. I. S. 749. 799. &c. Denn meine Hauptabficht ift, Supplemente zum *Vogt* zu geben und dabey einige zerftreute Nachrichten zu fammlen. Ich mufs die erften Ausgaben der zweyten Centurie, in denen fich diefe vier Briefe finden, nebft den fpätern Auflagen derfelben, anzeigen, und kann dabey auch die erften Ausgaben der erften Centurie nicht übergehen.

Eine Plantinifche Ausgabe der erften beyden Centurien, vom Jahr 1581, die ich angeführt gefunden habe, mufs ich für ein Unding erklären, und die Jahrzahl wird wol 1591 heiffen müffen. Denn die Briefe in der erften Centurie find alle in den Jahren 1572. bis 1585. und in der zweyten 1581. bis 1590. gefchrieben.

Die erfte Ausgabe der erften Centurie ift wahrfcheinlich diejenige, die Plantin zu Leiden 1586. lieferte. Die Dedication an den Magiftrat zu Utrecht ift, fo viel ich weifs, Lugd. Bat. id. Novembr. ohne Jahrzahl unterfchrie-

quarum prior innouata, altera noua. 53

ben. Noch in diefem Jahr wurde fie zu Antwerpen noch einmal gedruckt, wie man unter andern aus *Hokers* Verzeichnifs der Heilsbronner (jetzt Erlanger) Bibliothek S. 286. fiehet, wo es aber anftatt centuriæ nothwendig heiffen mufs: centuria. Lipfius beforgte diefe Ausgabe, die ich vor mir habe, felbft. Sie hat die Auffchrift: Jufti Lipfii epiftolarum felectarum centuria prima. Iterata editio, emendatior. Antverpiæ apud Chriftophorum Plantinum. 1586, und beträgt 377 Seiten in 12. Hier ift unter der Dedication die Jahrzahl 1586. hinzugefetzt. In der Schreibart ift manches geändert und zuletzt ift ein langes Stück hinzugefetzt, das ich in meinem Exemplar 1592. (das mir ein Nachdruck der erften Leidner Ausgabe 1586. zu feyn fcheinet) nicht finde. Diefes machte mich begierig, auffer der Dedication beyde Ausgaben weiter zu vergleichen, und da fand ich, was ich nicht gefucht hatte, nämlich, dafs einige Ausgaben der Briefe Lipfii, wenigftens der erften Centurie, die ich allein doppelt habe, in Abficht der Briefe, die fie enthalten, gar weit von einander abgehen. So viel ich weifs, hat diefes noch niemand beobachtet, und ich mufs daher einige Proben davon geben. Die erften fechs Briefe find in beyden Ausgaben gleich. Der 7te in der A. 1586 ift: Joh. Scaliger Jul. Cæf. F. doctiff. J. Lipfio fuo, in der A. 1592. aber ein Brief Lipfii: Petro Pithœo J. C. Der neunte ift in beyden überfchrieben: Victori Gifelino, aber es find zweyerley Briefe. Der 10te in der A. 1586. Jenam: Andr. Ellingero medico, in der A. 1592. Jano Lernutio. Der 11te in jener ein Brief Mureti an den Lipfius in Rom, in diefer ein Brief L. an Janum Gulielmium Lubecenfem. In jener hat der 15te einen langen Anhang, der in diefer fehlt. Der 17te in jener: Augerius Busbequius J. Lipfio, in diefer: Lipfius Jano Grotio. So kommt es öfter: ich will aber nicht weiter vergleichen, um nicht zu weitläuftig zu werden.

Im J. 1590. gab Lipſius die zweyte Centurie mit einem neuen Abdruck der erſten heraus, und zwar zu Leiden bey Plantin in 4. Hier erſchienen alſo die vier famöſen Briefe zuerſt. Wechel zu Frankfurt druckte beyde Centurien nach. In dem 90ſten Brief der zweyten, der poſtr. id. Sextil. 1589. unterſchrieben iſt, ſagt L: epiſtolarum etiam centuriam alteram extrudimus, & priorem reformamus. Von jener iſt alſo die Zeit beſtimmt, wenn ſie unter die Preſſe kam, bey dieſer aber läſt ſich faſt vermuthen, L. habe wieder Veränderungen mit ihr vorgenommen.

1591. lieferte ſowohl Plantin zu Leiden, als Wechel zu Frankfurt, abermals eine neue Ausgabe der beyden Centurien, folglich auch noch mit jenen vier Briefen.

Vom Jahr 1592. hingegen gibt es Ausgaben, wo ſie fehlen, die Antwerper, die Vogt anführt, und wo ſie ſtehen, nämlich die Leidner 1592. von der ich bey dem Anfang dieſes Artickels den Titul geliefert habe, und nun noch etwas ſagen muſs. Die zweyte Centurie hat einen beſondern Titel: J. Lipſii epiſtolarum centuria ſecunda: nunc primum edita, obgleich die Seitenzahlen fortgezählt ſind. Das nunc primum aber zeiget, daſs es ein bloſſer Nachdruck iſt, da ſchon vorher vier bis fünf Ausgaben der andern Centurie erſchienen waren. Die Dedication iſt unterſchrieben: III. Id. April. 1590. Dadurch iſt die Zeit der erſten Ausgabe noch näher beſtimmt. Ob die bekannten vier Briefe vielleicht noch in ſpätern Ausgaben, deren es eine Menge gibt, ſtehen oder nicht, das iſt mir unbekannt. Aber daſs ſie ſogar noch in der Ausgabe der 18 Decaden von Briefen, die in den Centurien nicht ſtehen, welche Joh. Iſ. Pontanus zu Harderwik 1621. beſorgt hat, ſich wieder finden, weiſs ich aus dem litterariſchen Wochenblat 1770. B. I. S. 160. und deutlicher aus Salthenii libris rarioribus & rariſſimis p. 487. 488. Beſonders aber wurden ſie noch zum öftern gedruckt, wie ich noch kürzlich zeigen muſs.

quarum prior innovata, altera nova.

Lipſius hatte freylich in den vier Briefen Ausdrücke gebraucht, durch die er alle Weſtphälinger gegen ſich hätte in Harniſch bringen können. Zur Probe nur folgende: omnes hic Suillii, Scrofæ, Porcii. In Barbaria apud pultiphagos. Oldenburgi ex hara, quam hoſpitium appellant, u. ſ. w. Es war alſo kein Wunder, daſs *Johann Domann* die Feder gegen ihn ergriff, um die Ehre ſeines Vaterlandes zu retten. Gewiſs kann ich nicht ſagen, ob folgende Ausgabe ſeiner Schrift, die *Stolle* anführt; die erſte iſt: Joannis Domanni pro Weſtphalia ad clariſſ. virum Juſtum Lipſium apologeticus. Editio germana, quam ſolam auctor ſuam agnoſcit, Helmeſtadii ex officina Jac. Lucii 1591. 4. Faſt ſollte man denken, es müſſe eine andre Ausgabe vorhergegangen und verſtümmelt nachgedruckt worden ſeyn. Allein vielleicht lautet der Titel nicht ganz ſo, ſondern *Stolle* hat ſich nur ſo ausgedruckt, und dann wäre dieſes die erſte Ausgabe. Noch in dem nämlichen Jahr erſchien die zweyte, die ich habe, und auf deren Titel ſtehet ſecunda editio auctior & ornatior. In illuſtri Julia academia anno 1591. 8. Bey beyden Ausgaben ſind die berüchtigten vier Briefe abermals angehängt. Aus der Dedication erhellet die Urſache, warum ſich Lipſius im J. 1586. eine Zeitlang in *Weſtphalen*, beſonders zu *Oldenburg* aufhalten muſste, und empfindlich muſste es ihm freylich ſeyn, daſs *Domann* dieſelbe an den Grafen Johann zu Oldenburg und Delmenhorſt richtete. Er vertheidigte ſich daher, wie ich ſchon oben geſagt habe, ſo gut er konnte. Dieſe Vertheidigung kam 1619. mit *Domanns* Schutzſchrift in 12. heraus: Jo. Domanni vindiciæ pro Weſtphalia, una cum Lipſii in easdem animadverſione, ohne Benennung des Ortes. Wahrſcheinlich werden wohl die vier Briefe auch wieder dabey ſeyn. Sonſt findet ſich Lipſii Entſchuldigung auch noch in der oben angeführten Harderwiker Ausgabe von L. Briefen 1621. Die Sache ſelbſt zog noch in ſpätern Zeiten die Aufmerkſamkeit der Gelehrten auf ſich, und wenigſtens noch dreymal kamen die fatalen Briefe zum Vorſchein. In den opuſculis variis de Weſtphalia ejuſque doctis aliquot viris editis & notis illuſtratis a Jo. Goes, Helmſt. 1668. 4. ſtehen nicht nur L. vier Briefe, ſondern auch *Domanns* Apologie und L. quatuor epiſtolarum aliqualis excuſatio. In den operibus Hamelmanni genealogico-hiſtoricis ſind folgende hieher gehörige Stücke eingerückt: J. Lipſii quatuor jocoſae de Weſtphalia epiſtolae, praeſertim de Oldenburgenſi comitatu. Apologia H. Hamelmanni de illuſtribus & inclytis comitibus &c. contra virulentas J. Lipſii calumnias atque injurias. Apologia altera ejuſdem Hamelmanni pro Weſtfalis contra Lipſii calumnias. Jo. Domanni pro Weſtfalia ad J. Lipſium apologeticus. J. Lipſii quatuor de Weſtfalia epiſtolarum aliqualis excuſatio. Endlich erſchienen auch noch im J. 1705. zu Rotterdam in 8. J. Lipſii epiſtolae quatuor de hoſpitiis *Weſtphalicis* in omnibus fere editionibus omiſſae. Accedunt Nicolai Clenardi de hoſpitiis *Hiſpanorum* epiſtolae.

Wir haben alſo Ausgaben genug von den unterdrückten Briefen. Mit weiterer Recenſion will ich dem Leſer nicht beſchwerlich fallen, ſondern nur noch ein Paar Anmerkungen machen. Ich weiſs nicht mehr, wo ich geleſen habe, Lipſius läugne es an einem gewiſſen Orte, daſs er eine Zeitlang Profeſſor in Jena geweſen ſey. Hat er es gethan: ſo widerlegt er ſich im 42ſten Brief der zweyten Centurie ſelbſt. Denn da ſchreibt er an den bekannten *Matthäus Dreſſer:* & vero jam pridem inter nos cognovimus, cum in Germania veſtra aliquamdiu Jenae agerem & ad meliores artes praeirem juventuti. Von dieſem Aufenthalt zu Jena handelt auch Hr. *J. M. Heinze*, Director zu Weimar in einem Programm de Juſto Lipſio, profeſſore Jenenſi, Weimar 1774. 4. das ich aber nicht geſehen habe.

quarum prior innouata, altera noua.

Zum Beschlufs füge ich noch die Frage bey: was ist wohl das für ein Buch, das in dem Regifter der verbotenen Bücher, Prag 1726. verdammt worden ift? Es ftehet p. 226. Ad Jufti Lipfii epiftolas & carmina notæ. Vide anonymi cujufdam. Es findet fich aber nicht im A, fondern p. 284. Notæ anonymi cujufdam hæretici ad quasdam epiftolas & carmina Jufti Lipfii.

Da vielleicht auch die folgenden Ausgaben nicht immer ganz harmoniren mögen, fo will ich aus einer feltnen die vier Briefe anzeigen, die Lipfius anftatt der vier verworfnen hineingefetzt hat. Sie hat die Auffchrift: J. Lipfii epift. centuriæ VIII. e quibus tres pridem ad Belgas, Germanos, Gallos, Italos, Hifpanos. Quarta fingularis ad Germ. & Gall. Quinta mifcellanea. Tres pofteriores ad Belgas &c. Viriaci apud Guil. Gribaldum 1604. 8. In der andern Centurie find folgende verwechfelte Briefe: XIII. Francofurtum. Everardo Pollioni. XIV. Francifco Junio. XV. Leodium Dominico Lampfonio. XVI. Hagam. Theodoro Leevvio. Auch die folgenden Briefe find ganz andre, als in den erften Ausgaben.

4.
Eine höchftfeltne Sammlung Günther - Zainerifcher Druckfchriften.

In hoc volumine continentur fubfcripta.

Jeronimus de viris illuftribus cum tabula capitulorum in principio cujuslibet libri.

Jeronimus de effentia divinitatis.

Thomas de aquino de articulis fidei & ecclefiæ facramentis.

Auguftinus de quantitate animæ.

Auguftinus de Soliloquio.

Item. Speculum peccatoris.

Quatuor libri perciales de imitatione Chrifti cum tabula capitulorum in fine cujuslibet libri.

Item errores judæorum ex talmud.

Item veritates pro probatione articulorum Chrifti.

Proceſſus judiciarius ipſius Maſcaron procuratoris tartarorum contra genus humanum.

Donatus arte grammaticus homini in fui ipſius cognicionem per allegoriam confectus utiliſſimus.

Preciofiſſimus liber de arte moriendi.

Als Sammlung mit einem Titelblatt find dieſe 12 Stücke aus *G. Zainers* Preſſe zu Augsburg ganz unbekannt: aber einzeln trift man verſchiedne derſelben hin und wieder an, und er mufs auch ein jedes, oder doch die meiſten derſelben, beſonders verkauft haben. Schon der ſ. *Schelhorn* führte aus der Raimund - Kraftiſchen Bibliothek zu Ulm in feinen amœnitatibus litterariis Tom. III. p. 141. ſieben davon an. In Hrn. *Zapfs* Buchdruckergeſchichte Augsburgs nebſt den Jahrbüchern derſelben I. Theil, trift man den Thomas Kempenfis S. 21. unter dem Jahr 1472. die übrigen aber einzeln unter den Augsburger Produkten ohne Bemerkung des Jahrs, Orts und Druckers S. 146 - 148. an, obgleich zum Theil mit undeutlichen und unrichtigen Auffchriften, In des Hrn. Bibliothekar *Andreas Straufs* monumentis typographicis, quæ exſtant in bibliotheca collegii canonicorum regularium in Rebdorf p. 45. num. LII. ſtehen auch ſieben derſelben, in andrer willkührlicher Ordnung gebunden. (Die Probe des Drucks, die Hr. *Straufs* gibt, iſt den Zaineriſchen Lettern ſehr ähnlich, aber ein wenig gar zu fett und rauh.) In ein paar andern Kloſterbibliotheken hab ich viele davon auch einzeln angetroffen, aber nirgends mit einem Titel ver-

Günther · Zainerischer Druckschriften.

bunden, als in dem einzigen Exemplar, das ich, durch die Gütigkeit eines lieben litterarischen Freundes und Kenners unterstützt, hier beschreiben kann.

Das Format ist klein-aber etwas breit-Folio; alles, Titel und alle 12 Stücke, mit einerley grossen, gleichen, fetten, lateinischen Lettern abgedruckt, mit auffallender Aehnlichkeit, ob sich gleich der Drucker nur bey einem einigen Stück nennet. Der Titel ist von dem nämlichen guten, weissen und starken Papier, wie die ganze Sammlung, aber er steht nur auf einem kleinen Blatt, das zwar so breit, als die übrigen, 'aber nur den vierten Theil so hoch ist. Um die erste Lage ist er ordentlich hineingeheftet, und also nicht erst später darzu gekommen. Daſs die grossen Anfangsbuchstaben bey dem Anfang der Bücher und Abschnitte fehlen, obgleich die kleinern da sind, daſs weder Blattzahl, noch Signatur oder Custos zu sehen ist, daſs der Abbreviaturen viel, und manche grofs sind, daſs die Unterscheidungszeichen nichts als ein Punct sind, daſs das i oft keinen Punct hat, daſs viele Buchstaben an einander hängen, u. s. w. das erinnere ich nur um derer willen, die nie einen Zainerischen Druck gesehen haben. Vom innerlichen will ich nichts sagen : denn die meisten Verfasser und ihre Bücher sind bekannt genug. Daher will ich nur das äufserliche beschreiben, so daſs jeder, der ein einzelnes Stück in einer alten Bibliothek antrift, wissen kann, ob es zu dieser Sammlung gehört oder nicht.

Num. 1. fängt an Beati hieronimi presbiteri prologus in librum de viris illustribus. Das erste Blatt und die letzte Seite ist leer. Das Ganze beträgt 38 Blätter. Der Prologus beträgt nur eine Seite. Die drey folgenden enthalten: oculus pro catalogo illustrium virorum, d. i. ein Register über 135 Capitel, wo zu Ende stehet: Expliciunt capitula. Gleich dazu hat der Rubricator mit rother Dinte geschrieben. F. 1472. Dieses und das vorhergehende Jahr war alſo die Zeit des Druckes. Auf der letzten Seite des 24ſten Blatts ſtehet das Regiſter über die letzten 96 Capitel, ohne Ueberſchrift. Ganz zuletzt ſteht nichts, als Deo gracias. Griechiſche Lettern hatte *Zainer* noch nicht; daher trift man einige leere Plätze an, die auch der Rubricator, der ſonſt durch die ganze Sammlung hindurch fleiſſig war, nicht ausgefüllt hat, indem es auch bey ihm vermuthlich geheiſſen hat: græca ſunt, non leguntur.

Num. 2. und 3. auf 16 Blättern in 2 Lagen laſſen ſich nicht trennen. Jenes fängt an: Incipit liber beati Hieronymi de eſſencia divinitatis und beträgt nur 5 Blatt und 14 Zeilen. Auf der andern Seite dieſes ſechsten Blattes kommt gleich: Incipit ſumma edita a fratre thoma de aquino de articulis fidei & eccleſiæ ſacramentis, auf 21 Seiten, wo nach dem Schluſswort Amen ohngefähr noch 10 Zeilen leer ſind.

4. Aurelii Auguſtini hiponenſis epiſcopi liber de animæ quantitate incipit feliciter, 3 Lagen, nämlich 2 Quinternen, eine Quaterne und zuletzt ein angeheftetes Blatt, zuſammen 29 Blätter. Der Schluſs iſt: Explicit liber Aurelii Auguſtini de animæ quantitate.

5. und 6. gehören den Lagen des Papiers nach zuſammen, auf zwey Quinternen und einer Quaterne, das iſt 28 Blätter, und trift man ſie beſonders an, ſo muſs die letzte Quaterne zerſchnitten worden ſeyn. Num. 5. fängt an: Aurelii Auguſtini epiſcopi ipponenſis incipit ſoliloquium liber primus feliciter: und ſchlieſst ohne alle Unterſchrift auf der erſten Seite des 23ſten Blatts, wo ungefehr noch 9 Zeilen dieſes Druckes ſtehen könnten, und die letzte Seite iſt ganz leer. Die folgenden 5 Blätter dieſer Quaterne enthalten Num. 6. mit der Ueberſchrift: Incipit ſpeculum peccatoris, und dem bloſſen Schluſswort Amen.

Günther-Zainerifcher Druckfchriften. 61

Num. 7. ift das vornehmfte und gröfste Stück in der ganzen Sammlung, deffen Zainerifche Ausgabe auch am bekannteften ift. Es find 7 Quinternen und eine Terne, alfo 76 Blätter, auf deffen letztem nur 7 Zeilen ftehen. Da diefe Ausgabe öfter befchrieben ift, und ich nicht gern wiederhole, was andre fchon gefagt haben: fo beziehe ich mich blofs auf die neuefte Nachricht von derfelben in den Merkwürdigkeiten der Zapfifchen Bibliothek, B. I. S. 322. u. f. (Nur möchte ich nicht mit Hrn. *Zapf* dem f. *Amort* Schuld geben, als wenn er von verfchiedenen Ausgaben rede, indem er fagt: tria alia *hujus* editionis primæ exemplaria reperi. Denn das Wort *hujus* zeigt deutlich genug, dafs er nicht von andern Ausgaben, fondern nur von einigen Exemplaren *diefer* Einen und Erften Ausgabe rede.) Da auch der Anfang und die Unterfchrift fchon bekannt find: fo fetze ich von jenem blofs die erften, und von diefem die letztern Worte hieher. Dort heifst es: Incipit libellus confolatorius ad inftructionem devotorum. Hier: per Gintheum Zainer (nicht Gintherum Zainer) ex Reutlingen progenitum literis impreffi ahenis. Auf dem letzten faft leeren Blatt kann man auch das groffe und lange Papierzeichen deutlich bemerken, einen groffen Ochfenkopf mit der Stange, darauf eine Krone, über welcher noch eine kleine Blume, und darauf ein Kreutz ftehet. Sonft habe ich auch den Ochfenkopf mit einer kleinern Stange und einer gröffern Blume bemerkt. Meiftens aber ift es wegen der fetten Schrift nicht gar kenntlich.

Num. 8. und 9. gehören wieder zufammen und find auf einer Sexterne mit einander abgedruckt. Der Anfang ift: Incipiunt errores Judeorum extracti ex Talmut. Et quid fit Talmut. Nicht gar 4 Blätter ohne Schlufsanzeige. Dann kommt auf 8 Blättern: Incipiunt probationes novi teftamenti ex veteri teftamento per quas dicta talmut improbantur & dicitur liber contra errores Judeorum. Vom letzten Blatt ift nur eine halbe Seite gedruckt, und zuletzt heifst es: Expliciunt probaciones novi teftamenti ex veteri teftamento.

Num. 10. ift eine einige Quinterne, davon das erfte Blatt leer ift und das andre mit der kurzen Ueberfchrift anfängt: Proceffus judiciarius, auf der Mitte der letztern Seite aber mit den Worten fchliefst: Litigatio manfcaron contra genus humanum finit feliciter. Diefe und andre Ausgaben können vielleicht ein andermal weitläuftiger befchrieben werden.

Num. 11. Donatus arte grammaticus homini in fui ipfius cognitionem per allegoriam traductus incipit feliciter: ift leider in diefem Exemplar nicht ganz, denn es find nur 6 Blätter vorhanden: doch fcheint auch nicht viel zu fehlen.

Num. 12. auf 21 Blättern, mit der Ueberfchrift: Tabula difpofitorii artis moriendi. Von diefer ftehen noch 7 Zeilen auf der andern Seite, wo das Buch felbft anfängt: Nobiliffimus liber de arte moriendi. Ohne alle Unterfchrift heiffen die letzten Worte: nifi certitudo fufficiens effet.

Aus diefer kurzen Befchreibung wird man fehen, wie unbefriedigend die Nachricht ausfallen mufste, die Hr. *Zapf* von einigen diefer Schriften gegeben hat, da fie ihm felbft nicht zu Geficht kamen, und feine Correfpondenten ihm folche nur fo obenhin und undeutlich genug anzeigten. So viel, oder vielmehr fo wenig kann man fich bey allem eignen Fleifs zum öftern auf fremde mitgetheilte Nachrichten verlaffen!

5.
Ein paar alte kleine Schriften von der Beicht.

Dergleichen alte Anweifungen zu beichten und zu abfolviren trift man in Klofterbibliotheken immer an: aber unter Proteftanten find fie wenig bekannt. Ich will daher ein paar feltne befchreiben, damit man ihren Inhalt und Befchaffenheit kennen lerne. Man hat einen modum confitendi fecundum Auguftinum, ohne Benennung des Jahrs und Orts gedruckt, fo ich aber nicht gefehen habe. In der Uffenbachifchen Bibliothek (Tom. II. Appendix p. 26.) war ehemals: opufculum confeffionale quod induftria & arte impresforia fieri ordinavit & conftituit vener. vir magifter Jo. Lupi Capellanus Capellæ S. Petri in Suburbio Francofurt. per fuos manufideles pro parochiis fedium Diœcefis Maguntinenfis &c. quod completum eft anno Dom. 1478. Beyde führe ich an, weil ich fie nicht im Maittaire finde. Diefer hat dagegen: Libellus de modo confitendi & pœnitendi per Gerardum Leeu Antverp. 1485. 4. und Davent. 1494. Libellus de modo pœnitendi & confitendi auct. Guil. Deunet: per Wolfg. Hopyl, Paris 1495. 4. Ob die Schrift: Pœniteas cito f. de modo confitendi & pœnitendi Colon. per Henr. Quentel 1491. 4. davon unterfchieden ift, oder nicht, kann ich nicht fagen. Doch von diefem ein andermal! Folgende zwey habe ich gefehen.

I.

Eine kleine Schrift von 12 Quartblättern, wovon das erfte und letzte leer ift, auf gutem Papier, ohne Blattzahl, Cuftos und Signatur, ohne Namen des Ortes, der Zeit, und des Druckers, mit erträglichen lateinifchen Lettern, mit viel Abbreviaturen, ohne Unterfcheidungszeichen, ausgenommen den Punct, der aber meiftens auf der Mitte der Zeile, felten unten fteht, ohne Titulblatt, Diphthongen und Abtheilungszeichen am Ende der Zeilen, folglich mit lauter Kennzeichen eines ziemlich hohen Alters. Die erſte Seite, wo oben der Titel ſteht und das Buch ſelbſt gleich anfängt, muſs ich abſchreiben: Interrogationes & doctrinæ quibus quilibet ſacerdos debet interrogare ſuum confitentem.

Jc (das H fehlt) ſunt multa utilia pro confeſſoribus ad introducendum gentes ſimplices.

Primo qualis debet eſſe confeſſio. (Aus dem folgenden erhellet, daſs es confeſſor heiſſen ſollte.)
Quomodo confeſſor docebit ſuum confitentem.
Qualiter confeſſor confortabit pœnitentem.
Quomodo confeſſor ordinat confeſſionem.
Quæ ſunt per confeſſionem cavenda.
De inquiſitione confeſſoris ad confitentem.
De modis querendi circa peccatum.
De querendis circa peccata mortalia.
De querendis circa præcepta legis.
Quæ vota ſunt tenenda & quæ non.
Quæ juramenta ſunt ſervanda.
Quibus confeſſor debet prohibere ne ipſi recipiant corpus Chriſti. Qualiter confeſſio eſt facienda. Rubrica.

Nach dieſer Anzeige des Inhalts fängt die Erklärung ſelbſt gleich an:

Qualis debet eſſe confeſſor.
Primo debet eſſe dulcis in corrigendo.
Secundo prudens in inſtruendo.
Tertio pius in puniendo. u. ſ. w. Auf der letzten Seite iſt noch die Auflöſung einiger Zweifel angehängt, und ich hoffe, es werde dem Leſer nicht unangenehm ſeyn, wenn ich ſolche auch noch abſchreibe.

Caſus multum utiles circa abſolutionem.
Dubitatur utrum mutus aut ſurdus ſive bleſus poſſit abſolvi per ſigna vel ſcripta tradendo confeſſori & ſic poſſunt abſolvi. Dubitatur ſi advena confiteatur in ſuo ydeo-
mate

mate si debeat absolvi. Respondetur quod confessor debet eum absolvere licet non intelligat. Dubitatur si infirmus confiteatur de aliquo peccato reservato utrum debeat absolvi. Respondetur quod fic injungendo ei quod si convalescat domino concedente faciat se absolvi per superiorem. Dubitatur si excommunicatus sanus excommunicatione majori possit absolvi per simplicem presbyterum de peccatis suis. Respondetur quod debet prius absolvi ab excommunicatione & postea absolvetur de suis peccatis. Dubitatur utrum confitens de casu reservato possit absolvi de illo peccato per simplicem capellanum. Respondetur quod si est remotus a curi. ro. (so stark ist hier abbrevirt curia romana) talis potest absolvi & precipiari ei quod faciat se absolvi per superiorem cum poterit &c. Deo gratias. Das Urtheil sey dem Leser überlassen. Uebrigens fehlt alle Unterschrift. Sonst ist mir keine Ausgabe davon bekannt worden, als eine in Octav, auch ohne Namen des Ortes, Jahres und Druckers, in des Hrn. Suhl Verzeichniss der vor 1500. gedruckten auf der Bibliothek zu Lübek befindlichen Schriften, S. 18.

II.

Eine Schrift von 10 Quartblättern, wovon die erste und letzte Seite leer ist. Sie hat eben die Kennzeichen des Alters, die ich bey der vorigen genennt habe; ich will bloss sagen, wo der Druck von jener abgeht. Fast scheint sie noch älter, als jene. Die Buchstaben sind etwas kleiner, aber der Druck ist viel schmutziger. Fast sieht er so aus, als wär er nur, wie es jetzt die Drucker gemeiniglich mit den Correcturbogen machen, mit den Füssen abgetreten oder abgeklatscht. Wenigstens muss die Presse sehr schlecht gewesen seyn. Denn die sogenannten Spatia sind häufig mit abgedruckt, und unten auf den Seiten ist fast unter jedem Buchstaben ein Strich. Alles verräth die Kindheit der Buchdruckerkunst. Kein hat einen Punct. Die Lettern sind und stehen auch ungleich. Manchmal kommen Commata vor: fie find aber noch einmal fo lang, als die Buchftaben.

Auf der andern Seite des erften Blatts fängt das Buch alfo an: Modus confitendi compofitus per R. epifcopum Andream Hifpanum fanctæ romanæ ecclefiæ penitentiarium.
- - - Ego magifter Andreas Hifpanus Romane curie penitentiarius olim Civitatenfis & Aracenfis, nunc vero Megarenfis vocatus epifcopus fancti Benedicti requifitus per mihi confitentes hanc generalem confeffionem, que quafi omnia peccata continet ex multis fanctorum patrum dictis collegi, verbis brevioribus quam potui, quia diffufius in mea majori confeffione proceffi. Sonft weifs ich von dem Verfaffer nichts, als was er hier felbft von fich fagt; halte es auch nicht der Mühe werth, feinetwegen weiter nachzufuchen, werde aber zuletzt anführen, wo man weitere Nachricht von ihm finden kann, wenn ich vorher das Buch kurz befchrieben habe. Da kein Inhalt vorgefetzt ift, fo will ich aus den Abtheilungen oder Ueberfchriften alles herfetzen, worüber man beichten foll. De cogitatione. De locutione. De feptem peccatis mortalibus. Et primo de fuperbia. De avaritia. De luxuria. De invidia. De gula. De ira. De accidia. Decem præcepta legis. De duodecim articulis fidei. De feptem facramentis ecclefiæ. De feptem virtutibus theologicalibus. Septem dona fpiritus fancti. Duodecim fructus fpiritus fancti. Octo beatitudines. Nach diefem ftehet: Septem peccata mortalia quæ continentur in feptem litteris. Saligia. Diefe find vorher genennt: fuperbia, avatitja u. f. w. Ich führe diefes unter Proteftanten fehr unbekannte Wort defswegen an, weil ich mich noch mit Lachen daran erinnere, dafs vor ungefehr 40 Jahren ein Superintendent in Franken unter den fogenannten quæftionibus fynodalibus, die den Geiftlichen der Diœces vor der Synode zur Beantwortung zugefchickt wurden, auch diefe fetzte: Quid eft Saligia? worüber fich die

von der Beicht. 67

Dorfpfarrer, die keine alten Cafuiften und Afceten bey der Hand hatten, die Köpfe mächtig zerbrachen. Gleich darauf heifst es: Vifus. Odoratus. Auditus. Guftus & Tactus. Item decem præcepta Domini patent per hos verfus. - - - Et de his omnibus qualitercunque transgreffus dico meam culpam & confiteor &c. Der Schlufs diefer entfetzlich langen Beicht heiffet: Supplico humiliter quatenus dignemini me in forma ecclefiæ abfolvere & participatione fidelium chriftianorum reftituere. Schreklich ift das gleich darauf folgende: quando quis facit confeffionem non integram ita quod prætermittat aliqua peccata fcienter. Tali non dimittuntur peccata propter illud unum peccatum quod fcienter obmifit - - Et talis fic obmittens fcienter unum peccatum tenetur omnia peccata prius confeffa de novo confiteri. Marter genug, eine fo lange Beicht noch einmahl aufzufagen! Sequitur oratio poft confeffionem, ganz kurz. Die letzten zwey Seiten enthalten eine Anweifung, wie fich der Beichtende verhalten foll, und für die unwiffenden Beichtväter eine Vorfchrift, qualiter debeant in forma debita ecclefiæ eis confitentes abfolvere, wovon der Schlufs ift Amen ohne alle weitere Unterfchrift. Von jener, der Anweifung, will ich doch noch etwas herfetzen. Advifo te o confitens quatenus in quolibet puncto & claufulis hujus confeffionis quæ multam fummam omnium circumftantiarum peccatorum continet, reducas te ad te ipfum & fatage recordari fi fecifti aliquo tempore in fpeciali aliquod peccatum confimile & ftatim illud confitere cum fuis circumftantiis, quæ funt quantitas. qualitas. fexus. conditio. locus. caufa. tempus. intentio. mora. dignitas. temptationis & operationis modus, u. f. w. Wenn der Sünder ein fo gutes Gedächtnifs hat: fo erfährt der Beichtvater alles, was er zu wiffen wünfchet, zumahl wenn er keine von den Fragen vergifst, die ihm nun vorgefchrieben werden: Quis. quid. ubi. per quos. cum quibus. cur.

68 Ein paar alte kleine Schriften v. d. Beicht.

quomodo. quoties. & quando. ætas: forma. locus. ordo. sapientia. tempus. sexus. conditio. causa. intentio. mora. eventus. & persona ac operis & temptationis modus.

In der Bibliothek des Klosters *Rottenbuch* habe ich eine andere sehr alte Ausgabe auf 16 Quartblättern angetroffen, davon das letzte leer ist. Druck und Lettern sind den Römischen Canzleyregeln des P. Paul II. und Sixt IV. in der Bibliothek zu Irsee gleich und verrathen also einerley Presse. Blattzahlen fehlen. Der Text harmonirt überall, nur finden sich hier mehr Druckfehler, und anstatt der langen Beicht steht in dieser Ausgabe nur eine Bitte um die Absolution. Zuletzt steht Amen ohne alle weitere Unterschrift. Eine spätere Ausgabe, Nürnberg 1508. hat der Hr. Professor *Pfeiffer* im zweyten Stück seiner beliebten Beyträge zur Kenntniss alter Bücher und Handschriften S. 280. kurz beschrieben und wegen dem Verfasser auf den Ughelli, Trittenheim, Zeidler, Jöcher, Fabriz und Ferreras verwiesen.

6.

Eine sehr alte Ausgabe der römischen Canzleyregeln des Pabsts Paul II. und Sixtus IV.

Ein Quartband von ganz besondrer Beschaffenheit, welcher, wie ich hoffe, alle Aufmerksamkeit verdienen sollte. Die neueste und beste Nachricht von den römischen Canzleyregeln hat uns der Hr. Canzler *Le Bret* in seinem Magazin zum Gebrauch der Staaten - und Kirchengeschichte, im zweyten und folgenden Bänden gegeben, nach seinem Plan aber sich freylich nicht auf alte Ausgaben derselben eingelassen. Von Paul II. redet er nicht besonders, sondern sagt bloß: (Th. III. S. 16.) „Nachdem nun die
„R. Kanzleyregeln durch Nicolaus V. die systematische
„Gestalt bekommen hatten, die sie noch haben, so ward
„es seinen Nachfolgern leicht, so lang Zusätze dazu zu

Eine sehr alte Ausgabe d. röm. Canzleyregeln &c. 69

„machen, bis ihr grosser Plan vollkommen ausgebildet „war." Dergleichen Zusätze von Paul II. scheint dieser Band zu enthalten. Ich werde so viel von ihm sagen; als nöthig ist, damit andre vielleicht weiter forschen können: denn ich muss gestehen, dass ich keine Ausgabe der Römischen Canzleyregeln in ihrer jetzigen Gestalt bey der Hand habe.

Ausgaben der R. C. regeln vor 1500. müssen sehr selten seyn. Bis ich die Ausgabe, die ich beschreiben will, zu Geficht bekam, entdeckte ich bey allem Fleiß, Vierzehenhunderter aufzusuchen, nichts, als ein paar Ausgaben im Maittaire: Regulæ cancellariæ apoftolicæ cum glossis. Paris 1499. 8. und Reg. Canc. (forte & Taxæ pœnitentiariæ) Julii II. Papæ Rom. 1500. 4. Allein da Julius II. erst 1503. zur Regierung kam, so wird es wol, wenn die Jahrzahl richtig ist, entweder Pauli II. oder doch anders heissen müssen. Ausserdem fand ich noch in Hrn. *Gemeiners* Nachrichten von der Regensburgischen Stadtbibliothek S. 292. Regulæ, ordinationes & constit. Cancellariæ Innocentii VIII. - - publicatæ 1487. und um diese Zeit zu Rom gedruckt, aber nur 31 Quartblätter; und im Solgerischen Catalogo B. II. S. 264. eine spätere Ausgabe, Rom 1489. 4. In der Bibliothek zu *Buxheim* findet sich: Vegulæ canc. Innoc. VIII. per Rodericum epifc. Portuenfem *scriptæ* 1484. 4. und in *Hokers* catal. bibl. Heilsbronenfis p. 208. eine von eben dem Jahr, mit einem andern Titel. Vielleicht aber ist es eben dieselbe. Zuletzt will ich noch ein paar andre nennen: und das find darnach alle, die ich bis jetz kenne. Nun eile ich, das vor mir habende Exemplar nach dem äusserlichen und innerlichen zu beschreiben.

Es ist ohne Titel und Unterschrift am Ende, auch ohne Vorrede, auf gutem Schreibpapier mit ziemlich grossen und dicken lateinischen Buchftaben, bisweilen etwas ungleich und mit vielen Abbreviaturen abgedruckt. Es hat kein Unterſcheidungszeichen, als den Punct, der bald oben, bald mitten, bald unten auf den Zeilen ſtehet. Das Abtheilungszeichen - iſt bald da, bald fehlt es. Eben ſo fehlt Cuſtos und Signatur: aber die Blattzahlen haben eine beſondre Beſchaffenheit. Die Hälfte der Blätter mag im Anfang gezählt ſeyn, die andre nicht. Die erſte Lage iſt ein Quinternio, und die erſten fünf Blätter ſind oben in der Mitte mit Zahlen bezeichnet, die andern fünf nicht. Die andre iſt wieder ſo mit vi oder 6 u. ſ. w. bezeichnet, bis 10. Die folgenden fünf Blätter, ohne Zahl. So auch die dritte und vierte Lage. Die fünfte iſt ein Quaternio, wovon die erſten vier Blätter 21 - 24, ſind, und die letzten vier wieder keine Zahl haben. So gehet es Anfangs durch das ganze Buch durch. Die letzte Zahl iſt lvii, oder 57. alsdann folgen gar noch 51 Blätter, ohne Zahlen. Das Buch iſt in viel Abſchnitte getheilt, die alle ihre Ueberſchriften haben, wovon viele, beſonders in der Mitte des Buchs mit groſſen Buchſtaben gedruckt ſind. Dieſe ſind meiſtens auf ganz ungewöhnliche Art geformt und zum Theil ſehr unförmlich. Von den Lettern im Text ſelbſt muſs ich noch anmerken, daſs auf dem i bald ein Punct, bald ein kleiner Strich, bald gar nichts ſtehet, und daſs das ae nur durch e ausgedruckt iſt. Ort, Zeit und Drucker läſst ſich nicht errathen. Aber vor 1476. kann es nicht gedruckt ſeyn. Doch! genug von dem äuſſerlichen.

Der Anfang des Buches iſt dieſer: Regule Ordinationes. & conſtitutiones Cancellarie Sanctiſſimi domini noſtri domini Pauli diuina prouidentia pape ſecundi ſcripte & correcte in Cancellaria Apoſtolica.

Sanctiſſimus in Chriſto pater & dominus noſter dominus Paulus diuina providentia papa ſecundus. Pro utilitate rei publice ac norma & modo dandis in rebus agendis ſuorum predeceſſorum inherendo veſtigiis in craſtinum

des Pabsts Paul II. und Sixtus IV. 71

fue Affumptionis ad fummi apoftolatus apicem videlicet die ultima Menfis Augufti Anno Domini Millefimoquadringentefimo fexagefimo quarto infra fcriptas quorundam ex eisdem predeceſſoribus Regulas & ordinationes innououauit. (*sic*) & quasdam limitavit Aliasque & certas reſeruationes ac reuocationes & conftitutiones fecit ſubſequentes quas duntaxat voluit & mandavit ſuo tempore obſeruari. & per me Rodericum ſancti Nicolai in Carcere tuliano diaconum Cardinalem ſancteque romane ecclefie Vice cancellarium in Cancellaria apoftolica publicari & que poftmodum die videlicet Vicefima menfis Septembris. pontificatus ſui Anno primo juxta mandatum mihi factum fuerunt publicate.

Alle Rubriken herzuſetzen, wäre zu weitläuftig: ich wähle alſo dazu nur die auf den erſten ſieben Blättern, und führe alsdenn von den folgenden nur einiges merkwürdige an. Reſeruatio beneficiorum vacantium per conſtitutionem ad regimen & execrabilis. Reſeruatio beneficiorum valorem. Ducentorum florenorum excedentium. Reſervatio dignitatum majorum poſt. pontificales Et beneficiorum ſuorum & dominorum Cardinallium familiarium. Reſeruatio beneficiorum Collectorum Vnicorum & ſuccellectorum. Reſeruatio beneficiorum Cubiculariorum & Curſorum ſuorum. Reſeruatio beneficiorum Trium ecclefiarum principalium Vrbis. Rome & pertinentium ad collocationem dominorum Cardinalium in eorum abſentia. De expediendis litteris in forma rationi congruit. Declarauit beneficia per Pium. reſeruata remanere affecta. Reſeruatio expectatiuarum Pii. pape II. Reuocatio Vnionum annexionum & incorporationum que nondum ſortite ſunt effectum. Reualidatio litterarum infra annum non preſentatarum executoribus ſuis. Reuocatio legatorum. & nunctiorum apoftolicorum. De litteris numerabilibus. in litteris apoſtolicis apponendis. De concurrentibus in datis

72 Eine fehr alte Ausgabe d. röm. Canzleyregeln

in Vacantibus. Et vacaturis quis preferri debet. De non tollendo ius quefitum in Commiffionibus per quamcunque conceffionem. De etate illorum qui obtinere poffunt prebendas in Cathedralibus & collegiatis ecclefiis. De impetratione beneficiorum refignatorum per. Infirmos decedentes infra. XX. dies. Quod ille cui conceditur parrhochialis. Ecclefia fciat ydioma patrie. De impetratione beneficium viuentis. De valore beneficiorum exprimendo in. Vnionibus annexionibus & in corporationibus. De mendicantibus transferendis. De valore librarum Turonen. Et florenorum auri de camera. De collationibus & prouifionibus factis per promouendos. — Sowohl der Inhalt, als das fchöne Latein kennen zu lernen, wird diefes hinlänglich feyn. So geht es fort bis p. 25. Alsdann folgen Bullen, davon ich auch einige anführen mufs. Bulla de beneficiis affectis. Paulus Epifcopus feruus feruorum &c. 1467. Johannis pape XXII. conftitutio. Datum Auinion Terciodecimo Kalen. Anno fecundo. Benedicti pape XII. referuatio ad regimen. 1335. Bulla contra Symoniacos. Paulus &c. 1464. Bulla de cafibus referuatis. Paulus &c. 1468. Priuilegium Curialium. Eugenius ep. feruus feruorum Dei. 1432. Darauf folgen Termini caufarum in romana Curia feruari foliti In caufa beneficiali, und dergleichen Sachen mehr. Fol. 38. b. u. f. Fefta & ordo terminorum facri palacii apoftolici feruari folitorum, und darauf allerhand modi. z. Ex. modus vacandi beneficiorum, modus feruandus in executione feu profecutione gracie expectatiue, modus infinuandi litteras apoftolicas collatori, u. f. w.

Bl. 48. folgen Regule ordinationes & conftitutiones Cancellarie Sanctiffimi domini. Noftri domini Sixti. diuina prouidentia Pape Quarti. fcripte & correcte in Cancellaria apoftolica. Der Anfang lautet faft, wie bey dem vorigen: - - Sixtus -- Quartus -- die decima Menfis Augufti Anni a natiuitate domini M. CCCC. LXXI. Referuationes conſtitutiones . & regulas infra ſcriptas fecit &c. Auf 20 Blättern werden ſeine Reſervationen, Ordinationen u. ſ. w. ohne weitere Ueberſchriften erzählt, und endlich wird darunter geſetzt: Explicit. M. CCCC LXXVI. welches auch ungefehr das Jahr des Drucks ſeyn möchte. Nun folgen drey Quaternionen, ein Quinternio, und ein Sexternio, mit einerley Lettern, und gehören ſicher noch zu dieſem Buch, ob man gleich auch, weil Cuſtos, Blattzahl, Signatur und alles fehlet, noch vielleicht daran zweifeln könnte. Der merkwürdige Inhalt iſt folgender. Die erſten acht Blätter enthalten: Incipit Karolina. Super libertate Spiritualium. perſonarum ac Eccleſiarum Emunitate, ein Breve des Pabſtes Nicolaus, welchem ein anderes vom P. Martin V. einverleibt iſt, vom Jahr 1454. Auf ſechs Blättern folgen deutſch: Conſtitutiones in Carolina contente. Modo vulgari ſequitur. Daß die Kirchen, Gotteshäuſer und geiſtliche Perſonen mit keinerley Steuer, Tatzung und Schatzung nicht beſchwert werden ſollen, wird mit dem Concilio Lateranenſi und mit den Geſetzen der beyden Kaiſer Friedrich II. und Carl IV. bewieſen. Compactata principum tam ſpiritualium quam ſecularium ſuper electione ac collatione beneficiorum. De pacificis poſſeſſionibus non moleſtandis. De aſſignatione congrue porcionis & vicariis und mehreres, ſo alles anzuführen zu weitläuftig wäre. Pronunciantibus in cancellis litteras apoſtolicas Indulgentiarum neceſſe eſt ſcire Diſtinguere ac populo declarare Quid ſit Quadragena. Septena ſiue Carena Et in quibus differant quod decretum eſt in concilio Baſilienſi in modum ſubſequentem. Nebſt allerhand päbſtlichen Verordnungen über den Ablaß. — Je ſeltner dergleichen Bücher überhaupt, beſonders aber unter den Proteſtanten, ſind: deſto mehr verdienen ſie Anzeige ihres Daſeyns und Inhalts. Deswegen werde ich zu andrer Zeit einige andre, die ich in der Bibliothek zu *Rottenbuch* geſehen habe, beſchreiben, nämlich: Regulæ,

74 Ein paar alte Bücher von der Jungfrau Maria,

ordinationes & conftitutiones Cancellariæ Innocentii Pontif. VIII. lectæ & publicatæ Romæ anno 1484. noch zwey ganz verfchiednen Ausgaben in 4. und Regulæ, ordinationes & conftitutiones Cancellariæ Sixti IV. pontificis lectæ & publicatæ Romæ anno 1471. in 8. alle drey ohne Benennung des Jahres, Ortes und Druckers.

7.
Ein paar alte Bücher von der Jungfrau Maria, ohne Titel.

So weit meine geringe litterarifchen Kenntniffe reichen: fo find diefe zwey kleinen Bücher, oder wenigftens Ausgaben ganz unbekannt; aber eine kurze Befchreibung follten fie doch wohl verdienen. Beyde hatten eben fo viel Aenhlichkeit, als Verfchiedenheit. Daher nehme ich fie zufammen. Den Innhalt weifs ich nicht anders zu beftimmen, als dafs ich fage, fie enthalten Gleichniffe von natürlichen Dingen und von erdichteten Wundern, durch welche die Möglichkeit der Geburt unfers Heilandes von einer Jungfrau bewiefen werden foll. Beyde haben keinen Titel.

Das erfte gehört mehr unter die xylographifchen Werke, als unter die Producte der Buchdruckerkunft. Es ift in länglichquart: auf mittelmäfsigem Papier abgedruckt, deffen Zeichen ein groffer Ochfenkopf ift, der zwifchen den Hörnern eine Stange oben mit einem fünffachen Stern hat. Es find 24 Blätter, welche alle in einander liegen: die erfte und letzte Seite ift leer, jede Seite enthält einen Holzfchnitt, folglich in allen 46; grob und fchlecht. Darunter ftehet ftets eine deutfche Unterfchrift von zwey bis drey Zielen. Nur das 24fte und 25fte Bild haben die Schrift oben. Diefe ift ficher gleich in die hölzerne Tafel des Bildes hineingefchnitten und die Buchftaben find alfo unbeweglich. Denn jede

Zeile ſtehet zwiſchen Strichen und an dieſe reichen die Buchſtaben oft völlig, z. E. ſ₂ g f. Auch ſind öfters die Buchſtaben an einander hinangeſchnitten, ſehr viele unleſerlich, zum Theil ſchlecht ausgedruckt. Die Drukerfarbe iſt nicht gar ſchwarz, doch auch nicht ſo blaſs, als in den allererſten xylographiſchen Werken. Auch ſind ſtets beyde Seiten der Blätter abgedruckt, und folglich nicht die Blätter zuſammen geleimt, wie in jenen erſten. Das Buch reicht alſo nicht an die erſten Zeiten der Vorläufer der Buchdruckerkunſt hinan, iſt aber dem ungeachtet dem Anſehen nach noch alt genug. Ob es der hiſtoria b. Mariæ virginis in figuris, deren *Schöpflin* in vindiciis typographicis pag. 7. gedenkt, ähnlich iſt, oder nicht, kann ich nicht ſagen. Ein anders aber, das der ſ. *Schelhorn* in amœnitatibus litterariis T. W. p. 293. beſchrieben hat, iſt ganz anders beſchaffen. Denn es enthält keine heidniſche Geſchichten, wie dieſes, ſondern bibliſche Vorbilder.

Das andre beſtehet, in kleinerm Quart nur aus 20 Blättern, wovon die erſte Lage 7 hat, (alſo fehlt das erſte) die andre nur 4, die letzte aber 8, und das 9te iſt angeklebt. Die erſten drey Seiten enthalten drey ganz andre Holzſchnitte, als jenes, (davon hernach,) und nur 33. Aenhlichkeiten, meiſtens in andrer Ordnung. Die Holzſchnitte ſind viel beſſer und nehmen kaum die Helfte der Seite ein. Oben ſtehen deutſche und lateiniſche Ueberſchriften, und unter dem Bild eine weitere Erklärung. Die Anfangsbuchſtaben fehlen: die Schrift iſt von mittelmäſſiger Gröſſe; das Papier iſt beſſer, als in jenem, und hat das Zeichen eines kleinen Ochſenkopfs, aber ziemlich undeutlich.

In des *Herrn von Heinecken* neuen Nachrichten ſucht man dieſe Schrift, unter den erſten Büchern, die mit Holzſchnitten herausgekommen ſind, noch vergeblich. Auf der erſten Seite ſtehet oben: Hanc plenam gracia

76 Ein paar alte Bücher von der Jungfrau Maria,

Salutare mente Serena, darunter die Jungfrau Maria und der Engel Gabriel mit einem fliegenden Zettel: Aue m. in einem Holzfchnitt, und unter demfelben: (G.) Aude Maria virgo, cunctas heræfes fola interemifti. que Gabrielis archangeli dictis credidi fti. Dum virgo deum & hominem genuifti. Et poft partum virgo inviolata permanfifti. (G.) Abrielem archangelum credimus duunitus te effe affatum. Uterum tuum de fpiritu fancto credimus impregnatum, &c. Die andre Seite ift ganz mit einem Holzfchnitt ausgefüllt, über welchem ftehet: Hac (vermuthlich haec) gracia plena Salutetur mente ferena. Oben ftehet Maria, unten ein Mann mit einem verfchlungnen Zettel: Erubefcat judeus qui dicit chriftum de jofeph femine effe. Auf der dritten Seite: (H.) Anc per figuram nofcas cafta pituram. (vielleicht picturam.) Im Holzfchnitt ift Maria mit dem Chriftkindlein vor ihren Füffen, hinter ihr vermuthlich Jofeph, über dem Chriftkindlein oben ein Hahn mit einem fliegenden Zettel: *Crift ift geborn.* Darunter, (J.) N. pñti pictacone figuralia fcripta michi nota h'sfignata aliquant ulum clarius eluvidare p pofui. - - - Certas figuras apertius demonftrabo donec ad uberiorem liberarie meffem potero attingere neglecta, ex nunc pro tunc recuperabo fideliter inftaurando.

Nun kan ich I. und II. — fo will ich der Kürze wegen fagen, mit einander vergleichen. Auf der vierten Seite in II. ftehet oben über dem Holzfchnitt: (J.) Nterroga Jumenta & docebunt te & volatilia celi, & indicabunt tibi. (F.) *Rage die thyre der erden, und des luftes vogelin, die wyfent dich marien werden, zu loben und jr kindelin.* In I. ift diefes das dritte Bild mit der Unterfchrift: *Frag tyer der erden, und des Luftes vogelein. Die beweifen wirde, und geburt der maget reyn.* Ein Exemplar erläutert alfo das andre, z. E. *wirde*, d. i. würde, oder Würdigkeit in II. heifst in I. *werden*,

ohne Titel. 77

d. i. würdigen, werth halten. Num. 7. in II. hat die Ueberschrift: (S.) J. vultur parit corpe, & mare ad hoc caret Cur mistico spiramine, virgo non generaret. (G.) *Ebirt des gyren sy* (Weiblein) *ane ere,* (ohne Männlein) *Und glaubet der heyden diss, warumb entpfing nit ane er,* (Mann) *Maria die jungfrau ist.* Im Bild des Geyers steht Wultur. So auch in I. wo es Num. 5. ist und die Unterschrift hat: *Gebirt des geyers sye on eer, und glaubet der Hayden das. Warumb empfing nicht mit ere. Ein magt die Jungfrauw genass.* Num. 9. ist in beyden einerley. In II. heißt die Ueberschrift (S.) J. Equa capadocie, vento feta apparet. Cur almo flante flamine, virgo non generaret. (E.) *Mpfacht ein studt vom windte, in Capodocien landt, warum gebare nit jr kinde vom geiste die nye man bekannt.* In I. die Unterschrift: *Empfeht ein Studt von dem windt, in Capadocien land. Warumb geber nicht ir kint, vom gaist die nie mann bekannt.* Num. 27. in II. ist in I. Num. 21. dort heisset die Ueberschrift: (L.) Eo proles rugitu, si suscitare valet. Cui vitam a sancto spiritu, virgo non generaret. (M.) *Ag der lewe sine kinder, erquicken mit sinen ruffen; So moug auch ein jungfrauw geschwinde, empfahen by des engelss grussen.* Hier in I. die Unterschrift: *Mag der leo seine kind erkucken mit seinen ruffen; So mag auch ein Jungfrauw swind empfahen bey des engels grussen.* Der zweite Holzschnitt (die drey ersten nämlich abgerechnet) in II. ist in I. der letzte oder der 46ste. Dort heißt es: (S.) J. Socios dyamedis, aues factos apparet Cur redemptorem hominis, virgo non generaret (W.) *urdent dyamedes gesellen, verwandelt in die fogel syn; warumb solt dan Got nit wollen, dass sin mutter solte jungfrau sin.* Hier aber: *wurden dyomedis gesellen verwandelt in vogelein. Warumb macht denn Got nicht wollen das sein mutter solt Jungfrauw sein.*

Ich habe mit Fleifs II. oder das jüngere Exemplar immer vor I. angeführt, weil jenes leichter zu verftehen und zu lefen ift, als diefes. Aus den gegebnen Proben aber wird man nun den übrigen Innhalt leicht errathen können. Er betrift z. E. die Verwandlung der Menfchen in Thiere, durch die Circe, den Salamander, deffen Speife das Feuer ift, einen Bronnen in Sicilien, der die unfruchtbaren fruchtbar macht, und einen andern, der das Gegentheil thut, eine Eiche in Avernia, die von Natur Wein trägt, die Dana, die von einem goldnen Regen fchwanger ward, die Straufseyer, die von der Sonne ausgebrütet werden, u. f. w. Und aus allen diefen wunderbarlichen, natürlichen Dingen und Gefchichten wird ftets der Schlufs auf die Möglichkeit und Würklichkeit der wunderbaren Geburt des Heilandes der Welt von einer reinen Jungfrau gemacht.

8.

Alte, meiftens unbekannte Ausgaben kleiner Schriften, alle in Quart.

1.

Incipit fpeculum clarum nobile & pretiofum ipforum facerdotum in quo refulgent & reprefentantur aliqua utila fpeculanda circa tria. baptifmi eukariftie & penitentie facramenta. Eine Quinterne und Quaterne, alfo 18. Blätter, davon das erfte leer ift und auf dem letzten nur eine halbe Seite ftehet. Ohne Pagina, Cuftos, Dipfthongen, Titulblatt, und Signatur. Die groffen Anfangsbuchftaben bey den Abfchnitten fehlen. Das Abtheilungszeichen - fehlt meiftens: Doch findet es fich bisweilen. Abbreviaturen genug. Unterfcheidungszeichen nur Punkte, die bald oben, bald mitten, bald unten auf der Zeile ftehen. Gutes weiffes Papier, faubere Schrift von mittelmäffiger Gröffe.

Eine andre Ausgabe ohne Jahr auf 16. Blättern, hat Hr. *Nyerup* in dem fpicilegio bibliographico fafcit. III. pag. 182. &c. befchrieben. Der Schlufs, den er S. 184. Que hic deficiunt - - - Explicit Speculum facerdotum anführt, lautet hier etwas anders: que hic deficiunt in fumma & apparatu hoftienfis in ti. de penitentiæ & remiffione & in aureo confeffionali guilhelmi fpeculatoris & quod Ponitur in reportorio aureo. Et ycirca finem. Deo gracias. Alfo ohne Namen des Ortes, Jahres und Druckers. Sonft heifst das Buch auch fpeculum manuale, oder auch nur manuale facerdotum und unter diefer Auffchrift hat Maittaier eine Ausgabe: Hermanni de Schildis manuale facerdotum Venetiis 1480. *) Hier aber nennet fich der Verfaffer, wie in Nyerupifchen Exemplar, gleich Anfangs: Frater hermanus dictus de *faldis* ordinis herimitarum fancti auguftini. Die weitere Nachricht will ich aus Hrn. *Nyerup* nicht wiederholen, auch von dem innern des Buches, fo wir bey den folgenden nicht viel fagen, da es meiftens Bücher find, die aus der Mode gekommen find. Der ganze Innhalt beftehet in diefen drey Stücken: Prima fuperficies fpeculi facerdotum reprefentat fpeculanda circa baptifmum fub quatuor fpeciebus reprefentatis que funt materia forma baptifmi, & intentio baptizantis & baptizandi & remedia generalia contra defectus. Secunda fpecies feu fuperficies fpeculi facerdotum reprefentat fpeculanda circa facramentum Eukariftie fub quattuor fpeciebus reprefentatis que funt materia forma eukariftie intencio confecrantis & remedia contra defectus cirta hoc facramentum. Tertia fuperficies fpeculi facerdotum reprefentat fpeculanda cirta materiam facramenti

---

*) Wie viel Aehnlichkeit oder Unähnlichkeit das manuale parochialium facerdotum Aug. Vindel. 1484. und 1494. und das manuale prochorum Aug. Vind. 1499. mit diefem Buch habe, kann ich nicht entfcheiden. Aber das manuale confefforum metricum Colon. 1497. und 1498. ift ficher davon unterfchieden.

penitentie fub quatuor fpeciebus reprefentatis que funt materia & forma penitentie intentio confefforis & confitentis & remedia contra defectus circa hoc facramentum.

2.

Tractatus in elucidationem cujusdam hoftie rubricate in vrbe inclita Berna. Das übrige des Titels nimmt ein nicht unförmlicher Holzfchnitt ein, auf welchem 7 Perfonen und eine Hoftie mit vier Puncten, (die vermuthlich Blut bedeuten follen,) abgebildet find. Nirgends habe ich diefe kleine Schrift von 10 Blättern angetroffen, als in zwey herrlichen Klofterbibliotheken, zu *Buxheim* und *Rottenbuch*. Das letzte Exemplar kan ich kurz befchreiben.

Der erfte Bogen hat keine Signatur. Dann aber folgt bj, bij, biij, nnd drey unfignirte Blätter; Pagina und Cuftos fehlen. Comma, Colon, auch einmal ein Fragzeichen? und Punct unten auf der Zeile, felten oben, find die Unterfcheidungszeichen. Die Lettern find klein, der Druck fchwarz und klein, aber deutlich, doch voll Abbreviaturen, das Papier gut, obgleich nicht weifs. Die Anfangsbuchftaben find bis auf ein Paar alle da. Ohne Diphthongen, Drucker, Jahr und Ort. Das Abtheilungszeichen fehlt oft, oft ift es einem Comma ähnlich. Die Gelehrfamkeit des fonft ziemlich unbekannten Verfaffers, der fich erft zuletzt nehnet, kennen zu lernen, darf ich nur den Anfang und das Ende der kleinen Schrft herfetzen.

Tractus de euchariftia. (Q.) Uoniam quidem hac tempeftate, ullo cafu luctuofo in urbe inctita Bernenfi occurrente. Reverendiffimus in chrifto pater. Dominus meus Agmo de monte falcone, non minus colendus quam mihi metuendus nimis. Dominus videlicet altiffimo condonante epifcopus laufanenfis & princeps ecclefieque & epifcopatus gebenne, in fpiritualibus & temporalibus adminiftrator miniſtrator auctpritate apoſtolica deputatus a me theologantium minimo humilitatis ſue profunditate ſciſcitari dignatus eſt. Vtrum ſub ſpeciebus in euchariſtia maculatis corpus chriſti contineatur? Et quia ſua me cenſeam benignitate fultum, que ſubmittuntur ſcribere audeam eiusdem intellectui letamen allatura deoque duce, datura. Reſponſio. Iſta queſtio preſupponit vnum et querit aliud. &c.

Zuletzt heißt es: Vltima reſulutio. Eo quod aliąue illius hoſtie portiuncule ſunt immaculate, & quidam doctor famoſus dicere videatur quod poteſt vna pars hoſtie conſecrari ſine altera, vt prius dictum eſt, quoniam tali concordare niſi inuitus nolem. Conſulerem hoc in caſu vt intemere concludam apoſtolicam adire ſedem. Magiſter Jacobus de marcepallo, ordinis minorum conuentus Nauetenn. Der nicht ſehr bekannte Verfaſſer mag übrigens weder ein Polygraph, noch auch ſonſt ein wichtiger Mann geweſen ſeyn. Ich will mich daher auch nicht bemühen, weitere Nachricht von ihm aufzuſuchen. Denn dergleichen Schriften werden dem Litterator hauptſächlich nur dadurch wichtig und merkwürdig; daß der Druck ſehr alt, und die Ausgaben unbekannt ſind. An dem Verfaſſer aber iſt gemeiniglich nicht gar viel gelegen.

3.

Penitentiarius de confeſſ ⎫
Jeſuida hieronymi de paſſ ⎬ ione.
Lactantius de reſurrect ⎭

So ſteht auf dem erſten Blatt eines 20 Bl. ſtarken Tractätchens, das mit guter lateiniſcher Schrift auf ſtarkem, aber nicht gar weiſſen, Papier, mit ſehr guter Druckerſchwärze, ohne Namen des Ortes, Druckers und Jahres erſchienen, und davon mir ſonſt kein Exemplar bekannt ift. Die Abbreviaturen find erträglich. Jede Zeile fängt mit einem groſſen Anfangsbuchftaben an, aber bey neuen Abſchnitten ſtehen nur kleine, die folglich hätten eingefaſst werden ſollen. Von Diphthongen wuſste der Drucker noch nichts, auch nicht von Pagina und Cuſtos. Aber die Signatur, 6 Blätter mit a, 4 mit b, 6 mit c, 4 mit d bezeichnet. Das Abtheilungszeichen ift bisweilen - Kein Comma findet man, aber Püncte, Cola und Fragzeichen.

Die zwey erſten Stücke ſind in Hexametern; das letzte in genere elegiaco. Jene beyde haben viel Marginalien, das letzte, das nur fünf Seiten beträgt, nicht. Alle drey ſind weitläuftig gedruckt und über jedem etwas dunkeln, oft aber auch leicht zu verſtehendem Worte, ſteht mit kleinerer Schrift eine Erklärung. Zur Probe hier gleich aus der erſten Schrift die vier erſten Zeilen:

penitentiam teneas : quod penitentia ſera raro vera : miſericors
p Eniteas cito peccator cum ſit miſerator
Chriſtus ſequentia
Judex: & funt hec quinque tenenda tibi.
remiſſio peccatorum non oris tantum peccati
Spes venie : cor contritum : confeſſio culpe
vitatio peccati
Pena ſatisfaciens & fuga nequicie.

Der Anfang poeniteas cito macht mir wahrſcheinlich, daſs dieſer poenitentiarius nichts anders ift, als die Schrift: peniteas cito ſ. de modo confitendi & penitendi, Colon. per Henr. Quentell 1491. 4. ſo auch ohne Jahr und Ort heraus ift, vielleicht mehr, als einmal.

Vom letzten Stück, oder dem *Laſtantius* will ich nichts ſagen, ſondern nur vom mittlern: Jeſuida Hieronymi, eine Anmerkung machen. Der berühmte Herr geheime Hofrath *Ring* in Carlsruhe hat in Hrn. *Meuſels* hiſtoriſcher Litteratur für das Jahr 1784. II. B. VIII. Stück S. 182. eine ſehr alte Ausgabe deſſelben als eine der gröſsten Seltenheiten vortreflich und munter beſchrieben, und

Proben von den guten Verſen gegeben. Bis auf einige Varianten ſtimmen ſie mit dem gegenwärtigen Exemplar überein. Nur der Schluſs iſt kürzer, und hier manches weggelaſſen. Nach den Worten die Hr. *Ring* S. 190. anführt: iuuat hec ceciniſſe placetque, folgt in ſeinem Exemplar noch vieles, z. Ex. vom Aeneas, Rom, Venedig, Padua u. ſ. w. Hier aber nur noch die drey Verſe:

Hos noſtro cantus interpoſuiſſe labori
Gloria laus: & honor tibi ſint ac ſumma poteſtas
Imperiumque ifigens ante & qui in ſecula regnas.
    Finis.

Ich verweiſe übrigens auf Hrn. *Ring* und ſetze nur den Anfang mit der Erklärung her, die in ſeinem Exemplar fehlte:

 ſuperne celiculorum   celi
m Axime celicolum ſupera qui celſus in aula.
perpetuo regno excelles poteſtate vel ſceptro
Eterno imperio ſuperes fortique tridente.
negotia deorum   impetu horribili
Res hominum diumque regis: quo turbine tyro
  S. in ieſum furies concitauerit Iudeos
Judei irruerint: rabies que traxerit illos
 filio chriſto   non
Tanta tuo nato penas inferre nephandas &c.

Diuina Prouidentia.

Darunter ein Holzschnitt, neben welchem stehet:

Liberum arbitrium

Tendens ad bonum — Tendens ad malum

predeſtinatur ad premium — predeſtinatur ad ſupplitium

16 Blätter, eine Sexterne mit a, eine Quaterne mit b, und wieder eine Sexterne, mit c bezeichnet, wovon das letzte Blatt leer iſt, ohne Pagina und Cuſtos, auf ſtarkem, nicht weiſſen Papier, mit vielen Abbreviaturen, ohne Diphthongen, mit nicht gar groſſen Lettern. Das Abtheilungszeichen iſt bald - bald / auſſer dem Punct ſteht oft ein Comma, das noch ſo lang iſt, als die Buchſtaben. Die groſſen Anfangsbuchſtaben fehlen bey den Abſchnitten im Text, obgleich nicht in den Rubricken, Jahr, Ort und Drucker ſind nicht genennt. Denn zuletzt ſteht nur: Explicit tractatulus fratris Feliciani ordinis predicatorum de diuina predeſtinatione intitulatus feliciter finit. (Alſo explicit und finit zugleich.) Hier erfahren wir den Verfaſſer, deſſen Schrift öfter gedruckt iſt. Mir iſt eine Ausgabe 1495. ohne Ort, eine Memminger 1486. und eben daſelbſt vom Albert Kunne, ohne Jahrzahl, und eine ohne Ort und Jahr, aber mit Anton Sorgiſchen Lettern zu Augsburg, bekannt worden, deren Exiſtenz keinem Zweifel unterworfen iſt. Die gegenwärtige ſcheinet unbekannt zu ſeyn.

Um von dem Inhalt nur etwas weniges zu fagen, fo heifst es auf dem zweyten Blatt: Incipit Regiftrum huius opufculi, und dann wird der Inhalt von 17 Capiteln angegeben, aus welchen das Werklein beftehet. Zur Probe will ich einige davon herfetzen: Quid fignificet nomen predeftinationis Ca. I. In quo differant predeftinatio & prouidentia. Ca. II. Quomodo fe habeat predeftinatio ad electionem dilectionem gratiam & gloriam Ca. III. Quis poffet predeftinare Ca. IIII. Quis poffit predeftinari Ca. V. Quid fit predeftinatio Ca. VI. Vtrum predeftinatio caufam habeat & fpecialiter prefcientiam meritorum Ca. VII. Vtrum predeftinatio ponat aliquid in predeftinato Ca. VIII.

Ich habe mich mit Fleifs enthalten, das Alter des Drucks diefer vier Stücke näher zu beftimmen, weil ich weifs, dafs man fich oft fehr dabey verrechnen kann, werde es auch bey den übrigen thun, nur das nächftfolgende ausgenommen. So viel wird jeder indeffen felbft einfehen, dafs fie deutliche Kennzeichen eines fehr hohen Alters an fich tragen, das fich aber bey dem Mangel der Anzeige des Jahres, Ortes und Druckers fo genau nicht errathen läfst.

§. 5.

Contra fratrem Hieronymum Herefiarcham libellus et proceffus. Darunter ein Holzfchnitt, auf welchem der unglückliche *Savonarola* in einem Buche fchreibt, vor ihm ein Crucifix, hinter ihm drey Teufel, darunter: nofce te ipfum, und drey Difticha.

Eine ziemlich unbekannte Streitfchrift von 27. Blättern, die aber auch einiges Hiltorifches enthält, 1498. oder bald nachher gedruckt, mit Signaturen, ohne Seitenzahl und Cuftos. Viel Puncta, befondre Commata, die auf der Mitte der Zeilen ftehen / keine Diphthongen, bald viel, bald wenig Abbreviaturen, das Abtheilungszeichen / etwas ftärker, als das Comma, die Lettern gut, das Papier etwas bräunlich. Die Stelle der grofsen Anfangsbuchftaben vertretten zuweilen kleine. Gleich Anfangs nennet fich der Verfaffer, wenn er fchreibet: Sic tranfit gloria mundi. Prologus. Jo. Poggius Florentinus Apoftolice fedi deuotus. Fratri Hieronymo Sauonarole Spiritum fanioris confilii Licet mihi tecum Hieronyme frater hac fubfcriptione vti quando a Chrifto feiunctus. Sathaneque poteftati traditus eo etiam dementie deuenifti eoque furoris procupifti &c. Aus diefem Anfang kann man fchon fchlieffen, was für bittre Sachen der ehrliche *Savonarola* in den folgenden 14. Capiteln hören mufs, obgleich diefes die Auffchrift hat: Cap. XIIII. Quo fe auctor excufat. Nach diefen folget: Proceffus. In nomine Domini Amen Anno domini noftri ab ejus falutifera incarnatione MCCCCXCVIII. Indictione prima, die vero nona. Menfis Aprilis. Examinatio infra fcripta fratris Hieronymi nicolai fauonarole ferrarienfis ordinis predicatorum facta de eodem per fpectabiles et prudentes viros commiffarios ac examinatores, &c. zuletzt mit der Unterfchrift: Ratificatio proceffus cum manu fua propria. Ego frater Hieronymus nicolai Sauonarolo de ferraria ordinis predicatorum fponte confiteor effe verum quicquid fuperius fcriptum eft in prefenti carta et aliis viginti tribus fcriptis vna manu et in fide hujusmodi meipfum fubfcripfi mea propria manu hac die. XIX. Aprilis. M. CCCC. XCVIII. Dann werden die Teftes in Menge genennt, und zuletzt folgt: epiftola quam mifit fanctitas pape ad fratrum Francifcum appulum ordinis minorum qui predicabat contra fratrem Hieronymum die XI. April. 1498. Alia epiftola quam mifit fanctitas pape fratribus conuentus fancti Francifci, von eben dem Tag. Das letzte Blatt enthält einige Verfe mit der Unterfchrift: Theodoricus vlfenius frifius medicus cecinit. Ift gleich diefe Schrift jünger, als die übrigen, von denen ich hier Nachricht gebe: fo ift fie doch eben fo unbekannt.

6.

Eximii in facra pagina doctoris Johannis de Gerfonno. ecclefie parifienfis quondam Cancellarii digniffimi. Tractatus de Pollucione nocturna. an impediat celebrantem. an non. Incipit feliciter.

Zuletzt: Explicit Tractatus Racionis et Confciencie de fumpcione pabuli falutiferi corporis domini noftri Jhefu xpi Editus per venerabilem magiftrum Matheum de Cracouia facre theologie profefforem ftudii Pragensf.

Die Schriften des *Matthäus* de Cracouia, oder vielmehr von *Chrochove*, find eben fo bekannt, als des Johann Gerfon; aber diefe Ausgabe ift unbekannt. Man hat von diefem Tractat eine andre Ausgabe, die ungefähr im Jahr 1473. mit den Lettern des *Conrad Fyner von Gerhäufen* zu *Efslingen* herauskam: Aber die Lettern im gegenwärtigen Druck fehen den Fynerifchen nicht gleich, fondern nehmen fich beffer aus: und von dem Dialogo Mathaei de Cracouia find eine oder gar zwey fehr alte andre Ausgaben ohne Namen des Ortes und Jahres, und ein Paar Memminger 1491. und 1494. u. f. w. bekannt.

Es find 18. Blätter, eine Quaterne und Sexterne, ohne Cuftos, Signatur, Pagina, groffe Anfangsbuchftaben, Diphthongen, mit häufigen Abbreviaturen. Einige Mahl findet fich eine Parenthefis, das Abtheilungszeichen ift : auffer dem Punkt aber findet fich kein Unterfcheidungszeichen. Die Anfangsbuchftaben find zum Theil fonderbar, z. Ex. das A hat oben einen Querftrich Ā, das E fieht fo aus E, als wenn es gefchrieben wäre, aber ftatt

88 Alte, meiſtens unbekannte Ausgaben

F ſteht dagegen E. Das Papier iſt nicht gar weiſs, aber die mittelmäſſige Schrift iſt leſerlich, wenn nicht oft die ſehr groſſen Abkürzungen das Leſen ſchwer machten. Ohne Titelblatt. Eigentlich ſind es alſo zweyerley Schriften: wie ſie aber hier zuſammen kommen, will ich nicht errathen. Faſt ſcheint es, keine ſey ganz. Die erſte Lage, die Quaterne, enthält richtig *Gerſons* Tractat. Auf der letzten Seite ſtehet die conſideratio ſeptima, und die letzten Worte heiſſen: vt in leproſo & aliis plurimis. Nun fängt die Sexterne an: ſi quandoque videtur prodeſſe, und gleich unterreden ſich racio und conſcientia, ohne mehr an die vorige Materie zu denken. Faſt vermuthe ich, es fehle der Schluſs der erſten und der Anfang der zweyten Schrift. Alles iſt einerley, Druck, Papier, Lettern u. ſ. w. Das erſte und letzte Blatt iſt leer. Alles iſt zuſammengeheftet, als wenn es zuſammen gehörte, und ſcheint doch nicht zuſammen zu gehören.

7.

Incipit Tractatus magiſtri Johannis de Gerſonno. Cancellarii pariſienſis. de regulis mandatorum. qui ſtringit concluſionum proceſſu. fere totam theologiam practicam & moralem.

Zuletzt: Tractatus magiſtri Johannis de Gerſonno. eccleſie pariſienſis cancellarii. de regulis mandatorum. qui ſtringit concluſionum proceſſu. fere totam theologiam practicam & moralem. finit feliciter.

Aus eben der unbekannten Preſſe, wie das vorhergehende Stück, und demſelben ganz ähnlich, auch in Abſicht auf die Parentheſen. Es ſind 34 Blätter. Sonſt ſind mir von dieſem Tractat zwey Pariſer Ausgaben 1497. und

1500. eine Nürnberger ohne Jahrzahl, und eine andere sehr alte ohne Ort und Jahr, in der Erlanger Univerſitätsbibliothek, bekannt worden. Das ganze beſtehet aus vier Theilen, wovon ich die Ueberſchriften herſetzen will. Nach dem Prologus heiſst es:

Generaliſſime Regule mandatorum primo loco ponuntur, cum ſuis probacionibus quæ ad numerum ſexagenarium octauum multiplicantur.

Nach dieſen 68 Stücken kommt: Poſt generaliſſima preceptorum principia ſpeciales adduntur regule, circa peccata ſeptem mortalia Et primo circa ſuperbiam documenta ſeptem & triginta ponuntur.

Poſt duas primas huius tractatus partes principales, in hac tercia regulas circa dominica praecepta duximus adiungere.

Quarta pars huius tractatus ſiue libelli quasdam aſſignat regulas circa ſacramenta eccleſiaſtica, & primo in generali: ſecundo in ſpeciali.

8.

Alphabetum diuini amoris de eleuatione mentis in deum, ſteht auf dem erſten Blatt mit groſſer guter Schrift. Auf der andern Seite heiſst es: Tractatus ille pretitulatur Alphabetum amoris diuini, quem bonorum aſſertione virorum, edidit auctor tractatus diuiniſſimi de ymitatione criſti. Uocatus dominus Thomas prepoſitus et prelatus canonicorum regularium in Koczen &c. Der Anfang hat auf dem folgenden Blatt die Ueberſchrift: Jncipit Alphabetum diuini amoris de Eleuatione mentis in deum. Alles beträgt 16 Blätter, mit der Signatur a. b. aber ohne Blattzahl und Cuſtos. Der Druck iſt ſchön, grofs, die Druckerfarbe ſehr ſchwarz, die Abbreviaturen aber häufig, und bisweilen beſonders. Der Puncte iſt eine ſehr groſſe Menge; faſt vor jedem Perioden ſtehet das Zeichen C.

90 Alte, meiſtens unbekannte Ausgaben

Das Papier iſt weiß und ſchön. Das Abtheilungszeichen fehlt oft, oder iſt ⸗ Einige mal fand ich ein Fragzeichen? aber kein Comma. Der Capitel ſind 13 und jedes fängt mit einem kleinen Buchſtaben an, dem der Umriſs fehlt. Ob das Exemplar ganz iſt, zweifle ich: Denn der Schluſs iſt: ut patet in tabula ſequenti, und dieſe findet ſich nicht. In dem Papier habe ich kein Zeichen entdecken können.

Das Amt, das dem Verfaſſer in der Vorrede beygelegt wird, iſt mir und andern unbekannt. Denn er war Subprior und Procurator im Kloſter der heil. Agnes bey Zwoll, wo er 1471. ſtarb: oder es müſste dieſes nur ein andrer Thomas ſeyn, als Thomas Kempis.

Ich wünſchte dieſen Tractat mit einem andern vergleichen zu können, der unter des berühmten Johann Gerſons Namen einige mal herauskam: alphabetum diuini amoris de eleuatione mentis in Deum, mit *Ulrich Zells von Hanau* Schriften zu Cöln, wahrſcheinlich ſchon vor 1470, dann 1487. in 8. ohne Ort, u. ſ. w. Eine deutſche Ausgabe: A. B. C. *der göttlichen Lieby*, durch Bruder *Hans Mickel Cartuſſer zu Buchshaim verteutſchet*, Memmingen 1493. hielt der ſel. Bibliothekar *Kriſmar* für dieſes Werk Gerſons. Hingegen kam eben daſelbſt 1489. heraus: A. B. C. ſeu Alphabetum diuini amoris de eleuatione mentis ad Deum venerabilis patris domini Thomæ praepoſiti canonicorum regularium in Ko-tzen ordinis S. Auguſtini. m. ſ. Schelhorns Beyträge, I. Stück, S. 79. (Auch hier ſteht das oben gemeldte unbekannte Amt des Thomas.) Ohne dieſe Schriften beyſammen zu haben, läſst ſich über ihre Verſchiedenheit nichts entſcheiden.

Der Titel alphabetum gründet ſich darauf, daſs manches durch das ganze Alphabet durchgeführt iſt, z. Ex. Peccator debet dolere de Amicitia Dei amiſſa Bonitate dei contempta Conſenſu & culpabili vita De dilapidatione tem-

poris &c. Exceſſu praeceptorom Dei Fragilitate reſiſtendi.
Graui negligentia u. ſ. w. So auch: Criſtus pendet in
cruce Ardentiſſimo amore Beniuola patientia Corde reſe-
rato Dorſo cruentato Extenſis venis Fluentibus vulneribus - - - Vehementiſſimo dolore Xpianiſſimo Zelo &
amore. Oder: Amantiſſime Benigniſſime Clementiſſime
Dulciſſime Excellentiſſime Fideliſſime Glorioſiſſime
Honoratiſſime Innocentiſſime &c..

9.

Stella clericorum
cuilibet clerico ſumme neceſſaria
In qua valde pulchra legentibus proponuntur.

Dieſs iſt der Titul einer kleinen Schrift von zehen
Blättern, davon das letzte leer iſt. Das Format iſt Quart.
Auf dem Titulblatt ſtehet eben derjenige Holzſchnitt,
der ſich auf Joh. a Lapide reſolutorio dubiorum Colon.
1493. befindet, von welchem ich im erſten Bande der
freymüthigen Betrachtungen über alte und neue Bücher
S. 52. u. f. Nachricht gegeben habe.

Sowohl daraus, als aus der Aehnlichkeit des Druckes, der Buchſtaben, des Papiers und der Abbreviaturen erhellet, daſs dieſes Buch von *Heinrich Quentel* zu
Cöln um eben dieſe Zeit geliefert worden iſt, ungeachtet Jahr und Ort nicht angezeigt ſind. Ganz zuletzt ſtehet:
Finit ſtella clericorum feliciter. In libelli laudem ſequun-
tur metra.

Aſpice preſentis o clerice dicta libelli
Nomen paſtoris quisquis habere voles.
Terrenis nunquam vel paucum rebus adhere.
Hunc mundum ſpernes. celica ſola pete u. ſ. w.

Das ganze Buch iſt ein Miſchmaſch ohne alle Ordnung, und wenn ich recht rathen kann, ſo ſoll es eine

Vorstellung der Vorzüge und der Pflichten des geistlichen Standes seyn. Es ist in kurze Absätze getheilt, deren erste Zeile stets grösser gedruckt ist, als das folgende. Es werden sehr viel Zeugnisse der Kirchenväter angeführt. An Abbreviaturen und Druckfehlern ist kein Mangel. Ueber den Seiten stehet stella clericorum und unten das Bogenzeichen Aa und Bb, doppelt. Pagina und Custos fehlen. Der erste Bogen hat sechs Blätter, wie ich denn diefs in mehrern, um dieselbe Zeit gedruckten Büchern bemerkt habe, dafs nicht *vier* oder *acht*, sondern *sechs* oder *zehen* Blätter mit einer Signatur bezeichnet sind. Zur bessern Kenntnifs des Buches will ich den ersten Absatz und von einigen andern, nicht aber von allen, den Anfang hieher setzen.

Tractatus (qui stella clericorum dicitur) feliciter incipit Quasi stella matutina in medio nebulæ. i. peccatorum. Proprietates huius stelle matutine possunt referri ad quem libet doctorem fidei. i. sacerdotem. Et continentur in his versibus. Lucis splendorem fert secum. fert quasi rorem. Ingens dat letum. vigilansque. docens. preit ipsum solem. defectum lune comitans hyemisque Tempore lucescit. cedens estate quiescit.

Cum beneficium alicui porrigatur valde gaudet. sed non querit primo quis sanctorum sit patronus in ecclesia. sed quantum valeat in temporalibus.

Quilibet pastor et sacerdos in se tenetur habere tria. scilicet scientiam eloquentiam et bonam vitam.

Sit etiam sacerdos vel pastor pius in afflictorum compassione et hospitalitate et in elemosinarum largitione duplici. scilicet corporali et spirituali. spiritualis continetur in hoc versu. Corrigo parco precor doceo fero consulo solor. - - Corporalis continetur in hoc versu Colligo poto cibo redimo tego visito condo.

Quo ergo ordine cenfetur ille qui femper abfens eft a cura fua nec preeft vt paftor. nec regit vt mercenarius Quid ergo dicendum eft de facerdotibus manifefte cohabitantibus cum mulieribus vel adulteris vel fornicantibus. vel proprias oues violantibus.. vel ebriofis et lafciuis. et fecularibus popularibus negotiis et vanitatibus implicatis. Hier redet der Verfaſſer ziemlich teutſch, und ließt dergleichen Leuten, den Text ſehr nachdrücklich.

Attende ergo o homo quantum pro te datum fit et maxime tu facerdos qui corpus et fanguinem tractas Domini. Timendum vero eft quod Dominus tales. facerdotes indignos, yt dictum eft non exaudiat.

O vos ergo prelati et presbiteri in vobis pendent anime fubditorum veftrorum vobis commifforum.

Legitur in tercio libro regum cum regina faba - - pre omnibus laudauit ordinem pincernarum - - altaris facerdotes funt pincerne

Eya vos facerdotes pincerne veri falomonis. id eft Jefu Chrifti et camerarii et fecretarii et difpenfatores mifteriorum Dei. diligenter attendite in quo gradu et dignitate fitis conftituti.

O veneranda facerdotum dignitas. fi digne et facerdotaliter vixeritis. intra quorum manus velut in vtero virginis filius Dei in carnatur. O celefte mifterium: quod per vos pater et filius et Spiritus Sanctus tam mirabiliter operatur.

So tröſtlich und erbaulich ſind auch die folgenden Abſchnitte, aus denen ich noch etwas weniges beyfügen will. In einem derſelben wird folgende ſchöne Hiſtorie erzehlet, die ſich in Burgund zugetragen haben ſoll. Ein Prieſter reiſete zu einer Verſammlung durch einen dicken Wald. Dem begegnete der Teufel und gab ihm einen verſchloſsnen Brief an den Biſchof und die Vorſteher des

Alte, meiſtens unbekannte Ausgaben

Synodi mit. Dieſer litera, wie er hier heiſſet, wurde öffentlich abgeleſen und war folgendes Innhaltes:

Rectores tenebrarum rectoribus eccleſiarum ſalutem. Mandamus vobis quod multum diligimus vos, quod quodcunque vobis committitur. ad infernum cum magnis glomorationibus deſtinatis.

Der folgende Abſchnitt lautet für den geiſtlichen Stand ſchon rühmlicher: O venerabilis ſanctitudo manuum ſacerdotum. O felix exercitium. o mundi vere gaudium vbi yma ſummis iunguntur. cum chriſtus tractat chriſtum. ſacerdos dei filium.

Die zwey letzten Abſchnitte muſs ich wohl ganz herſetzen, weil ſie gar ſo erbaulich ſind. Dominus noſter pontifex de veſtibus ſacerdotalibus miſticam (vt ſummus ſacerdos). camiſiam induit in almo vtero ſ. beate virginis marie. Miniſtri vero iudeorum dederunt ei amictum alapjs contextum. Herodes albam. quando illuſit eum alba veſte indutum. Miniſtri pylati cingulum quando flagellis ceciderunt eum. Dederunt ei phanonem quando ligauerunt eum ad columnam. ſtolam ſputis contextam. Caſulam quando induerunt eum veſte purpurea dicentes. Aue rex iudeorum. Lanceam pro baculo. Crucem pro ſede epiſcopali. Spineam coronam pro infula. Clauum 'in pedibus pro ſandalibus. In manibus clauos pro anulo & chirothecis. Sicque ornatus pontifex noſter primo templum aſperſit. miſſam cantauit Heli. heli. poſtea indulgentiam dedit dicens. Pater dimitte illis &c. Prelati temere credunt ſibi cuncta licere. Credidit cayphas omne nephas ſibi phas. Ve miſero mundo ve primo. ve ſecundo. Ve per pontificum dedecus horrificum. Pontifices muti. de iure ſuo male tuti. Quamuis cornuti. non audent cornubus uti.

Nota ſex vicibus fudit Chriſtus ſanguinem ſuum pro nobis. Primo in circumciſione, & hoc fuit noſtre redemptionis initium. Secundo in oratione. & hoc fuit noftre redemptionis defiderium. Tertio in flagellatione. Quarto in coronatione. & hoc fuit noftre redemtionis meritum, quia liuore eius fanati fumus. Quinto in crucifixione, & hoc fuit noftre redemptionis pretium. tunc enim (que non rapuit) exoluit. Sexto in lateris apertione. & hoc fuit noftre redemptionis facramentum, quia inde exiuit fanguis & aqua. Sanguis in remiffionem peccatorum, aqua ad lauacrum baptifmi facrificandum. Ich will nun dem Lefer felbft das Urtheil überlaffen, wie fich diß ganze Quodlibet zu dem Titul ftella clericorum fchicket. Dagegen will ich die Handfchriften und Ausgaben diefes Buches, die mir bekannt worden find, noch kurz anzeigen.

Stella clericorum f. anonymi libellus de officio paftorum & facerdotum, defcriptus & finitus in craftino Galli confefforis 1469. Diefe Handfchrift findet fich in der bibliothec. Uffenbachian. vniuerfal. Tom. III. p. 525. num. 33. fol. (2) Eine andre ift in der Erlanger Univerfitäts-Bibliothek. Sie ftehet in Hockeri bibliotheca Heilsbronenfi p. 104.

Die Ausgabe, ohne Anzeige des Jahres, die ich befchrieben habe, ftehet (wo es nicht vielleicht eine andre ift) in dem catal. bibl. Alberda Groning. 1692. 4. in der Gefellfchaft des dialogi creaturarum 1491. und Efopi moralifati 1492. Diß letztere ift dem *Maittaire* eben fo unbekannt, als meine Cölner Ausgabe von dem ftella clericorum. Ausgaben ohne Ort und Jahr trift man auch an in Hockeri biblioth. Heilsbron. p. 151. und in dem catalogo bibliothecæ Loefcherianæ P. II. p. 764. wie auch in der Buxheimer Bibliothek, und in der bibliotheca Telleriana, die Cölner aber, die ich befchrieben habe, in der Regensburger, nach dem Zeugnifs Hrn. *Gemeiners* in feinen Nachrichten von derfelben S. 280. Von allen

Alte, meistens unbekannte Ausgaben

diesen scheint diejenige unterschieden zu seyn, die Hr. *Suhl* in dem Verzeichniß der vor 1500 gedruckten auf der Bibliothek zu Lübek befindlichen Schriften S. 15. anführt: Stella clericorum & presbyterorum. Antwerp. in *aureo mortario*. 4.

Clericorum stella & manuale scholarium, 4. Daventr. 1490. Diese Ausgabe führet *Maittaire* im fünften Bande seiner Annalen, im alphabetischen Anhang an, wie auch die folgende, die ihm aus *Leichs Historie der Leipziger Buchdrukerey* S. 69. bekannt würde.

Stella clericorum &c. 4. Lipf. 1494. per Arnoldum de Colonia.

Stella cler. 1494. 8. wird angeführt in *A. S. Geßners Merkwürdigkeiten der Rotenburgischen Bibliothek*, und daraus werden die merkwürdigen Worte citirt: cum ergo tantae dignitatis sit sacerdos, quod creator sit sui creatoris &. totius creaturae, ipsum perdere vel damnare inconueniens est. M. s. *Beyschlags* syllogen variorum opusculorum Tom. I. Fascic. IV. p. 755. und eines ungenannten *Freundes der Wahrheit kurze Abfertigung der zu Augsburg edirten jesuitischen Widersprechung gegen den Beruf Lutheri, zur Vertaidigung M. Gottfried Loucers*, Augsburg 1702. in 4. pag. 21.

Endlich finde ich auch in den antiquis literarum monumentis, Autographis Lutheri aliorumque celebrium virorum ab anno 1517. vsque ad ann. 1546. Brunsvigae 1690. 8. so *Hermann von der Hardt* herausgegeben hat, in der Vorrede des ersten Bandes S. 31. Diese Ausgabe: Stella clericorum, cuilibet clerico summe necessaria. Sub cuius finem haec leguntur: Praelati temere credunt sibi cuncta licere &c. Lipsiae 1515. Diese Verse aber habe ich vorhin selbst angeführt.

Nachdem ich dieses alles schon geschrieben hatte: so kam mir noch eine kurze Nachricht von einer sonst ganz

ganz unbekannten Ausgabe in Hrn. Suhls Verzeichniſs, das ich vorhin angeführt habe, S. 66. unter das Geſicht: Stella clericorum, 4. — Jmpreſſum Dauentrie per me Jacobum de Breda. Anno dni M. CCCC. XCVIII. (1498.) XVII. menſis Januarii.

10.

Vita diui Antonii a Mapheo Vegio Laudenſi viro ſi quiſquam fuit etate noſtra eruditiſſimo tam vere quam eleganter conſcripta vna cum ſuauiſſimis quibusdam carminibus de ſancte Marie & beate Anne laudibus pulcherrimis.

Diſs iſt der Titul eines Gedichtes, das auf dem 22ſten Blatt alſo beſchloſſen wird: Sacrarum hiſtoriarum opus explicit Foeliciter Jmpreſſum Liptzic per Gregorium Werman & per magiſtrum Joannem Cubitenſem diligenter emendatum. Anno ſalutis dominice Milleſimo quadringenteſimo nonogeſimo ſecundo ſeptima die menſis aprilis.

Druck und Papier iſt rein und koſtbar. Auf den erſten zwey Seiten ſind die Anfangsbuchſtaben roth dazu geſchrieben. Darauf aber fehlen ſie bey allen Abſchnitten der vier Bücher dieſes Gedichtes. Es iſt eine der ſchönſten Schriften, die ich aus dieſem Jahrhundert geſehen habe. In keiner aber habe ſo wenig Unterſcheidungszeichen, als in dieſer angetroffen. Auf mancher Seite ſtehet kaum ein Punct. Das Format iſt Quart. Pagina und Cuſtos fehlen. Aber 8 Blätter ſind mit A, 8 mit B. und 6 mit C bezeichnet. Das Papiermacherszeichen iſt ein groſſer Ochſenkopf, der oben eine Stange mit einer kleinen Blume hat und alſo faſt unter den vom ſ. *Schwarz* bemerkten Zeichen der Num. 9. gleich ſiehet. Aber unten geht auch eine zweymal durchschnitne Stange heraus, an der ein Triangel hänget, dergleichen ich sonst nie gesehen habe.

Fabricius in der bibliotheca med. & infim. latin. führt keine Ausgabe dieses Gedichtes an, als die Antwerper. 1559. aus welcher es in die bibliothecam patrum gekommen ist. In J. A. Fabricii biblioth. Part. I. Sect. II. p. 105. aber stehet eine Ausgabe in 4. ohne Ort und Jahr. *Maittaire* nennet im alphabetischen Anhang des fünften Bandes eine: Dauentriae in platea episcopi 1490. vorher im Register selbst eine von 1492. die ich für die gegenwärtige halte. Im vierten Bande stehet sie S. 552. mit der Anmerkung: Bibl. Roth. p. 27. n. 246. Locus impressionis vocatur ibi Lyptrice. Num Lyptzic more eius aeui, i. e. Lipsiae? Auf meinem Exemplar heißt es deutlich: Liptzic. Diß dient also hier, den *Maittaire* zu verbessern, dem auch über dieses der Buchdrucker und der Corrector unbekannt sind, weil er das Buch nicht selbst gesehen hat.

Nun muß ich doch auch etwas von dem Inhalt sagen. Der *Antonius*, dessen Leben beschrieben wird, ist der Eremit, der im J. 356. in Gegenwart der h. Engel gestorben seyn soll. Sein Leben stehet im *ausführlichen heiligen Lexico, Cöln und Frankfurt* 1719. Unser Verfasser aber will nicht seine Thaten, Gaben und Tugenden beschreiben, sondern nur seine Reise zu dem Ereniiten *Paul von Theben*. Dieser wurde im 113ten Jahr seines Alters von dem *Antonius* heimgesucht. Unser Verfasser erzehlet, *Antonius* habe gemeynt, er sey der erste Eremit. Der Engel Gabriel aber habe ihm den Befehl gebracht, den *Paul von Theben* heimzusuchen. *Antonius* macht sich auf den Weg. Nun folgt das zweyte Buch. Das erzehlt die Hindernisse, die ihm der Teufel in den Weg gelegt hat, nachdem er das ganze höllische Heer aufgehetzt hatte. Er erschien ihm, wie der Centaurus und wie ein Satyr gestaltet, um ihn irr zu machen. Das

dritte Buch erzehlt, dafs er noch einige Tage in der
Wüfte gereifet und endlich zu einer Höle gekommen fey,
wo er ein Licht gefehen habe. Er ftiefs fich aber an
einen Stein, und machte ein folch Ceräufch, dafs *Paulus*
herauslief und feine Thüre zumachte. *Antonius* bath
heftig; die Thüre wurde ihm geöfnet. Dann erzehlen
beyde einander ihr Leben. Im vierten Buch bittet *Paulus*
Antonium, er folle heimgehen und den Mantel holen,
den ihm *Athanafius* gefchenkt habe. In diefen follte er
feinen Leib wickeln: denn er würde bald fterben. *Antonius* geht, indeffen holen die Engel *Pauli* Seele. *Antonius* fieht folches in der Luft, kehrt um und begräbt *Pauli*
Cörper. Zwey Löwen kommen und machen ihm das Grab.
Als eine Probe der Schreibart will ich gleich den Anfang
herfetzen, in welchem das Buch dem Pabft Eugen IV.
dedicirt wird. Er lautet alfo:

Eugeni ductor populi cuftosque fidelis
   Que legis hec noftri dona laboris habe
Sepius his feffam mentem mulcere licebit
   Sepius & curas his recreare tuas.
Non hic ficta leges veterum mendacia vatum
   Tu facer & facra dignus es hiftoria.
Hic Antoniadem titulum fi fcire libelli
   Cura fit. hic diuum perfequar acta patrum.
Digne pater qui iufticia cultuque fideque
   Et populis & diis principibusque places
Digne pater longis ne te nunc laudibus ornem
   Laus prior hec ingens fplendidiorque tua eft
Scilicet infeftis quod tandem euafit ab vndis
   Te duce clauigeri naufraga cymba dei
Qui faluatoris veftigia fancta fecutus
   Tot cafus nofti totque pericla pati..

Maphei Vegii laudenfis Antoniados liber primus incipit.
Non hic pegafides non ficta & inania mufe

Nomina. non prifco numen de more vocarim
Phebe tuum neque enim regum nunc triftia bella &c.

So gehet das Gedicht in lauter Hexametern fort. Nach dem Leben *Antonii* folget, wie auf dem Titel verfprochen ift: Salutatio virginis diue marie maphei vegii laudenfis.

Virgo decus noftrum. cujus fe credidit aluo
 Diuum ille eternus rex hominumque pater
Cuius ab humano fanctiffimus ille deorum
 Atque incorrupto fanguine natus homo eft.
Salue virgo falus hominum falue optima noftre
 Que fidei & noftre iura falutis habes. &c.

Darauf folget *Gregorii Tipherni* Hymnus ebenfalls auf die Jungfrau Maria, eben fo tröftlich, wie. der vorhergehende, aber wie mich dünkt, in fchlechtern Verfen. Die drey letzten derfelben mögen zur Probe genug feyn.

Nec fine te nauis currere noftra poteft.
Nam nifi pro folita tu nos pietate mifellos.
Foueris ad cuius confugiemus opem?

In diefen Gedichten findet fich der Punct viel häufiger, als im Leben *Antonii*, ja auch etliche mal ein Colon und bey dem letzten Vers ein Fragzeichen, das auch in dem folgenden etliche mal vorkommt. Das nun folgende Gedicht ift das längfte und beträgt über 13 Seiten. Man wird nicht mehr, als den Anfang zu lefen verlangen.

Rodolphi Agricole Anna mater incipit.
Anna parens fumme genitrix veneranda parentis
 Que pandis populis prima falutis iter
Atque paris matrem: cuius quem non capit orbis
 Ipfe libens fubiit vifcera cafta deus
Te cano. tu fancti pofco mihi carminis hauftus
 Ingere voce facra pectora noftra rigans
Aft mihi fi centum fint vno pectore mentes

Et totidem linguas tot moueamque fonos
Nulla tamen te digna queam preconia laudum
Dicere, nec meritis te ceciniſſe modis &c.

Auf der letzten Seite hat endlich auch *Johann Cubitenſis* noch einige Verſe beygefügt, darinnen er den kurzen Inhalt dieſes Buches erzehlet. Dann folgt die oben gemeldete Unterſchrift.

Die Verfaſſer dieſer Gedichte ſind zu bekannt, als dafs ich hier viel von ihnen ſagen ſollte, beſonders der erſte, Maph. *Vegius*. Er gehört unter die beſsten neuern Poëten und hat ſogar die Aeneis des Virgils fortgeſetzet, auch ſolches, wie *Fabricius* ſagt, haud abſurda vena gethan. Eine ganze Menge Scribenten, die von ihm handeln, führt *Freytag* an in adparatu literar. Tom. II. p. 1299. und in den analectis litterariis p. 1043: *Geſsner* erzehlet in ſeiner Bibliothek viele ſeiner Schriften, die gegenwärtige aber nennet er nicht. Alle zuſammen ſollen im 26ſten Bande der bibliothecae patrum Lugd. 1677. zu finden ſeyn, wie in Sluberi propylaeo hiſtor. ecclef. p. 269. erzehlt wird. *Gregor. Tiphernes* lebte ebenfalls im 15ten Jahrhundert, und ſoll einen Theil Strabonis überſetzt haben, wie auch nach *Geſsners* Anzeige der Verfaſſer noch mehrerer Gedichte ſeyn, davon einige auch im *Maittaire* vorkommen.

Zu gleicher Zeit lebte auch *Rud. Agricola*. Maittaire führt ein Buch von ihm an, das 1471. gedruckt ſeyn ſoll, läugnet aber deſſen Daſeyn, weil *Agricola* erſt 1485. gebohren ſeyn ſoll. Allein er irrt ſich und macht das Todesjahr zum Gebürtsjahr. *Agricola* war ungefehr im Jahre 1442. gebohren und ſtarb im J. 1485. M. ſ. Fabricii bibliothec. med. & inf. latin. im letzten Bande. Man muſs ihn nicht mit einem jüngern *Rudolph Agricola* verwechſeln, von dem unter andern ein Brief an Joach. Vadianum 1515. 4. und eine congratulatio ad Sigismun-

102 Alte., meiſtens unbekannte Ausgaben

dum de Eberſteyn Cracov. 1518. bekannt iſt. Jener ſteht auch im *Maittaire* angeführt, dieſe aber nicht.

Ehe ich ſchlieſſe, muſs ich noch einen lächerlichen Fehler in *Freytags* analectis litterariis p. 1043. verbeſſern. Er erzählt, *Vegius* ſey Datarius bey dem Pabſt *Eugen* IV. (der von 1431-1447. regiert hat) geweſen, und ſey 1557. geſtorben, oder wie andre ſagen 1558. oder 1559. Wie alt müſste *Vegius* worden ſeyn? Gut iſt, daſs er bey den zwey letzten Jahrzahlen hinzuſetzet: anno pontificatus Pii II. primo. Denn da dieſer im J. 1458. zur Regierung kam, ſo ſiehet man daraus, daſs *Freytag* drey falſche Jahrzahlen angibt, anſtatt: 1457. 1458. 1459.

Sebaſtian Brants Narrenſchiff 1506.

So weitläuftige Nachricht ich von dieſem merkwürdigen, und bey ſeinen häufigen Ausgaben doch jezt ſeltnen Buch geben könnte: ſo werde ich doch nur wenig davon ſagen, und nur eine einige wichtige Anmerkung darüber machen; wenn ich vorher einige ziemlich unbekannte Ausgaben genennet habe. Auſſer vielen andern findet man Nachrichten von dieſem Buch in *Wellers* Altem aus allen Theilen der Geſchichte B. I. S. 235. und von den meiſten Ausgaben deſſelben in *Clements* bibliotheque curieuſe Tom. V. p. 189. u. f. Die Nachricht des letztern hat Hr. *Gemeiner* in ſeinen Nachrichten von den in der Regensburgiſchen Stadtbibliothek befindlichen ſeltnen Büchern S. 236. und 253. in einigen Stücken berichtiget und uns mit ein paar unbekannten deutſchen Ausgaben, Baſel 1495. und Frankfurt 1625. bekannt gemacht, auch das Daſeyn einer lateiniſchen Ausgabe Baſil. 1497. Kal. Mart. in Octav gegen *Clement* bewieſen. Sie befindet ſich auch in der Kirchenbibliothek zu Neuſtadt an der Aiſch, und Hr. *Schnitzer* hat in ſeiner vierten Anzeige von dort vorhandnen Büchern des fünfzehnten Jahrhunderts S. 36. die zuletzt befindliche Unterschrift geliefert, wo hingegen Hr. *Gemeiken* den Anfang mittheilte. (Dieser zählet 148 Blätter, jener nur 145.) Höchstwahrscheinlich ist diese Ausgabe Kal. Mart. die allererste, und schon Kal. Aprilis eben des Jahres 1497. druckte sie Johann Schönsperger zu Augsburg auch in 8. : Man sehe von dieser dem Clement ebenfalls unbekannten Ausgabe Hrn. *Zapfs* Buchdruckergeschichte Augsburgs nebst den Jahrbüchern derselben Th. I. S. 122. Ihr Titel und ihre Unterschrift steht auch im zweyten Theil des Verzeichnisses der Schwarzischen Bibliothek zu Altorf S. 243. Von deutschen Ausgaben kennet Clement auch folgende nicht: Strasburg 1494. 4. Reutlingen 1494. 4. Nürnberg 1494. bey Peter Wagner in 8. welche in der Solgerischen Bibliothek B. III. S. 344. anzutreffen ist, und Augsb. bey J. Schönsperger 1498. von welcher das litterarische Museum B. II. S. 273. nachzusehen ist. Doch! genug hievon.

Wer das Glück hätte, mehrere Ausgaben mit einander zu vergleichen, der würde ohne Zweifel entdecken, dafs nicht alle Ausgaben mit einander ganz harmoniren, und dafs Veränderungen, Vermehrungen, Verkürzungen, u. s. w. damit vorgegangen sind. *Clement* hat eine Probe davon gegeben und eine nachdrückliche Stelle, in der gegen die Mifsbräuche der damaligen Zeiten geeifert wird, aus der Strafsburger Ausgabe 1545. S. 191. abdrucken lassen, und eben dieselbe S. 194. aus *Jacob Löchers* lateinischer Uebersetzung, Basel 1497. in 4. geliefert, wo sie im Anfang sehr frey verändert und zuletzt abgekürzt ist. Er äussert dabey S. 192. den Wunsch, zu erfahren, ob sich diese Stelle von Wort zu Wort eben so in den vor den Zeiten der Reformation erschienenen Ausgaben finde. Ob dieser Wunsch erfüllt worden ist, ist mir unbekannt: ich erfülle ihn jetzt ziemlich spät. Aus der Vergleichung der Ausgabe 1545. mit meinem Exemplar 1506. sehe ich, dafs in jenem Exemplar 14 Zeilen hineingeflickt sind, welche in diefem fehlen, und alfo nicht *Seb...Brant* für ihren Urheber erkennen. Der Anfang aber lautet ganz gleich, Veränderungen in der Orthographie ausgenommen, und im ältern Exemplar vor der Reformation eben fo frey, wie in dem fpätern. Zum Vergnügen der Lefer will ich ihn herfetzen: Es ift der 62fte Narr fol. 77. b.

Ich vorcht mir ging an narren ab
Vnd hon durchfucht den Bättel ftab
Kleyn wifsheyt ich do funden hab.

  Von bettlern.

Der bättel hat auch narren vil
All welt die riecht fich yetz vff gyl
Und will mit bättlen neren fich
Pfaffen, münfchs örden fint vaft rich
Und klagen fich, als werent fie arm
Hü bättel, das es gott erbarm
Du bift zu notturfft vff erdocht
Und haft grofs huffen zamen brocht
Noch fchrygt der prior trag her plus
Dem fack dem ift der Boden vfs
Desglichen dunt die Heylchtum fürer,
Styrnenftoffer, ftationyerer
Die nyemant keyn kirchwih verligen
Uff der fie nit öfflich vfsfchryen
Wie das fie füren jn dem fack
Das Hew, das tieff vergraben lagk
Under der krippf zu Bettleheyn
Das fy von Balams efel beyn
Eyn fäder von fant Michels flügel
Ouch von fant jörgen rofs eyn zügel

Darauf folgt nun in der Ausgabe 1545 etwas, das hier noch nicht ftehet: *von aller Heiligen Zahn*, *vons hei-*

kleiner Schriften, alle in Quart.

ligen Geiſtes Neſt, von S. Thoma, von Sanct Luxen
ein Horn, u. ſ. w. und dann heiſst es:

 Vnd thun balt nach her bringen
 Die Bundtſchuh von Sanct Claren.

In der Ausgabe 1506. aber heiſst es:

 Oder die buntſchuh von Sant Claren.

Brant redet ſonſt auch öfter ziemlich frey und ich finde davon hin und wieder Proben in meinem Exemplar, von denen ich aber nicht ſagen kann, wie ſie in ältern oder neuern lauten. Z. Ex. im 72ten Narren vom Geiſtlich werden, heiſst es unter andern:

 Des fyndt man yetz vil iunger pfaffen
 Die als vil künnen als die affen
 Und nement doch ſelſorg vff ſich
 Do man kum eym vertrüwt eyn vich
 Wiſsen als vil von kirchen regyeren
 Als mülers eſel kan quintyeren - -
 Aber yetz wänent die iungen laffen
 Wann ſie alleyn ouch weren pfaffen
 So hett jr yeder was er wollt - - -
 Keyn armer vych vff erden iſt
 Dann prieſterſchafft, den narung gebriſt
 Sie hant ſunſt abzug überal
 Biſchoff, Vicary, vnd Fiſcal
 Den Lähenherrn, ſyn eygen fründ
 Die Kellerin, und kleyne kynd
 Die geben jm erſt rechte büff
 Das er kum inn das narren ſchyff - -
 Solch kloſterkatzen ſynt gar geyl
 Das ſchafft man byndt ſie nit an ſeyl,
 Doch lychter wer keyn orden han
 Dann nit recht dun, eym ordens man.

Aehnliche Stellen liessen sich leicht anführen: aber ich unterlasse es, da ich kein andres Exemplar habe, um es mit dem meinigen vergleichen zu können. Also nur noch ein paar Wort von diesem. Den Titel will ich nicht hersetzen, weil man ihn schon im *Hirsch* und *Clement* findet. Die Ausgabe hat 164 gezählte Blätter und 111 Narren, die zuletzt in einem Register angezeigt sind. Steht wol nicht auch in einer Ausgabe mehr, als in der andern? Schottel redet nur von 104 Capiteln. (Auch aus dem Clement scheint es schon, dafs eine Ausgabe vormehrter ist, als die andre.) Unter dem Schlufs des 111ten Narren steht schon die Jahrzahl 1506. Nüt on *vrsach.* Z. B. Denn folgt noch der 111te nar *i der wyfsman*, und zuletzt noch vor dem Register die Unterschrift, die ich desswegen ganz hersetze, weil sie weder *Clement*, noch andre angeführt haben: „ Hie endet sich das Narrenschiff, So zu nutz heylsamer ler, ermanung, vnnd erfolgung, der wyfsheyt, vernunfft, vnd gutter sytten, Ouch zu verachtung, vnd straff der narrheyt, blindheyt Irrsaal vnd dorheyt, aller stäbt, vnnd geschlecht der menschen, mit besundern flifs, müg, vnd arbeyt, gesamlet ist, durch Sebastianum Brant In beiden rechten Doctorem, Gedruckt zu Basel yff die Vasenacht, die man der narren kyrchwych nennet, Im jor noch Christi geburt tusent funffhundert vnd sechs Jor. „ Darunter steht des *Jo. Bergman de Olpe* Buchdruckerzeichen mit seinem Namen, seinem Motto: nihil sine causa und der Jahrzahl 1497; durch welche man sich nicht verführen lassen mufs, das Buch für älter zu halten, als es würklich ist. Ein Fehler, der vielleicht schon öfter geschehen seyn mag!

Nachdem ich diese Nachricht fertig hatte: so fand ich unvermuthet in des Hrn. *von Heinecken* neuen Nachrichten von Künstlern und Kunstsachen, I. Theil S. 124. dafs er von diesem Buch in der Recension der Notizie historiche degl' intagliatori des Gandelini, welche in dem

XVII. Band der neuen Bibliothek der fchönen Wiffenfchaften S. 244. ftehet, ausführlich gehandelt habe. Ob ich nun gleich diefe Recenfion nicht gefehen habe, fo kann ich doch ficher vermuthen, dafs Hr. von H. einen ganz andern Weg wird gegangen feyn, als ich, und dafs alfo meine Nachricht neben der feinigen gar wohl wird beftehen können. Und eben diefes werde ich ohne Zweifel auch von drey andern erft neuerlich erfchienenen Nachrichten von Brant und feinem Narrenfchiff behaupten dürfen. *Meifter*, *Flögel*, und *Schmid* find die Namen, die ich hier nennen mufs. Hr. *Leonhard Meifter* hat im erften Theil feiner Charakteriftik deutfcher Dichter im J. 1785. auch Brants Bildnifs und Charakter geliefert, aber nach Gewohnheit wenig unbekanntes, und zugleich manches unrichtige. Vollftändigere Nachricht von ihm und feinem Narrenfchiff gibt Hr. *Flögel* im dritten Band der Komifchen Litteratur. Doch fcheinen auch hier einige Kleinigkeiten Berichtigung zu bedürfen, womit ich mich aber gegenwärtig nicht aufhalten kann. (Vergl. die allgemeine Litteraturzeitung 1787. Januar. S. 58.) Nur das einige will ich anmerken, dafs ich die vorgegebne lateinifche Ausgabe 1488. für einen Druckfehler anftatt 1498 halte. Endlich fteht auch Brant an der Spitze der Dichter, welche Hr. *C. H. Schmid* in feinem Nekrolog, oder Nachrichten von dem Leben und den Schriften der vornehmften verftorbnen deutfchen Dichter aufgeftellt hat, welche ich aber nur aus Hrn. Meufels litterarifchen Annalen der Gefchichtkunde 1786. S. 271. kenne.

108 Alte, meiſtens unbekannte Ausgaben

Introductio vtiliſſima, hebraice diſcere cupientibus: cum latiori emendatione Joannis Boeſchenſtain, Oratio dominica Angelica ſalutatio Salue regina, Hebraice. Matthaeo Adriano Equite aurato interprete. (1520) 4.

Der Titul dieſer ſehr ſeltnen nur aus ſechs unpaginirten Blättern beſtehenden Schrift ſteht in einer Einfaſſung von einem Holzſchnitt. Der berühmte Buchdrucker, Johann Froben, ſagt in der kurzen Vorrede: nunc hebraicarum litterarum ſtudioſis breuem illam introductiunculam, quam Aldus olim Venetiis edidit, typis noſtris excuſam exhibemus. In qua tamen noſtram diligentiam liceat deprehendere. Siquidem punctorum nomina quae vocalium vice ſunt Hebraeis caſtiganda curauimus. Praeterea dominicam orationem & ſalutationem angelicam & alteram Euae filiorum ad Mariam, a Matthaeo Adriano pridem Hebraiſmo donatas, addidimus. quem virum gaudemus Louanii in Buslidianam ſcholam nuper adſcitum, vt hebraice doceat. — — Apud inclytam Germaniae Baſileam Idibus Martiis Anno MDXVIII. Hieraus erhellet nicht nur die Einrichtung und der Inhalt dieſes hebräiſchen A B C und Leſebuchs, das eine Grammatic ſeyn ſoll, ſondern auch einige andre Umſtände, z. Ex. daſs es vorher *Aldus* zu Venedig gedruckt hat. Davon wird ſchwerlich noch ein Exemplar anzutreffen ſeyn. Die ſtärkſten Sammlungen Aldiniſcher Ausgaben waren ehemals in der Schwarziſchen Bibliothek zu Altorf, und in der Schelhorniſchen zu Memmingen. Aber in beyden habe ich dieſen einzelnen Bogen nicht angetroffen: denn ſtärker kann Aldi Ausgabe nicht geweſen ſeyn, indem die Frobeniſche Ausgabe mit vielen Zuſätzen nur ſechs Blätter beträgt. Auch finde ich dieſelbe nicht in dem catalogo librorum, qui in officina Aldi Manutii plerique omnes intra annum Domini 1534. Venetiis excuſi ſunt, welcher in dem dritten Band der Maittairiſchen Annalen S. 240. u. f. zu leſen iſt. So läſst ſich auch aus dem Jahr 1518. das unter der Vorrede ſtehet, ſchlieſſen, daſs es ſicher eine *Basler* Ausgabe von dieſem Jahr geben muſs, wovon die gegenwärtige nur ein Augsburger Nachdruck iſt. Aber aller angewandten Mühe ungeachtet habe ich auch davon kein Exemplar entdecken können. Ich will deſswegen den ganzen Inhalt dieſer Augsburger Ausgabe kurz anzeigen. Pag. 3. enthält: alphabetum hebraicum: aleph &c. finales, palatinae, &c. Figur und Ausſprache, pag. 4. Raphe. Dagges. Characteres vocalium. Diphtongi. Combinationes vocalium cum conſonantibus. Kamez cum conſonantibus: a, ba, ga, da, &c. und ſo wird pag. 5. 6. 7. fortbuchſtabirt. So weit mag die Aldiniſche Ausgabe gehen. Aber hier folgt nun hebräiſch und lateiniſch pag. 8. oratio dominica, M. Adriano equite aurato interprete, pag. 9. oratio ad ſanctiſſimam Mariam M. Adriano interprete, Aue Maria &c. Salutatio ad S. Mariam, M. Adriano interprete. Salue regina, mater miſericordiae, bis p. 11. wo noch titulus hebraice, graece & latine in cruce Domini, und zuletzt darunter ſtehet: Auguſtae Vindelicorum in officina Sigismundi Grimm, Medici ac Marci Vuirſung An. MDXX.

Die beyden Verfaſſer dieſer Schrift, *Johann Boeſchenſtein* und *Matthäus Adrianus*, verdienen es, daſs ich etwas weniges von ihnen ſage. Kann man ihnen ſchon unter den damaligen Reſtauratoren der hebräiſchen Sprache keinen ſo hohen Rang anweiſen, als einem *Reuchlin*, *Paulus Fagius*, *Elias Levita*, u. ſ. w. ſo ſind ſie doch eines geringern würdig. Von dem erſtern, dem *Johann Boeſchenſtein*, trifft man zwar in Abſicht auf ſein Leben und ſeine Schriften hin und wieder zerſtreute Nachrichten an, aber nirgends etwas Ganzes. Der Kürze wegen will ich mich blofs auf den Clement beziehen, der in feiner bekannten Bibliotheque Tom. IV. p. 421. einige Bücher von ihm befchreibt und einige Gelehrte nennet, die von ihm und feinen Büchern geredet haben, und einige Zufätze dazu machen. Er beruft fich auf *Schwindel*, *Bruker*, *Freytag*, *Wolf*, die unfchuldigen Nachrichten 1719, *Salig*, *Le Long*, *Beomann*, *von Seelen*, *Baumgarten*, *Srepilius*. Er gedenkt auch S. 423. des *Maittaire*, welches ich defswegen anführe, weil im fünften Band, oder dem Regifter der Name *Büfchenflein* nicht fteht, obgleich im zweyten S. 618. ein Buch von ihm vorkommt. Sonft aber leidet feine Nachricht viele Zufätze. Vom Joecherifchen Gelehrten Lexico und der bibliotheca Gefnero-Simlero-Frifiana will ich nichts fagen. Aber in Abficht auf Böfchenfteins Leben ift das *Willifche* Nürnbergifche Gelehrten-Lexicon nicht zu vergeffen, fo wie es auch die meiften feiner Schriften anzeigt, von denen man auch viele in den bekannten Hirfchifchen Millenarien findet. Die Nachricht von denfelben macht Hr. *Hummel* vollftändiger in feiner neuen Bibliothek von feltnen Büchern, wo er S. 421. noch vier vom Hrn. *Will* übergangne Schriften deffelben anführt, welchen im litterarifchen Mufeo B. II. S. 328. noch zwey, auch Hrn. *Hummel* unbekannte, beygefügt werden. So findet fich nirgends eine ganz vollftändige Anzeige von feinen Büchern, und noch weniger von ihren Ausgaben, und wer Luft hätte, Nachrichten von denfelben zu fammlen, dem mufs ich auch noch folgende Schriften empfehlen. Seine Klage Jeremiä hat der f. *Shelhorn* im zweyten Band feiner Ergötzlichkeiten aus der Kirchenhiftorie und Litteratur S. 615. als ein äufferft feltnes Buch recenfirt. Seine deutfche Ueberfetzung des Büchleins Ruth 1525. hat der f. *Riederer* im zweyten Band feiner Nachrichten zur Kirchen-Gelehrten- und Bücher-Gefchichte S. 373. befchrieben. Von feiner lateinifchen und deutfchen Ueberfetzung der Bufspfalmen 1520. gibt der berühmte Herr: *Panzer* in feiner vortreflichen Befchreibung der älteften Augsburgifchen Ausgaben der Bibel S. 56. und von feinem gedeutfchten Gebet Salomonis, das *Cafpar Ammanns*, defsen Lehrmeifter im hebräifchen er gewefen war, gedeutfchtem Pfalter beygefügt ift, 1523. S. 64. gute Nachricht. *Lambacher* in bibliotheca Vindobonenfi ciuica führt S. 69. eine unbekannte Ausgabe von M. Kimchi rudimentis hebraicis an, die er 1520. zu Augsburg herausgegeben hat u. S. 72. eine Wittenberger Ausgabe von feinen inftitutionibus grammaticae hebraicae 1518. S. 70. aber befchreibet er. *Johann Reuchlins* hebräifche Grammatik 1506. wozu *Böfchenftein* im Jahr 1513. Anmerkungen an den Rand gefchrieben hat. Merkwürdig ift diefes Exemplar auch defswegen, weil zuletzt ein hebräifcher Brief *Reuchlins* an *Böfchenftein* vom Jahr 1515. angehängt ift, den *Lambacher* noch für ungedruckt hält. Von feinem Leben, befonders von feinem Aufenthalt zu Wittenberg, fuchte ich in *Tenzels* Bericht vom Anfang und Fortgang der Reformation Nachricht, weil dafelbft S. 343. ftehet, er habe die Wittenbergifche Profeffion erhalten, und es werde in dem Erfolg diefer Hiftorie mehr von ihm zu reden feyn: allein ich habe nichts weiter von ihm gefunden. Am wenigften bin ich mit der Nachricht zufrieden, welche der fel. *Hörner* in feinen Nachrichten von Liederdichtern des Augsburgifchen Gefangbuches S. 65. von ihm gegeben hat. Ich will zwar feine Aufführung, die von einigen fehr getadelt wird, nicht vertheidigen, indeffen aber kan ich doch nach Vergleichung aller Umftände eben fo wenig glauben, dafs er ein gebohrner Jude gewefen ift, als dafs er in feinem Alter wieder zum Judenthum abgefallen feyn foll, und dafs er bald felbft nicht gewufst haben foll, ob er Jude oder Chrift fey. Für eben fo unficher halte ich auch den Schlufs, den *Baumgarten* in feinen Nachrichten von merkw. Büchern, B. III. S. 118. aus einem in seinen spätern Jahren zu Cöln gedruckten Buche gemacht hat, daſs er zuletzt wieder katholiſch worden ſey. Zu welcher chriſtlichen Parthey er ſich eigentlich gehalten habe, das möchte freylich bey ihm, wie bey manchem andern zu der damaligen Zeit, nicht ſo leicht zu entſcheiden ſeyn. Denn z. E. 1505. war er Profeſſor der hebräiſchen Sprache zu Ingolſtadt, wie man aus den annalibus Ingolſtadienſis academiæ Val. Rotmar. & Jo. Engerd, edit. J. N. Mederer P. I. 1782. ſiehet. Andere Geſinnungen muſste er freylich haben, da et Profeſſor zu Wittenberg war, andre, da er darauf zu Baſel und an andern Orten im Hebräiſchen Unterricht gab, und vielleicht wieder andre, da er um das Jahr 1530, wie *Bruker* in ſeinen miſcellaneis hiſt. litter. philoſ. crit. p. 359. zeiget, auf dem Egydier Gymnaſio zu Nürnberg das hebräiſche lehrte. Zu Wittenberg lehrte er im Jahr 1518, ſoll aber ſchon 1519. wieder von da weggegangen ſeyn. Faſt könnte man ſich durch eine Nachricht *Kapps* in ſeiner Nachleſe einiger Reformationsurkunden Th. II. S. 549. verführen laſſen zu glauben, er ſey noch 1522. Lector der hebräiſchen Sprache zu Wittenberg geweſen, da er ihn den *damaligen* Lector nennet. Allein aus dem Briefe Heinrichs von Zütphen an Jacob Spreng nach Antorf 1522, bey welchem *Kapp* dieſe Anmerkung macht, ſieht man deutlich, daſs er damals Lector zu Antorf geweſen ſeyn muſs. Ehre genug iſt es indeſſen für ihn, daſs ihn Luther, Melanchthon, Johann Eck und Zwingli, (woran man doch zweifeln will,) ihren Præceptor nennen.

Matthäus Adrian, von dem *Bſocchenſtein* einiges zu ſeinem Buche, das ich hier beſchreibe, entlehnt hat, iſt nicht ſo bekannt, hat aber doch auch Verdienſte um die Wiederherſtellung der hebräiſchen Sprache. Was *Beyſchlag* im Leben Brentii S. 331. &c. und *Schlegel* im Leben Aquilä S. 91. von ihm ſagt, das iſt wenig. Die beſte Nachricht hat der ſ. *Riederer* von ihm gegeben

im

im dritten Band feiner Nachrichten S. 75. u. f. und zugleich eine fehr feltne Rede deffelben zum Lobe der Sprachen, Wittenberg 1520. wieder abdruken laffen. Ich merke blofs von ihm an, dafs er das Hebräifche 1513. zu Heidelberg, 1517. zu Löwen und als Boefchenfteins Nachfolger zu Wittenberg 1520. ein Jahr lang gelehrt und berühmte Männer zu Schülern gehabt hat. Im Jahr 1513. kam zu Tübingen von ihm heraus: Libellus horam faciendi pro domino fcilicet filio virginis Mariae, cuius myfterium in prologo legenti patebit. Der Inhalt ift das Vater unfer und der Lobgefang Mariä, das Apoftolifche Symbolum und andre Gebete zur Ehre Mariä, hebräifch und lateinifch. Diefes ift das Buch, daraus Boefchenftein einige Stücke entlehnt hat, wovon man des Hrn. *Mafch* neue Ausgabe der Le Longifchen bibliotheca facra, partis II. volumen I. S. 16. nachfehen kann. Diefer führt gleich darauf von Böfchenfteins Buch vier Ausgaben an: 1. Contenta in hoc libello nuper a Jo. Boefchenftein Eslingenfi edito: elementale introductorium in hebraeas litteras &c. Aug. Vindel. 1514. 4to. ; 2. Introductio vtiliffima hebraice difcere cupientibus, Aug. Vind. 1520. 4. 3: Introd. vtiliff. Bafil. 1520. 8. 4. Introd. vtiliff. Colon. 1539. 8. Die andre Ausgabe ift es, die ich oben befchrieben habe. Dazu kommen noch auffer der fchon oben von mir gemeldeten Venediger Ausgabe in der Aldifchen Officin, der Basler 1518. bey Froben, und der Wittenberger 1518, die ich aus dem *Lambacher* angeführt habe, und die nach *Clements* Zeugnifs vier Bogen beträgt, eine Cölner 1521. 4. deren *Maittaire* und *Clement* gedenket. Der letzte behauptet, die Augsburger Ausgabe 1520 komme mit der von 1514. überein, und die Cölner 1521. mit der Wittenberger 1518. Das erfte ift mir unbegreiflich. Denn der Inhalt, den *Clement* S. 422. von der Augsburger Ausgabe 1514. nach dem Titul angibt, ftimmt mit dem von mir oben angezeigten Inhalt der Ausgabe 1520 nicht ganz überein. Ohne alle Ausgaben unter das Geſicht zu bringen, welches ſchwerlich jemand erleben wird, läſst ſich alſo der Unterſchied der Ausgaben, die bald mehr, bald weniger enthalten, nie ſicher beſtimmen. Mir ſollte es lieb ſeyn, wenn ich andern würde Gelegenheit gegeben haben, meine Nachricht mit Zuſätzen zu bereichern, oder auch, wenn ich gefehlt haben ſollte, zu berichtigen. Wenigſtens hoffe ich, einiges unbekannte geſagt zu haben.

Coſmographicus liber Petri Apiani Mathematici ſtudioſe collectus. Zuletzt ſteht: Excuſum Landshutae Typis ac formulis D. Joannis Weyſſenburgers: impenſis Petri Apiani. Anno Chriſti Saluatoris omnium Milleſimo, quingenteſimo, viceſimpquarto, Menſe Janu: Phebo Saturni domicilium poſſidente. Und nach einem Appendix von drey Blættern: Libri de Geographicis principiis Finis. Perfecto trinoque Deo laudes ingentes. Anno humanae ſalutis 1524. 4.

Dieſes iſt die erſte höchſtſeltne Ausgabe von *Apians* Coſmographie, die in dem Jahrhundert ihrer Erſcheinung ſehr oft aufgelegt worden iſt. Und doch ſind faſt alle Ausgaben ſelten und einige ſehr ſelten. Ein Supplement zu *Clements* Nachricht *) iſt hier mein Vorhaben, ſonſt nichts. Wer mehr davon wiſſen will, den verweiſe ich auf *Widekind*, *Baumgarten*, *Gerdes* u. ſ. w. Melchior Adami erzählt, er habe dem Kaiſer Karl V., den er in der Aſtronomie unterrichtet hatte, die Coſmographie de-

---

*) Bibliotheque curieuſe hiſtorique & critique. Tom. I. p. 403 -- 405.

dicirt; wofür er eine anfehnliche Belohnung bekommen habe. Diefes, fagt Clement, mache dem Kaifer, wie dem Verfaffer Ehre, aber er wiffe nicht, ob es wahr fey. Denn er hatte zwey Ausgaben, *Antwerpen* 1540. und 1564. vor fich, welche eine Dedication an den Erzbifchof Matthäus von Salzburg enthielten. Er gedenkt fodann auch zweyer andern 1529. und 1584. die eben fo befchaffen find, und überläfst andern, die Sache aufzuklären, die ganz allein auf dem Zeugnifs des *Adami* beruhet. Ich glaube, dafs es blofse Erdichtung oder wenigftens Mifsverftand ift. Denn auffer der Ausgabe 1540. habe ich noch eine Antwerper 1553. und die erfte 1524. und alle haben die nämliche Dedication an den Erzbifchof, unterfchrieben: ex fœlici Landifuta. Anno falutifere incarnationis Millefimo Quingentefimo vicefimoquarto: feptimo Kalendas Februarias. Da die erfte und die letzte nebft allen andern, die ich gefehen habe, einerley Zufchrift haben; fo hat er gewifs keine von allen dem Kaifer dedicirt. Er mag fein Lehrmeifter gewefen feyn, ohne ihm ein Buch zu dediciren; oder ift es gefchehen, fo mag es ein anders feyn. Wenn ich Liebhaber von Muthmaffungen wäre: fo würde ich auf fein Aftronomicum Cæfareum, factum Ingolftadii anno 1540., rathen. Wäre dem unfichern, Jœcherifchen gelehrten Lexico zu trauen: fo wäre meine Vermuthung gegründet. Denn da heifst es, er habe diefes aftronomicum dem Kaifer dedicirt, der ihn dafür in den Adelftand erhoben, ihm auch nebft den Unkoften 3000. Ducaten gefchenkt habe. Wer diefes feltne Buch hat, mag entfcheiden. Ich kenne noch verfchiedne Dedicationen von ihm: aber keine an den Kaifer. Ueberhaupt mufs ich fagen, dafs ich nirgends ein vollftändiges Verzeichnifs feiner Bücher angetroffen habe. (Das Jœcherifche ift fehr mager.) Die Cofmographie mufs zu den damahligen Zeiten am brauchbarften gewefen feyn, und ift fehr oft gedruckt. Dem

Alte, meiſtens unbekannte Ausgaben

Clement waren nur ſechs Ausgaben bekannt. Ich will daher ein ganz kurzes Verzeichniſs von denen geben, die ich habe kennen lernen, das ich aber gar nicht für vollſtändig ausgebe, ungeachtet es zahlreich genug iſt. Bey allen iſt das Format Quart.

Die erſte Ausgabe, *Landshut* 1524. Den Titel habe ich oben hergeſetzt. Merkwürdig iſt, daſs das lezte Wort der Zuſchrift Januarias war: es iſt aber ein kleines Zettelein mit dem Wort Februarias darüber geleimt. Und eben ſo leſen auch die folgenden Ausgaben.

2. Zu Antwerpen 1529. Dieſe Ausgabe hat Gemma Friſius ausgebeſſert und beſorgt und ſoviel ich weiſs, auch alle folgende. Man ſehe ihre ganze Auffchrift im Clement. Die ſpätern Ausgaben haben von ihm immer einige Veränderungen und Vermehrungen, womit ich mich aber nicht aufhalten kann.

3. 1530. durch eben denſelben herausgegeben.

4. P. Ap. coſmogr. liber jam denuo integritati reſtitutus per Gemmam Phryſium: & eiusdem G. Phryſii libellus de locorum deſcribendorum ratione. Jo. Grapheus typis cudebat. Antu. 1533. menſe Februario. Veneunt in pingui gallina per Arnoldum Birckman. Ich habe den ganzen Titel aus dem Maittaire hergeſetzt, damit man ſiehet, daſs ſchon dieſe Ausgabe Zuſätze von dem Gemma Friſius hat.

5. Zu Antwerpen 1539.

6. Væneunt Antuerpiæ in pingui gallina Arnoldo Berckmanno 1540. Der ganze Titel ſteht im Clement. Hier muſs ich den Inhalt herſetzen, der auf der andern Seite des Titelblatts ſtehet: P. Ap. liber coſmogr: de principiis Aſtrologiæ & Coſmogr. Eiusdem partitis deſcriptio quatuor partium terræ, videlicet Eur. Aſ. Afr. & Amer. Cui adjecta eſt deſcriptio regionis Peru nuper inuentæ. Ei. de horarum noctis obſervatione. Gemmæ Phr. de locorum deſcribendorum

ratione, deque diftantiis eorum inueniendis. Ei. Gemmæ Phr. de vfu annuli Aftronomici. In multis locis ab ipfo Gem. recenter aucti. Daraus kann man auf die Befchaffenheit der folgenden Ausgaben fchlieffen. Clement fagt, diefes fey wenigftens die *dritte* Ausgabe: aber ich mufs fagen: wenigltens die *fechfte*.

7. Zu Nürnberg 1541.
8. Zu Antwerpen 1545.
9. Ebendafelbft 1550.
10. Parifiis væneunt apud Viuantium Gaultherot 1551. Zuletzt aber fteht: impreffum expenfis Viu. Gaultherot 1553. Diefes ift die andre Ausgabe, die Maittairo kennet: denn fonft kennt er keine. Clement führt fie an, hat fie aber nicht gefehen.

11. Cofmographia P. Ap. per Gemmam Fr. apud Louan. medicum & Mathematicum infignem, jam demum ab omnibus vindicata mendis ac non nullis quoque locis aucta. Additis eiusdem argumenti libellis ipfius G. Fr. (enthält, was die Ausgabe 1540. enthielt,) MDLIII. Veneunt Antuerpiæ Gregorio Bontio fub Scuto Bafilienfi, Latine, Hifpanice, Gallice & Teutonice, Reip. commodo feorfum impreff. *Widekind* erklärt diefe Ausgabe für felten und hat wohl Recht. Wenigftens hab ich kein Exemplar angetroffen, als mein eignes. Aber die letzten Worte des Titels find fehr merkwürdig und geben mir Gelegenheit, gleich von den Ueberfetzungen zu reden. Clement kennt nur eine Ausgabe der fpanifchen Ueberfetzung 1575. aber hier wird fchon 1553. eine genennet. Von der franzöfifchen ift eine Ausgabe 1544. bekannt. Eine deutfche kennt niemand, fo viel ich weifs, und doch war fie 1553. vorhanden. Aufferdem gibt es noch eine italienifche, Antwerpen 1575. eine holländifche, Antwerpen 1592. und Amfterdam 1598. Auffer diefen

118 Alte, meiftens unbekannte Ausgaben

fieben Ausgaben von Ueberfetzungen gibt es vermuthlich noch mehrere, die ich nicht kenne.
12. 1564. zu Antwerpen. Den ganzen Titul liefert Clement.
13. Zu Cöln 1574.
14. Zu Antwerpen 1574.
15. Eben dafelbft 1584. Clement nennet diefe Ausgabe la plus ample & la plus confiderable. Denn es follen noch verfchiedne Schriften andrer Verfaffer auffer dem Gemma Fr. dabey feyn: er hat fie aber nicht genennet.

Das wären alfo, ohne die Ueberfetzungen, in Zeit von 60 Jahren 15 Ausgaben wenigftens. Allerdings viel, und ein Beweis des Beyfalls, den *Apian* fand! Seine übrigen Bücher find meiftens nur einmal, oder doch nicht viel öfter gedruckt. z. Ex. von feinen feltnen, fchönen, und jezt noch brauchbaren Infcriptionen haben wir nur die einige Ausgabe, Ingolftadt, 1534. Auf mein Exemplar hat er felbft gefchrieben: Dno Erafmo Primbs Apianus dono dedit. Es find zwey kleine andre Schriften von ihm daran gebunden, die gewifs eben fo felten find und Clements Anzeige verdient hätten, wenn er fie gekannt hätte. Da Joecher ähnliche, aber falfche, Auffchriften angibt, fo will ich folche, aber weil fie zu weitläuftig find, abgekürzt herfetzen: 1.) Folium populi. Inftrumentum hoc a P. Apiano jam recens inuentum, & in figuram folii populi redactum per radios folis toto orbe horas communes oftendit, ex quibus horæ ab ortu & occafu folis, deinde etiam horæ Judæorum - - deprehendi facillime poffunt. Deutfch und lateinifch. Zuletzt fteht: excufum Ingolftadii 22. die Menfis Octobris, An. M D. XXXIII. 2.) Inftrument-Buch durch Petrum Apianum erft von new befchrieben. Zum Erften ift darinne begriffen ein newer Quadrant, dadurch Tag vnd Nacht, bey der Sonnen, Mon, vnnd andern Planeten, auch durch ettliche Geftirn, die Stunden, vnd andre nutzung, gefun-

den werden u. f. w. Ingolftadii cum gratia & priuilegio
Caefareo ad triginta annos. An. M. D. XXXIII. mit vielen
Figuren, 13 Doppelbogen. Von jenem, und feiner
groffen Seltenheit hat *Baumgarten* Nachricht gegeben :
diefes aber hat *Schwindel* fehr rar genennet. Beydes
wird die Erfahrung beftättigen. Von dem letztern ift auch
eine ziemlich unbekannte lateinifche Ausgabe, Ingolftadt,
1533. vorhanden, die Apian dem Kaiferlichen Reichs-
vicekanzler, *Matthias Held*, dedicirt hat: horofcopion
Apiani generale, dignofcendis horis cuiuscunque generis
aptiffimum, wovon *Hirfch* (millenar. III. librorum vfque
ad annum L. Sec. XVI. typis exfcriptorum, num. 466.)
den ganzen Titel geliefert hat. Wie viel Aehnlichkeit
oder Unähnlichkeit folgende zwey Schriften: *Apiani Infrument*, oder *Sonnenuhr erklärt*, Marburg 1543. und
Apiani inuentum d. i. *Befchreibung eines geometrifchen
Inftruments durch Georg Galgemeyer*, Augsburg 1616.
damit haben, das kann ich nicht fagen. Doch — eben
befinne ich mich, dafs ich nicht von allen Büchern *Apians*
Nachricht geben will, und eile alfo zum Ende, ob ich
gleich noch manche feltne Schrift von ihm anführen
könnte.

Verfchiedene im XVten Jahrhundert gedruckte Schriften.

In einem Quartbande.

Mit einer weitläuftigen Inhaltsanzeige der in diefem
Bande befindlichen Schriften will ich meinen Lefern eben
nicht befchwerlich fallen ; da ohnehin die mehreften darunter,
aus gröffern Sammlungen der Werke ihrer Verfaffer,
bekannt find. Sie follen vielmehr nur zur Ausfüllung
einer oder der andern Lücke in den Druckerannalen
des *fünfzehnten* Iahrhunderts mir dienen. Denn im *Mait-*

taire fehlen fie alle, die *beyden letzten* ausgenommen; wiewohl auch *diefe* blos aus fremden Anzeigen, und gar nicht accurat angeführt find. Ohne mein Erinnern wird man fchon daraus leicht auf die groſſe Seltenheit der nachfolgenden Stücke fchlieſſen.

I.

GREGORII MAGNI Libri quatuor dialogorum &c. per *Jo. de Weſtfalia.* *Ohne Ort und Jahr.* 129 Blätter; oder 16 Lagen, mit der Signatur *a* bis *q*. Jede der erſtern Lagen hat 8, die letzte aber 10 Blätter. Das erſte leer gebliebene Blatt meines gegenwärtigen Exemplars hat der Buchbinder verworfen.

Die Ueberfchrift der erſten Seite lautet ſo: 𝔍ſtorum librorum qvatuor dyalogorum beati gregorii pape in hoc confiſtit effectus compendioſe conſcriptus q' primus 7 tertius de diuerfis virtutib9 7 miraculis ſanctorum tractant. Secundus autem de vita 7 miraculis ſanctiſſimi uiri benedicti abbatis. Quartꝰ vero de immortalitate anime necnon de uita beatitudinis eterne miſeriaqꝫ infernalis habitationis vt in capitulis eorumqꝫ paragraphis fingulorum librorum patebit. Darauf folgt eine Inhaltsanzeige der Capitel des *erſten* Buchs: 𝔍ncipiunt capitula libri primi — wie ſie auch jedem der übrigen Bücher vorgeſetzt iſt. Nur beym *vierten* Buch fehlt ſie in meinem Exemplar, mit der ganzen Lage *m*, die aber, was den Text betrift, von einer alten gleichzeitigen Hand auf 8 Blättern ergänzt iſt. Auf der Vorderſeite des letzten Blatts heiſst's am Schluſs des vierten Buchs: Explicit liber quartus dyalogorum gregorii. Impreſſus per me 𝔍oham nem de weſtfalia. Von dem *Verfaſſer* und deſſen übrigen Werken kann man *J. A. Fabricii* Bibl. lat. med. & inf. aet. Lib. VII. (Vol. III.) p. 241 - 56. und die dort angeführten Schriftſteller nachſehen. Die älteſte bekannte Ausgabe der *Dialogen*, mit der *Jahrzahl*, iſt die zu *Venedig* 1475. gedruckte; wiewohl weder *Fabriz* noch *Maittaire* das Format derſelben anzugeben wiſſen. Sie müſſen aber ohne *Jahrzahl* ſchon früher gedruckt worden ſeyn; weil im Catal. Bibl. *Bunav.* Tom. III. Vol. I. p. 177. eine beym *Maittaire* fehlende *deutſche* Ueberſetzung derſelben, ohne Benennung des Druckorts vom Jahr 1473. in Fol. vorkommt.

2.

Jo GERSON. ſex lectiones de vita aegritudine & morte animae ſpirituali, duaeque ſuper Marcum. *Goudae* apud *Gerardum Leeu.* 1480. 130 Blätter in 17 Lagen — alle *duernen*, bis auf die beyden letzten, deren jede nur 6 Blätter hat — ſignirt *a.* bis *r.* das erſte und letzte Blatt iſt weiſs geblieben, und daher unter den gedruckten von mir nicht mitgezahlt.

Eximii doctoris mgri iohãnis gerſon cancellarij pariſienſis in ſuas optimas ſex lectiones de vita legcitudineſ et morte aĩme ſpirituali tractantes, quibus et due eiusden doctoris illuminatiſſimi ſuper marcum ſubjungunitur lcōnes feliciter prologus incipit. Dieſer an den Biſchof *Peter von Cambray* gerichtete Prolog, der auf der *vierten* Seite ſich endigt, hebt ſo an: Reuerendo in criſto patri ac ſacre theologie doctori eximio domino petro epiſcopo cameralū ſuus diſcipulᵒ iohannes cancellarius indignus eccleſie pariſienſis pro ſe humilem obedientiam ꝑ pro communi ſalute ea ſapere que recta ſunt. Poſtulare dignata ē beniuolētia tua preceptor inclite quatenus ſcripto tibi traderem vnam ex lectionibus meis cui pnciā (praeſentiam) tuā p̄ſtare nͻ erubuisti nec īſolitā hāc rē effugisti tu ſcole theologice iubar radioſiſſimū | tu iā doctor e meritis . erubui fateor | ymo ꝑ tota ſcola obſtupuit ad hāc hūiliacionē dignitatis ꝑ ſapientie tue quaſi lumen ſol a ſtella | aquam mare a fluuio | lanam ovis a capra mēdicare videretur Sed ita verum ē vbi ſapientia ibi humilitas u. ſ. w. Am Schluſs deſſelben heiſst es: Explicit plog⁹ Incipit lciō p̄ma. Dieſe fängt auch gleich auf der folgenden Seite ohne eine beſondre Ueberſchrift ſich an, und der Verfaſſer nimmt in derſelben von der Taufe Johannis und Chriſti eine Veranlaſſung her, de vita anime quam ſpiritus ſ. operatur in nobis per baptiſmum zu reden. Er ſchreibt der Seele im folgenden Abſchnitt ein vierfaches Leben, vitam naturæ, gratiæ, actionis meritoriæ, & confirmationis ſtabilitæ, zu; wiewohl er eigentlich nur vom dreyfachen geiſtlichen, und nicht vom leiblichen Leben der Seele handeln will. Dem werden nun in einem neuen Abſchnitt vier Todesarten entgegengeſetzt — und ſo arbeitet der Herr Kanzler ſich immer weiter durch, bis es heiſst: Expliciunt lectiones ſex de vita egritudine: & morte anime ſpirituali Johannis Gerſon doctoris illuminatiſſimi — und ferner gleich drunter: Incipiunt lectiones due putiles ſup marcum & ad cōmendacionem propoſiti nr̄ī ꝑ voti: multumq₃ faciunt & valent eiusdem doctoris Johannis Gerſon Cancellary. Dieſe breiten ſich aber nur über die *fünf erſten* Verſe des *erſten* Capitels *Marci* aus, weswegen *Walch* es vermuthlich der Mühe nicht werth gehalten hat, ſie im 4ten Tom ſ. Bibl. theol. ſel. mit anzuführen. Unter andern erhebt der Kanzler über die Redensart: Egrediebantur ad

kleiner Schriften, alle in Quart.

eum (wo forgfältig hinzugefetzt wird: *non dubium quin ad Johannem baptiftam*) Jherofolimite vniverfi & omnis regio iudee, ein groſſes Geſchrey. Ad hoc verbum fagt er ſtupet logica & logice tractores vel fcandalizantur vel inculpant locucionis huius formam. Neque enim eſtimandum eſt.paruulos imbecilles aut infantes in cunis ymmo nec iherofolimitas omnes adultos ad iohannem egresfos fuiſſe. quanto minus omnem iudee regionem. Igitur logice virtus & fermonis. proprietas videntur falfitatis arguere euangeliſtam marcum qui hoc vniuerfali fermone vfus eſt. Aber er weiſs auch den in aller ſeiner Stärke vorgetragenen Einwurf dadurch gründlich zu heben, daſs er eine gedoppelte Logik, nemlich Logicam antonomatice fic dictam, fcientiis naturalibus ac pure fpeculatiuis fubferuientem, und Logicam, quam appropriato vocabulo rethoricam dicimus, que principaliter ancillatur feruit et adminiculum preftat fcientiis moralibus politicis et ciuilibus, fehr glücklich unterfcheidet, und zur Ehre des Evangeliften *Marcus* auf fechs und mehreren Seiten darthut, daſs er in feiner Erzählung der *letztern* fich bedient habe. Schon *Auguſtinus* fchrieb in diefer Rückficht gewiſſe Regeln zur Schrifterklärung vor. Inter quas vna eſt per fynodochen vbi.pars pro toto fumitur. Alia per yperbolen vbi veritas ad exaggerandum exceditur. Alia vbi locatum pro loco accipitur. fecundum quas regulas textus nofter a falfitate defenditur. Ham dicendo egrediebantur ad eum iherofolimite vniuerfi fimilis eſt locutio ficut cum dicimus Omnis populus vel totus mundus vadit ad tale fpectaculum Dicitur enim hoc non per precifionem. fed ad rei magnificationem adaugendam Similisque eſt locutio cum fubditur Et omnis regio iudee nifi quod vltra hoc locus pro locato. regio fcilicet pro habitantibus regionem ponitur, et in talibus iuxta quorundam explicationem attenditur fenfus non quem verba faciunt fed pro quo fiunt — Doch zur Probe genug, um diefen Jnterpretum N. T. und deffen Kunft und Stil näher kennen zu lernen.

Die Nachſchrift des Buchdruckers am Ende, mit dem drunter ſtehenden Druckerzeichen, lauter ſo : Benedictus deus q̃ ſey q̃ utiliſſias ſil' (ſimiles) ⁊ ſuper Marcum lectiones duas magri̅ Johanis Gerſon doctoris illumia̅tiſſimi Cancellarij pariſien̅ Gerardo leeu in opido Goude̅ Incipere donauit et perficere ab incarnacione do̅mini qn Milleſimus qvadringenteſimus octuageſimus (1480) ſcribitur a̅nus. Menſis ſeptembris die decima‒ quinta ⁂ Was dieſen Buchdrucker betrift, habe ich noch folgendes zur Berichtung und Ergänzung des *Maittaire* zu erinnern. *M*. hat im IVten Tom ſ. *Annalen*, p. 406. 410. u. 414. drey von ihm gedruckte Bücher mit der Jahrzahl 1480 angezeigt: *dieſes* aber nicht. Bey den erſten Beyden ſteht *Gouda*, beym dritten aber (einer *Geſchichte Jaſons* in Engliſcher Sprache) *Antwerpen* als der Druckort angegeben. Die letzte aus einem geſchriebenen Catalog der *Cambridger* Univerſitätsbibliothek entlehnte Angabe iſt zuverläſſig falſch, und kann ſicher in den vier *Maittairiſchen* Indicibus vrbium et typographorum chronol. jedesmal, wo ſie vorkommt, weggeſtrichen werden. In ſpäteren Jahren *) hat *Leeu* wohl zu *Antwerpen* gedruckt: aber die Unterſchriften ſeiner älteren Drucke von 1478. 79. 80 u. 81. ſind alle (wenn ich jenen von mir in Zweifel gezogenen ausnehme) namentlich zu *Gouda* von ihm datirt. Das einzige bliebe allenfalls zur Vereinigung beyder Angaben noch übrig, daſs man annehmen müſste, er habe zu gleicher Zeit eine Officin zu *Gouda* und eine zu *Antwerpen* gehabt. Allein dann müſste man ſich auch Mühe geben, ein zuverläſſigeres Zeugniſs für dieſe Behauptung aufzufinden. Da übrigens *Maittaire* kein vor 1480. von *Leeu* gedrucktes Buch gekannt hat, will ich hier noch einige ältere anzeigen. Im IVten Tom der *Hulſiſchen Bibliothek* findet man p. 14. n. 210. einen *Tractat van*

---

*) (Seit 1486, nach Hrn. *Meerman*) Orig. typogr. T. II. p. 277. im zweyten Index,

kleiner Schriften, alle in Quart. 125

den *Tydverdryf der Ed. Heeren en Vrouwen*, genoemt dat *Schaakspel*, (vermuthlich eine Ueberſetzung des im I. Th. meiner ältern Nachr. S. 191. von mir angeführten lateiniſchen Buchs) *verſiert met veele ſchoone Hiſtorien*, Gouda, by Gerrard Leuw 1479. und n. 215. eine *Hiſtorie van Troyen*, Gouda by Geraert Leuw 1479. beide in Folio; und bey *Meermann* am a. O. T. I. p. 68. und T. II. ß. 289. Die *Cronike of die Hiſtorie van Hollant, van Zeelant, ende Vrieslant, ende van den Sticht van Utrecht*. Ter Goude by Gheraert Leuu 1478 in 4. wie auch *eb. daſ.* T. II. p. 291. Die *Hyſtorie van Reynaert die Vos.* Am Ende: *Gheprent.* ter Goude in Hollant byni Gheraert Leuu den ſeventienden (XVII.) Dach in Auguſto. Int jaer M. CCCC. en LXXIX. Ohne Angabe des Formats.

In Anſehung des Verfaſſers *Johann Charlier de Gerſon* und ſeiner Werke, verweiſe ich meine Leſer abermals auf die *Fabriz. Bibl.* l. c. p. 141. u. f. und die dort genannten Auctoren. Die neueſte Ausgabe der letztern hat *du Pin* in fünf Foliobänden zu *Antwerpen* 1706 beſorgt. *) Ob's mit allen älteren Ausgaben der geſammelten Werke, die man hie und da verzeichnet findet, ſeine erwieſene Richtigkeit haben mag, daran zweifle ich ſchier, ſehe auch, daſs *Clement* in der Berichtigung ſeiner Vorgänger, eines *dü Pin*, *Fabriz* und *Maittaire* mir ſchon zuvorgekommen iſt, und die mehreſten unverdächtigen Ausgaben genauer, als jene, im IXten Tom. ſeiner Bibl. hiſt. et crit. p. 130-147. beſchrieben hat. Die Edition *ohne Drukort*, vom Jahr 1489. in drey Qvartbänden, findet man indeſſen vollſtändiger, als bey ihm, mit den Nachſchriften eines jeden Bandes im Cat. Bibl. *C. G. Schwarzii* P. II. p. 211. n. 465-67. angezeigt.

---

*) Eine Recenſion dieſer Ausgabe findet man in den lat. Actis Erud. v. 1706. p. 289 - 301.

3.

Jo. Gerson. de imitatione Chrifti et de contemptu mundi. *Louanii*, per *Jo. de Weſtfalia*. Ohne Jabr. 89 Bl. oder II. Duernen-Lagen, (die letzte ausgenommen, die 10 Blätter hat) mit der Signatur *a* bis *l.* das erſte Blatt leer.

Eigentlich iſt der hier angegebene Titel dieſes aus *vier* Büchern beſtehenden Tractats, nur die Rubrik des *erſten* Capitels im *erſten* Buch;*) welches auch von den gewöhnlichen Auffchriften der übrigen Bücher gilt, wie aus der nachfolgenden Inhaltsanzeige mit mehrerem erhellt. Tabule capitulorum in libros ſeqventes. Capitula libri primi. De imitatione xpi z de contemptu omnium vanitatum mundi. Capitulum primum. De humili ſentire ſuiipſius. Capitulum ſecundū. u. ſ. w. — Capitula libri ſecundi. De interna conuerſatione. Capitulum primum De humili ſubmiſſione ſub prelati regimine. Ca. ii. u. ſ. w. — Capitula libri tercii. De interna xpi locutione ad aīam fidelem. capi. i. Q. veritas int. loqvit' ſine ſtrepitu verboʒ. ca. ii. u. ſ. w. — Capitula libri qvarti. Cum qʒta reveretia xps ſit ſuſcipiendꝰ. Capi. i. Q. magna boītas z caritas dei in ſacramēto exhibet' hot. Ca. ii. u. ſ. w. Dieſe Anzeige füllt die *fünf* erſten Seiten. Mit der *ſechſten* fängt der Tractat ſelbſt ſich an. Incipit liber primus Johannis Gerſon

---

*) Eine Bemerkung, die, wie ich aus *Freytags* Annal. litt. p. 497 - 98. nachher erſt gelernt habe, auch ſchon in der alten *Günther Zainerſchen* zu *Augsburg* ohne Jahr gedruckten Ausgabe dieſes Tractats, imgl. in den Huetignis p. 49. der *Amſt. A.* v. 1723. gemacht worden iſt. — So geht's unſer einem oft, wenn wir was neues zu bemerken glauben.

kleiner Schriften, alle in Quart. 127

cancellarii parisiensis De imitatione χρi 7 de contemptu omnium vanitatum mundi. Capi. i. Am Ende des vierten Buchs, und Schluſs des ganzen Werks steht: Johanis Gerson Cancellarii parisienſis de ɔtemptu mndi deuotum 7 utile opuſculu feliciter finit Impreſſum Louanii. In domo Johanis de weſtfalia.

Ueber den wahren Verfaſſer dieſes Werks iſt, bekannter maſſen, in der römiſchen Kirche, zwiſchen den Benedictinern, und Auguſtiner, regulairen Chorherren vornehmlich, lange und heftig geſtritten, aber meines Erachtens, mit völliger Gewiſsheit, bisher noch nichts entſchieden worden. Doch ſcheint mir das Uebergewicht der Gründe für den *Thomas von Kempis* (ſonſt auch *Malleolus*, und zu deutſch *Hamerken* oder *Hämmerlein* genannt) zu ſeyn. *Fabriz* hat l. c. Vol. IV. L. X. p. 636-55. (vergl. mit T. III. L. VII. p. 148. 49.) Alles, was dieſen Streit betrift, mit vieler Mühe geſammelt, und nicht nur die verſchiedenen Ausgaben und Ueberſetzungen des Tractats angezeigt, *) ſondern auch ſogar die Meynungen und Schriften der Gelehrten vom Verfaſſer deſſelben claſſificirt; daher ich keinen der hieher gehörigen Schriftſteller, die ich in Händen habe, beſonders nennen darf, und ſelbſt die ſpäteren, die abſichtlich oder beyläufig des Streits erwähnt haben, wie z. B. *Freytag*, *Walch*, *Hamberger*, und *Denis*, **) mit Stillſchweigen übergehen kann, weil

---

*) Von der *Hübnerſchen* deutſchen Ueberſetzung liefert die Recenſion des *Fabriz* in den Act. lat. Erud. v. 1738. p. 556. eine Anekdote. *Hübner* wurde vom Reichshofrath deswegen in Anſpruch genommen, als ob er den Tractat verketzert hätte; ſtarb aber zu ſeinem Glück, noch vor Entſcheidung der Sache.

**) Hr. *Denis* zeigt in den *Merkw. der Garell. Bibl.* p. 236. verſchiedene Exemplare der *Zainerſchen* Ausgabe des Buchs an; unter andern eins auf der Bibliothek der bey *Naumburg* liegenden *Schulpforte*, die er durch einen Irrthum nach *Leipzig* verlegt.

keiner von ihnen ein neues Licht über die Sache verbreitet hat. Man kann auch *Placcium* de Pfeudonymis pag. 309 - 13. und *Teoph.* Sinceri (*Schwindels*) Nachricht von raren Büchern , 1 B. 3 St. p. 166 - 68. in Ermanglung des *Fabriz* , zu Rathe ziehen.

Einen neueren Gelehrten mufs ich indeffen doch anführen, der in diefem Streite Parthey genommen hat, und gehört zu werden verdient. Diefs ift der vortrefliche *Ganganelli.* Zweymahl erwähnt er in feinen Briefen mit groffem Lobe des Buchs , und fuchts feinem Landsmanne *Gerfen* (deffen Exiftenz jedoch von Vielen bezweifelt wird. — S. *Schelhorns* Amoen. liter. T. VIII. p. 403 - 5. und T. XIII. p. 271 - 73.) zu vindiciren. *) „Das Buch von der Nachahmung *Chrifti* — fchreibt er in der erften Stelle — ift blos dadurch fo fchätzbar und rührend geworden , weil deffen Verfaffer [*Gerfen* Abbt zu *Vercelli* in *Jtalien*] alle die heilige Liebe in daffelbe übergetragen hat, von welcher er felbft entzündet war. Man verwechfelt gemeiniglich den *Gerfen* mit dem *Gerfon* ; allein es ift leicht zu beweifen , dafs weder *Gerfon* , noch *Thomas von Kempis* Verfaffer diefes unnachahmlichen Buches ift, und das macht mir, ich geftehe es , ein unendliches Vergnügen ; denn ich bin bezaubert, wenn ich mir vorftelle , dafs ein fo vortrefliches Werk von einem *Italiener* herrührt. Im 5ten Cap. des 4ten Buchs befindet fich ein unleugbarer Beweis , dafs der Verfaffer diefes Buchs *kein Franzofe* ift. **) Der Priefter , heifst es dafelbft ,

---

*) *Briefe Pabft Clemens XIV.* (Ganganelli.) Der *deutfchen* Ueberfetzung I. Th. 12ter Br. S. 45. 46. und 40fter Brief, S. 127. Auch in der Nachfchrift des 39ften Briefes S. 124. wird es, wiewohl nur beyläufig, und ohne Rückficht auf den Verfaffer, genannt.

**) Freylich ift das der ficherfte und befte Weg, den *Ganganelli* einfchlägt, im Buche felbft Spuren aufzufuchen, die den Verfaffer verrathen. Obs aber mit der gegenwärtigen Ent-

kleiner Schriften, alle in Quart.

felbſt, hat in feiner prieſterlichen Kleidung das Kreuz vor
ſich; nun iſt aber jedermann bekannt, daſs die Prieſterliche
Kleidung in *Frankreich* von der in *Italien* darinn unter-
ſchieden iſt, daſs *jene* das Bild Chriſti *auf dem Rücken*
hat. *) Doch ich will keine gelehrte Unterſuchung anſtel-

deckung ihm, oder dem, der ſie vor ihm vielleicht ſchon
machte) gelungen ſey, daran zweifle ich; und wünſchte
eben deswegen, daſs ein Mann, der mit *Gerſons* und *Kempis* Schreibart in ihren übrigen Werken bekannt iſt, ſich
die Mühe nehmen möchte, *für einen von beyden*, oder
wider beyde, aus dem Stil ſelbſt zu entſcheiden. In Anſehung *Gerſons*, hat wenigſtens *Fabriz* (l. c. T. III. p. 150.)
ſchon angemerkt, daſs der Stil eines andern ihm beyge-
legten Buchs, von dem in den Büchern de imit. Chriſti
ganz verſchieden ſey.

*) Die Stelle auf die ſich G. bezieht, lautet im Original ſo:
Sacerdos ſacris veſtibus indutus — habet *ante* ſe & *retro*
dominicæ crucis ſignum. Ante ſe crucem in *caſula* portat
vt Chriſti veſtigia diligenter inſpiciat & ſequi feruenter
ſtudeat. Poſt ſe cruce ſignatus eſt vt aduerſa quaelibet
illata ab aliis clementer pro Deo *tolleret*. u. ſ. w. Allein,
das ganze Argument, das er daraus herleiten will, gilt
nichts, ſo bald man beweiſen kann, daſs dieſer Unterſchied der prieſterlichen Kleidung in *Italien* und *Frankreich*
nicht von je her Statt gefunden habe, ſondern erſt in ſpäteren Zeiten aufgekommen ſey. Und das erhellt, meines
Erachtens, aus dem *Du Freſne* zur Gnüge, der eben dieſe
Stelle, bey Gelegenheit der Beſchreibung einer *caſulæ* oder
veſtis ſacerdotalis, (im Gloſſ. med. & inf. Lat. T. I. p. 876.
der Par. Ausg. v. 1678) anführt, und zugleich verſichert,
man finde noch in den Sacriſteyen groſſer *franzöſiſcher* Kirchen ſolche caſulas, in quibus circa collum limbus alterius
coloris, *ante & retro* pendulus affixus conſpicitur, vbi *hodie
retro tantum* in crucis figuram adtexitur. Gleichwol ſtimmt
Du Freſne darinn mit Ganganelli überein, daſs er Joannem
Gerſenium als Verfaſſer der Bücher de imit. Chriſti citirt;
und hätte mithin vom *Fabriz* mit unter die Zeugen *für
Gerſon* (T. IV. p. 650-52) aufgeſtellt werden ſollen.

I

ken." Am andern Orte fchreibt G. „Das Buch von der Nachahmung Chrifti ift unterrichtend, und reich an Salbung und Tröftungen für alle Umftände des Lebens. Es ift ein *Italienifches* Product, fo fehr auch alle Schriftfteller das Gegentheil behauptet haben, (denn *Gerfen* Abbt zu *Vercelli* ift der Verfaffer) in welchem die Seele alles findet, was fie erbauen kann."

Die gegenwärtige Ausgabe ift mit eine von den älteften, die das Buch dem Kanzler *Gerfon* zufchreiben. Obgleich fie kein Druckjahr hat, fo ift fie doch gewifs vor 1487, vielleicht auch fchon einige Jahre früher gedruckt. Denn der erfte Befitzer und Sammler der in diefem Bande befindlichen Schriften, hat auf der letzten leeren Seite unten notirt:

Noch Eins hätt' ich *wider* jenes Argument. Es foll noch fo ganz ausgemacht nicht feyn, ob *alle vier* Bücher nur *einen* Verfaffer haben. Wenigftens nimmt *Jof. Maria Svarez* (der übrigens die Ehre der Compilation dem *Th. a Kempis* einräumt, in der zu *Rom* 1667. in 4. darüber herausgegebenen *Conjectur*) das Gegentheil an, und fchreibt dem Abt *Gerfen* das *vierte* Buch allein, die übrigen aber mehreren Verfaffern zu. Auch verfichert *Fabriz* (T. IV. p. 636. in einer Note) aus *Voetii* diff. fel. dafs das *letzte* Buch in vielen Handfchriften und Ausgaben fehle, welches zur Begünftigung der Meynung des *Svarez* dienen könnte. Mithin würde, wenns auch fonft mit jenem Argument feine Richtigkeit hätte, doch weiter nichts daraus folgen, als dafs blos das *vierte* Buch eher von einem *Italiener*, als von einem *Franzofen* gefchrieben fey. Wiewohl, ich bin aufrichtig genug zu geftehen, dafs beyde jezt angeführte Behauptungen mir fehr unerheblich zu feyn fcheinen. Die erfte ift wohl, fchon dem Titel der ganzen Abhandlung zufolge, nichts mehr, als eine Conjectur. Und was die lezte betrift, fo weifs ich nicht, ob und womit fie von Voetio erwiefen fey. Denn fo viel ich Anzeigen der Ausgaben des Buchs, gelefen habe, fand ich nie *drey*, fondern allemal *vier* Bücher angegeben, fo oft neinlich die Zahl derfelben laut dem Titel oder der Nachfchrift gemeldet war.

Empts *p* fedecim ftott & 3 dj Anno 1488∧ (1487)*) und *Johann von Paderborn* druckte fchon 1474 zu *Löwen*. Im Catalog der Bibliothek des Franz. Erzbifchofs *le Tellier* (Bibl. *Telleriana* p. 99. f.) findet man mehrere Ausgaben mit und ohne *Gerfons* Namen beyfammen. Das *Thomanifche* Bücherverzeichnifs hat fo gar einen eignen Abfchnitt (Bibl. *Gottofr. Thomafii* Norimberg 1775. 8 maj. Vol. I. Sect. XIII. p. 602-9.) unter der Rubrik: Singularis collectio variarum editionum & verfionum libri Th. a Kempis de imitando Chrifto. In diefer aus 47 Bänden beftehenden kleinen Sammlung, find auch Ausgaben mit *Gerfons* Namen, und verfchiedene den Verfaffer des Buchs betreffende Schriften befindlich. **)

---

*) Man findet auch am Ende aller übrigen Piecen, die letzte ausgenommen, den Einkaufpreis von derfelben gleichzeitigen Hand beygefchrieben. n. I. hat 8 Stooter gekoftet. & pro (das folgende Wort kann ich nicht dechiffriren — vielleicht für's Abfchreiben des Defects - noch) 4 Stooter ; n. II. 10 St. n. IV. 4 St. n. V. 9 Pfennige. (Emptus pro 9 denariis.) n. VI. 9 Stooter. Ein *Stooter* ift eine niederländifche Münze, deren Werth in einem holländifchen Münzbuch, (welches unter dem Titel Beeldenaer, einem renovirten Münzplacat angehängt, im Haag 1626. in 4. herausgekommen ift) auf den 20ften Theil eines *Span*. Stücks von Achten, oder 2 Stüper 8 Pfenn. gefetzt wird. Daraus urtheile man, wie hoch die erften gedruckten Bücher ihren Befitzern vormals zu ftehen gekommen find, zumal vvenn man die Güte der Münzforten aus dem XVten Jahrhundert und ihren verhältnifsmäfsig höheren Werth noch mit in Anfchlag bringt. So dürfte n. III. leicht über einen Speciesthaler gekoftet haben.

**) Obige Anzeige, habe ich längft fchon niedergefchrieben. Nachher erft lernte ich des Jefuiten *Franz Jofeph Desbillons* neuefte Ausgabe der Bücher de imitatione Chrifti kennen, von welcher ich den *Manheimer* Nachdruck in Octav, von 1780. befitze. (De Imitatione Chrifti Libri IV. adveram lectionem reuviati ; & Auctori fuo *Thomae a Kempis*

4.

Jo. GERSON de pollutionibus, & de cognitione caſtitatis. Ohne Ort, Drucker und Jahr, auch ohne
alle ſonſt gewöhnliche Buchdruckerzeichen.
28 Blatt in geſpaltenen Columnen.

Beyde Tractätchen haben folgenden mit grober Mönchs-
ſchrift gedruckten gemeinſchaftlichen Titel auf dem erſten
übrigens leeren Blatte: Gerſon de nocturna et diur-
na pollutionibus: et de cognicione caſtitatis ⁘
Das erſte füllt 25 Seiten, und beſteht aus zehn Betrachtungen, nebſt einem Prolog und Epilog. Jncipit heiſst
es auf dem zweyten Blatte — tractatulus venerabilis
Canonico Regulari Ord. S. Aug. denuo vindicati per Franc.
Joh. Desbillons. Sumptibus nollae Acad. Typographicae Elec-
totalis.) In derſelben iſt die Plantiniſche zu Antwerpen 1626.
gedruckte Duodezausgabe, gröſstentheils zum Grunde gelegt; und angehängt ſind die Varianten aus einer von J.
Valart zu Paris 1773. herausgegebenen ſehr vom recipirten
Texte abvveichenden Edition, verglichen mit den Les-
arten der älteren für authentiſch gehaltenen Ausgaben, Vor-
an geht eine Diſputatio critica, qua Librorum de Jmita-
tione Chriſti Auctorem eſſe Thomans a Kempis oſtenditur,
56 Seiten ſtark, in vvelcher Desbillons die mehreſten Argu-
mente der Gegner glücklich vviderlegt, (vyorunter ich
gleichvvohl das vorhin angeführte vom Ganganelli vermiſſe)
und die Exiſtenz des vorgegebenen Abbts Gerſen zu Varcelli
gänzlich vervvirft. Dieſe gründliche Abhandlung macht viele
der ältern hieher gehörigen Streitſchriften entbehrlich,
indem ſie den Kern desſelben enthält. Ich merke hier nur
(zur Erläuterung der Anmerkung *p.129. oben) noch an, daſs
vvirklich ein paar geſchriebene Codices, einer zu Antwerpen (vormals zu Kuchheim) und einer zu Löwen, vorhanden ſind, in denen das vierte Buch fehlt.

kleiner Schriften, alle in Quart. 133

Magri Johannis Gerson cancellarij parisiensis tractans de pollucione nocturna. an impediat celebrantem (miſſam) **an non**. Die Frage wird unter gehörigen Einſchränkungen und näheren Beſtimmungen verneint. Zur Erläuterung derſelben wird unter andern im Epilog eine Viſion erzählt, die ich meinen Leſern unmöglich vorenthalten kann. Ich ſchreibe ſie wörtlich ab, doch ohne die Abkürzungen des Originals. Non impertinenter hoc loco viſionem inſeremus quam beato patri *Celeſtino* monſtraſſe memoratur ille qui docet homines etiam per ſomnia ſcientiam. viſum eſt eidem patri ſoporanti quod aulam regiam precellentiſſimam cum aſino ſuo inuitatus (giebt einen fatalen Doppelſinn, in Ermangelung der nöthigen Unterſcheidungszeichen) aſcenderet. hic aſinus tributum ventris per viam ſoluit exhorruit vir puriſſimus & abhominatus eſt hanc non iniquinationem & progredi formidans. regredi moliebatur. quousque benigniter admonitus eſt voce de throno lapſa nihil ad ſui vel aule regie ſpiritualis contaminocionem pertinere id quod ſe non conſcio naturalia neceſſariaque ſuus aſellus corpulentus & irrationabilis expulerat &c. Am Ende ſteht: **Explicit** u. ſ. w. wie oben, nur mit Auslaſſung des Kanzlertitels. Die letzte Seite iſt leer geblieben.

Incipit tractatus — — de cognitoe caſtitatis. et pollutionibs diurnis. Dieſer *zweyte* Tractat von 23 Seiten, enthält acht Betrachtungen, darunter die letzte die längſte iſt, und in 11 Sätze zergliedert ausgeführt wird. *Gerſon* verſichert er habe über dieſe Materie nicht nur die Schriften der Moraliſten, ſondern auch lebende in Gewiſſensſachen erfahrne Lehrer, ja ſelbſt Aerzte zu Rathe gezogen. Preparet ſe lector ſetzt er hinzu, audire caſte id quod pro caſtitatis cognitione neceſſitas cogit aperire. Und man muſs ihm die Gerechtigkeit widerfahren laſſen, daſs er manches Gute zum Unterricht und zur Warnung, wiewohl nicht immer mit der Behutſamkeit und vorſichtigen Wahl des Ausdrucks gefagt hat, mit welcher eine fo delicate Materie behandelt feyn will. — Am Schlufs heifst's: **Explicit tractatulus venerabilis magiſtri Johannis Gerſon de pollutionibus diurnis.** Angehängt iſt noch auf 4 Seiten eine forma abſolutionis ſacramentalis, die auf der Vorderſeite des letzten Blatts mit folgender Nachſchrift ſich endigt: **Explicit forma abſolutionis ſacramentalis venerabilis magiſtri Joha. Gerſon. deo laus.**

5.

AGUSTINUS de virtute Pſalmorum. *Ohne Ort, Drucker und Jahr.* 10 Blætter, in einer mit *a* ſignirten Lage.

Vielleicht nur der Anfang einer gröſſern Sammlung. Obige Titelangabe fängt wie gewöhnlich mit **Incipit** an, und endigt mit **Explicit** auf der letzten Seite. Weiter hab' ich von dieſer kleinen Schrift nichts zu ſagen.

6.

De ſpiritu Guidonis. *Delphis* 1486. Ohne Namen des Druckers. 15 Blatt in zwo mit *a b* bezeichneten Lagen. Das letzte Blatt leer.

In ältern Zeiten waren die Geiſtererſcheinungen gewöhnlicher, als in unſern Tagen. Jetzt ſind ſie wenigſtens eine eben ſo groſſe Seltenheit, als *dieſe* Geſchichte **de ſpiritu gwidonis**, die ich bisher noch in keinem andern Bücherverzeichniſs, als im I. Th. der *Baluziſchen Bibliothek*, p. 146. n. 2020. gefunden habe, aus welcher *Maittaire* ſie im IVten Tom. p. 780. unter dem Titel: Spiritus Guidonis, angeführt hat. Und blos der Seltenheit wegen will ich bey dieſem Tractat eine Ausnahme machen, und den

Inhalt desselben kurz erzählen; so unbedeutend auch sonst diese Beylage zu den neueren Unterfuchungen über Erscheinungen und Visionen seyn mag.

Zu *Alesti* — — doch ich sollte billig wohl mit der schönen Einleitung zur ganzen Erzählung den Anfang machen : Qvoniam vt dicit beatus auguſtinus in libro de fide ad petrum. Miraculum eſt quicquid arduum vel infolitum quod ſuper facultatem hominis admirantis apparet ad fidei roborationem : huiusmodi miraculum ad memoriam & ad edificationem noſtram. ſcripture eſt inferendum. Nam fecundum apoſtolum paulum. quaecunque ſcripta ſunt ad noſtram doctrinam ſcripta ſunt Vt per patientiam & conſolationem ſcripturarum ſpem habeamus Hoc praeuidens omnium fecretorum cognitor dominus noſter ihefus chriſtus. noſter ſaluator volens fidem ſuam de vite future certitudine inter chriſtianos firmius roborare : ſua ineffabile diſpoſicione tale miraculum dignatus fuit oſtendere anno ſue incarnationis. ꝰꝯꝯꝯ: ccc: ꝓꝓiiij (1324) ꝓi die menſis decembris — Diefs Wunder begab sich denn also zu *Aleſti*, (Mögen doch andre, die beſſer als ich in der Geographie der mittleren Zeiten bewandert ſind, ſich dieſen Namen erklären. Ich habe schon mehr darüber vergebens nachgesucht, als es vielleicht der Mühe verlohnt.) Dazumal *Bojana* genannt, (Ich kenne keine andre so genannte Stadt, als *Bojana*, Boianum oder Bouianum, im *Neapolitaniſchen*, ohnweit *Benevento*, in der Graffſchaft *Moliſe*.) vier und zwanzig Meilen weit vom Vatican. (wenns deutſche Meilen ſind, trift meine Ortsangabe zu.) Dort hatte in obgedachtem Jahr, und am gemeldeten Tage, ein Bürger Namens *Guuido de Coruo* zu leben aufgehört, der's nach ſeines Leibes Begräbniſs für gut befand, ſeine hinterlaſſene Wittwe zu ängſtigen; zwar *ſichtbar nicht*, aber doch *hörbar*. Die gute Frau, war ob der acht Tage lang anhaltender Erſcheinung, wie man leicht vermuthen kann,

nicht wenig erfchrocken ; beklagte jedoch anfänglich fich
blos bey ihren Nachbarn und Freunden darüber. Allein
am dritten Weyhnachtsfeyertage entfchlofs fie fich mit einigen Nachbarn zu den Herren *Dominicanern* des Orts (ad
domum fratrum predicatorum in eadem ciuitate commorantium) zu gehn, denen fie alles Vorgegangene erzählte, und
fich einen guten Rath ausbat, was nun weiter dabey zu
thun wäre. *Iohann Goby*, der Prior wufste fich bald in
die Sache zu finden. Er fagte fogleich der Wittwe zum
Troft, fie follte fich über den Vorfall gar nicht verwundern,
quia deus mirabilis eft in operibus fuis & aliquid nouum
ad fidem noftram roborandum oftendere vult in hoc cafu
feruis fuis fidelibus. Das war nun unftreitig gut eingeleitet.
Und weil der Rath *vieler* weifen Leute beffer ift , als *eines*
Mannes Rath, klingelt er, indefs die Frau warten mufs ,
das Capitul zufammen , und es wird befchloffen , dafs der
Prior , ein Doctor der Theologie , und ein Lector der
Philofophie mit einander zum Gouverneur (maiorem illius
ciuitatis — auch gleich darauf, *ville* illius) gehn, und ihn
um einige Mannfchaft bitten follen , die fie zu mehrerer
Sicherheit, auch Beglaubigung der Sache in der Folge, hin
bis zu *Gvido's* Haufe begleiten möchte. *Der* giebt ihnen
200 Mann, alle wohl bewaffnet mit, (im Fall der Geift
etwa ein Schläger feyn follte.) Aber damit hält der Prior
fich doch noch nicht hinlänglich gefichert, fondern ermah-
net feine Begleiter, vorher zu Beichten und zu communi-
ciren ; welches er felbft auch thut, und drauf die Seelen-
meffe (de requiem pro animabus omnium fidelium) hält,
um fich gegen allen Muthwillen des böfen Geiftes zu fichern.
Ohne jemands Wiffen nimmt er auch in der Stille noch
eine Büchfe mit einer geweihten Oblate zu fich , und ver-
fteckt fie heimlich auf der Bruft unter dem Scapulier. Und
dann ermannt er fich, begleitet von feinen beyden Confra-
tribus , und unter erwähnter Bedeckung : gerades Weges

nach *Gvido's* Haufe zu gehn; wo er in der Nachbarfchaft umher, je drey und drey Mann, (in honorem fancte trinitatis) in und anffer den Häufern, in den Fenftern, und auf den Dächern poftirt, den Ausgang der wunderbaren Gefchichte abzuwarten. Nach diefer getroffenen Veranftaltung, tritt er unter Befprengung des Haufes mit Weihwaffer, und unter Gebeten und Collecten, in die Kammer, wo das Bett fteht, in welchem *Gvido* ftarb; und indem er für die abgefchiedene Seele bittet, läfst fich eine Stimme, fchwach wie die Stimme eines Knaben aus dem Bette hören, die zu den Worten: agnus dei qui tollis peccata mundi, *Amen* fagt. (Das war's, worauf die ganze Verfammlung neugierig wartete.) Nachher um Mitternacht raufcht's, wie wenn der Boden mit einem Befen gekehrt würde: (ac fi effet *fcoba* deducta per pauimentum) aber zu fehn giebt's nichts. Die Wittwe erfchrickt gewaltig darüber und fchreyt: Sehn fie, fehn fie, Herr Prior! Und die andern, die das Geräufch auch hören, fchweigen alle ftill vor Schrecken. Nur ein gewiffer *Peter von Burgund* nimmt fich des armen Weibes an, und giebt ihr den Rath, nach feiner Vorfchrift den Geift zu fragen, was das zu bedeuten habe. *Wer bift du?* frägt fie ihn alfo in nomine J. C. crucifixi. Und eine fchwächliche Stimme antwortet mitten in der Kammer: *Ich bins.* Befchworen wird drauf der Geift von der Frau, ihr auf keine Weife zu fchaden, und zu fagen, ob er ihres Mannes abgefchiedener Geift fey? Und er war's. Refpondit fpiritus. Non dubites: non poffum tibi nocere. *Ego vero fum fpiritus guuidonis quondam marititui.*

Damit war denn das Signal zum ferneren Qväftioniren gegeben. Der Prior fafst Muth mit feinen Gefellen, nähert fich omni timote poftpofito der Stimme, und befchwert den Geift, zu reden, und nicht von dannen zu weichen, bis er auf alle ihm vorgelegte Fragen geantwortet haben wird. Drauf fängt die Stimme an, (vermuthlich dem Prior zu Ehren) fich lauter hören zu laſſen, dicens: O mi prior interroga feſtinanter quod volueris? & tibi refpondebo fecundum poſſibilitatem nature mee & licencie. Und nun läuft alles drauſſen, was hören kann, nach der Kammer zuſammen, in Hoffnung, auch etwas zu *ſehen*. Allein zu fehn, giebts wieder nichts ; ſie hören blos *eine* Stimme. Der Prior gebiethet Silentium, und frägt den Geiſt, *ob er ein böſer oder guter Geiſt ſey?* Die Antwort iſt zu merkwürdig, als daſs ich ſie nicht mit des Geiſtes eignen Worten wiederholen follte. Ich ſchlieſſe mit vieler Wahrſcheinlichkeit daraus, daſs der Geiſt bey feines Leibes Leben, nicht zur niedrigſten Claſſe der Bürger von *Bojano* gehört, und in jüngern Jahren etwas aus der Schule mitgebracht haben müſſe. Refpondit illa vox dicens. Spiritus bonus fum ego: (wär' er auch kein guter Geiſt geweſen, wo hätt' er in der Folge die Geduld hergenommen, dem Prior Stich zu halten?) quia dei creatura ego fum. Omnis autem creatura dei in quantum creatura dei eſt : bona eſt. Vidit enim deus cuncta que fecerat & erant valde bona. Sed omnis fpiritus eſt dei creatura : ergo omnis fpiritus in quantum eſt dei creatura bonus eſt & non malus Cum ergo ſim fpiritus guuidonis nuper mortui bonus fpiritus ego fum & non malus quantum ad meam naturam : fed quantum ad meam penam malam quam pacior: malus fpiritus modo fum. In *dem* Tone mit einem gelehrten Dominicanerprior zu ſprechen, das war freylich viel vom Geiſte gewagt; und ich hätte drauf gewettet, ehe ich weiter noch las, daſs der Prior gerade das Gegentheil ihm beweiſen wurde. Wirklich thut ers auch der Länge nach in optima forma ihm dar, daſs er ein malus fpiritus fey, & ingratus ſibimet & corpori guuidonis, und feiner Frau bey andern nur einen böfen Leumund mache. (facis fcandalum vxori tue apud homines.) Allein der Geiſt läſst ſich zur Rettung feines guten Namens keine Mühe verdrieſſen, und fucht alle ihm gemachten Vorwürfe, fo gut er kann, von ſich abzu-

kleiner Schriften, alle in Quart. 139

lehnen. *Permiſſus ſum a Deo*, ſagt er in ſchönem Latein, vt hec vobis loquar & oſtendam vobis neceſſitatem meam & aliorum *in purgatorio* commorantium. Et in hoc honorem facio plus guuidoni: quia hodie tota iſta ciuitas huc confluit pro guuidone plures orationes ad deum fundendo vt deus miſericordie eum liberet a *malo pene*: ſicut tu prior dudum feciſti, u. ſ. w.

Hier befand's der Prior für gut einzulenken, um näher zu ſeinem Zwecke zu kommen, und fragte deswegen: quomodo poteſt aliquis eſſe malus poſt mortem ſuam cum in vita ſua erat confeſſus & poſtea recipit eccleſie ſacramenta. *Reſpondit* illa vox dicens: quod aliquis poteſt eſſe *mortuus* (ſoll wohl malus heiſſen) dupliciter. Vel eternaliter ſicut ſunt damnati: vel temporaliter vsque ad certum tempus. Das letztere iſt *Gvido's* Fall, der für ſeine im Leben gebeichteten Sünden noch nicht genug gebüſst hatte. Non enim ſufficit alicui confiteri & eccleſie ſacramenta recipere: niſi exerceat penitentiam in opere. Quod enim diminuitur de pena in hoc ſeculo ſupplebitur in purgatorio. Weitere Frage des Priors: vtrum ſciret aliquem eſſe ſaluatum vel damnatum dum fuerat in tali pena? Antwort des Geiſtes: Hoc non habeo vobis dicere. Nam omnis ſpiritus exiſtens in purgatorio eſt diſpoſitiue bonus: quia diſponitur ad ſummum bonum & eternum. Jdeo omnis eiusmodi ſpiritus debet eſſe verax ſed nullus talis ſpiritus poteſt veraciter dicere hominibus de damnatione aut ſaluatione aliqua niſi fuerit in vtroque loco videlicet in celo vel in inferno ad videndum qui & quot fuerint ſaluati vel damnati. Ego autem ſum ſpiritus guuidonis hic poſitus ad me purgandum de malis meis: & nunquam fui in loco damnatorum, quia non ſum damnatus nec ero ſimiliter non poſſum adhuc accedere ad celum quia eſt locus ſaluatorum: & ideo non valeo tibi veraciter dicere qui & quot ſunt ſaluati vel damnati. Die Antwort verdrieſst aber den Prior ſo ſehr, daſs er über den Geiſt böſe wird, und ihn cum impetu ſpiritus,

140 Alte, meistens unbekannte Ausgaben

einen Lügengeist schilt. Denn, sagt er, die Propheten haben von Christo geweissagt, ohne ihn gesehn, und von der Auferstehung, ohne sie empfunden zu haben; und du sollteft als ein reiner von der Bürde des Körpers befreyter Geist, mir nichts von den Seligen und Verdammten zu sagen wissen? — und zwar melius quam ipsi prophete, qui puri homines fuerant, quando - prophetabant. *O mi prior male arguis*, er iedert der Geist; (und das von Rechts wegen) denn den Propheten wurde das von Gott geoffenbaret, ich aber habe, so lang' ich im Fegfeuer bin, keine Offenbarungen zu erwarten.

Wohinaus das eigentlich will, merkt man allmählig wohl. Ich bewundere nur die eiserne Geduld des Geistes, in der Beantwortung so vieler, zum Theil sophistischer, zum Theil beleidigender Fragen des Priors. *Ubi es tu? Hic sum in purgatorio meo. Ergo sequitur quod hic est purgatorium animarum quia qua ratione hic purgandus eadem ratione poterunt alie anime hic purgari. Et ille locus quo alie anime purgantur vocatur purgatorium: ergo per consequens sequitur quod hic est purgatorium.* Respondit spiritus duplex est purgatorium, scilicet comune & particulare. *Cui prior Modo volo concludere te esse mendacem: quia scriptum est quod nulla anima potest simul & semel in eodem tempore & in eadem hora & in diuersis locis puniri.* Respondit spiritus: Ego de die in communi purgatorio cum aliis animabus punior: & de nocte in hoc particulari purgatorio. (dagegen ließ sich nun freylich weiter nichts einwenden.) *Sexto prior quesiuit vbi esset commune purgatorium.* Resp. spir. in centro terre. Hier will ich dich in die Enge treiben (modo conclludamte) sagt der Prior, sehr witzig. *Impossibile est esse duo loca in vno loco — Sed centrum terre est quidam locus: & purgatorium commune est quidam locus. Si ergo locus purgatorii communis est centro terre sequitur quod erunt duo loca simul in vno loco quod est falsum.* Resp. spir. quod

duplex eft locus fcilicet fpiritualis & corporalis — und fo
geht das Gezänk' immer weiter fort.

Auf die Frage, *was den Menfchen am ftärkften im
Tode erquicke?* wird geantwortet: Meritum paffionis Chrifti
& beneficium beate Marie virginis & interceffio Sanctorum.
Bey der Gelegenheit erzählt der Geift alles umftändlich,
was mit den Verftorbnen nach ihrem Tode vorgeht. Wer
in einer Todfünde ftirbt, ohne fie bereut und gebeichtet
zu haben, den ergreifen die Dämonen fogleich, und fagen
zu ihm: veni nunc nobiscum in infernum. Wer aber
confeffus, contritus & communicatus ftirbt, licet non fatis-
fecit de peccatis contritis & confeffis, den fchützen die
guten Engel gegen den Auflauf der Böfen, und bedeuten's ihnen, dafs fie an dem Verftorbnen kein Theil haben.
Diefe wenden zwar ein: Non poteft fic effe: iudicemus
inter nos eius facta. Hic homo fic & fic per omnia mem-
bra corporis fui peccauit fic & fic per manus fuas peccauit & fic & fic per omnes potentias anime fue peccauit:
ergo aliquid iuris habemus in hoc homine. Allein die guten
Engel antworten darauf: Verum eft quod iftis modis peccauit: fed tamen de iftis omnibus confeffus eft & in tefti-
monium huius corpus Ghrifti fumfit in viaticum.

Mithin kommt ihm, wie fie weitläuftiger darthun,
Chrifti verdienftliches Leiden zu gut. Auch ift virgo maria
gloriofa fogleich da, mit folgender Anrede an die *demo-
nes*: Ego fum virgo & mater J. C. regina celi & domina
mundi imperatrix inferni. Per hoc quod fum regina celi
habeo dicere filio meo J. C. vt indicet iftum hominem ad
locum purgatorii vt ibi fatisfaciat pro delictis fuis cum
animabus aliis purgandis. Per hoc quod fum maria virgo
& mater domini. volo & ordino fecundum voluntatem
filii mei J. C. quod omnes orationes miffe fancte & elemofine bone quas faciunt omnes fideles chriftiani exiften-
tes in mundo cedant in remiffionem peccatorum huius hominis iam mortui. Et volo quod tales orationes ac miffe

& elemofine alleuient eum a pena fibi debita pro peccatis fuis. Per hoc vero quod ego virgo maria fum imperatrix inferni : habeo vobis demonibus imperare. vt nichil de cetero nociatis huic homini cum facramentis filii mei dilectiffimi decedenti. Zuletzt erfcheinen alle Heiligen noch, und bitten für den Verftorbnen. Quo dicto & finitis iam praedictis anima talis adducetur per angelum fuum bonum ad purgatorium : & mali angeli ab eo recedent quafi confufi & dolentes de mortuo.

Einer der ernftlichften Auftritte folgt auf die Frage des Priors: *Vidiftine corpus Chrifti poftquam deceffifti de hoc mundo?* Der Geift antwortet: quod fic: & modo illud video coram pectore tuo in quadam pixide — worüber die Ordensbrüder, die von dem Geheimnifs nichts wiffen, fich nicht wenig verwundern. Nun nimmt der Prior die Büchfe in die Hand, und gebiethet dem Geift' in virtute corporis chrifti, ihm bis an die Hausthüre zu folgen. *Gar gern*, verfprichts der Geift zu thun — und der Prior geht mit langfamen Schritten, fieht aber niemand ihm folgen, fondern hört nur ein Geräufch, wie wenn ein Eftrich mit dem Befen gekehrt wird. Kaum ift er mit feiner Svite linker Hand bis ans Bette der Frau vom Haufe gekommen; fo fängt fie an mit den Zähnen zu knirfchen, fchreyt als wenn fie rafend wäre, und fällt endlich in Ohnmacht. Der Prior befrägt den Geift um die Urfache diefer Beängftigungen — *Sie foll's felbft fagen* — Aber fie fchweigt ftill, und der Geift will auch nicht mit der Sprache heraus. Endlich, weil's der Prior durchaus doch zu wiffen verlangt — ifts eine fchwere Sünde, die beyde Mann und Frau mit einander an *der* Stätte begangen, und nachher zwar gebeichtet, aber nicht genug dafür gebüfst haben. Und was für eine? — Ja, fo fragte der Prior auch, und fetzte fogar noch einen triftigen Bewegungsgrund als Gewiffensrath hinzu : dicas mihi hoc peccatum vt alii poffint per me premuniri ne committant hoc peccatum vel aliud fimile. Aber er mufste fich an der Antwort genügen laffen: Deus non vult vt prodatur illud peccatum quod per confeffionem deletur fumus enim inde confeffi: in qua confeffione deus oblitus eft illud peccatum quoad culpam licet non quoad penam — Et quod delectum eft a noticia dei non eft *rationabile* vt deducatur ad noticiam hominum Propterea extraneum & ignotum peccatum. non eft ignotis & ignaris innotefcendum: ne quod abfit hoc dicto iterum committatur — Ham ad premuniendum aliquos de periculo: deus permifit me loqui tecum Propter quod dicatis coniugatis & predicetis: vt melius teneant regulas matrimonii funt enim diuerfi cafus quibus peccant coniugati — noti tibi & aliis viris difcretis.

Der Fragen giebts noch viel und mancherley, gezählte und ungezählte. Jener find *dreyſſig* bey der *crſten Entrevue*; denn mit der dreyſſigſten wird der Geiſt für das mahl verabfchiedet. Diefe werden zum Theil vom Referenten am Schluſs der Gefchichte noch nachgeholt. Die meiſten betreffen das Fegfeuer und die Seelenmeſſen, auch andre der Römifchen Kirche eigenthümliche Lehren, die in den Antworten jedesmal fehr orthodox und gründlich auseinander gefetzt werden. Zuweilen weifs der Geiſt gar nicht zu antworten; und, wenn das der Fall iſt, verfchwindet er gemeiniglich auf eine Zeitlang. Die Fragen find dann aber auch darnach. Z. B. Prior quefiuit de antichriſto: et ipfe nefciuit refpondere. Item prior interrogauit eum: quod pape erunt Refpondit deus nouit futura nec mihi talia reuelabantur. Allein mitunter fagt er dem Fragenden auch fehr trocken die Wahrheit. So frägt z. E. der Prior den Geiſt, da er die Strafe die er litte, als eine flammam ignis calidiffimi befchrieb, fehr fpitzfindig: Si ergo tu es hic in igne flammatus quomodo eſt quod hec camera non comburitur. ex quo tu es in ea cum flamma ignis? Und darauf erfolgt die Antwort: *Adhuc modicum lumen sapientie prior est in te.* Nonne dixi supra quod (*Deus — ist ausgelassen*) potest retrahere virtutem ignis, ne agat in combustibile sibi appositum sicut fecit in tribus pueris? (die hier *sydrac mysaac* und *abdenago* genannt werden) *& in quinquaginta rethoribus conuersis ad fidem per sponsam christi Katherinam Similiter tu vides: quod ignis fulguris corporaliter descendit de celo sine combustione alicuius domus.* Tamen quando fulgur facit malum comburendo: *scias quod hoc est signum vindicte alicuius Sicut etiam tu vides quod sol intrat vitrum per medium fenestre sine lesione eius: sic ego spiritus inflammatus possum ingredi & egredi hanc domum sine eius detrimento.* Das Ende vom Liede ist ein derber Verweis von Seiten des Geistes, den der Herr *Dominicanerprior* sich hätte ersparen können, wenn er zum dritten mahl nicht wiedergekommen wäre. Denn er wiederholte zu Anfange des Jahrs 1325. noch zweymahl in *Gvido's* Hause seinen Besuch, und nahm beym letztern sogar noch zwanzig *Minoriten* - und *Augustinermönche*, auch einige *Säculargeistliche* als Zeugen mit sich. Das mahl verlangte nun der Prior vom Geist', er sollte wahrsagen. *Ecce congregati sumus vt testimonium perhibeamus de dictus tuis coram domino papa: cum tempus postulaverit. Dic ergo nobis aliquid mirabile.* Allein der Geist gab zur Antwort: non *sum Deus: ipse enim est qui loquitur & facit mirabilia sed hoc dico vobis ut melius predicetis* u. s. w. Und darauf bat er sie höflich sich ihrer Wege zu scheren. (Ich wüste keinen Ausdruck, der meinem Grundtexte genauer entspräche, als dieser Idiotism, den wir mit den Niedersachsen gemein haben.) *Vadatis vias vestras & orate pro me: & pro hys qui sunt in purgatorio. Ecclesia male respicit eos modo:* (heute zu Tage.) *& vos religiosi plus desistitis ab oratione pro predestinatis quam solebatis. corrigatis vos ne pereatis. Et his dictis tacuit.*

Der

Der Geist hatte dem Prior es vorhergesagt, dafs er bis Ostern aus dem Fegfeuer würde erlöst werden. Non ero in pena nisi vsque ad pascha & si volueris probare hoc verum esse venias ad istum locum ad pascha. Et si tunc me non audieris: scias me in celo esse. (Zu seinem guten Glück' hatte *Guido* einen armen ihm verwandten Mönch fünf Jahre lang zu *Bologna* auf eigne Kosten studiren lassen. Der betete nun so andächtig, kräftig und fleissig für seinen Wohlthäter, dafs er ihm vier Jahre von der poena purgatorii abbetete — Quod idem prior cum aliquibus de familia sua ita fuisse inuenit vt spiritus dixerat.) Und er hielt auch richtig Wort, wie zum Ueberflufs mehr als einmal ausdrücklich versichert wird. Sein Verschwinden erfolgte auf die Frage: quare ipse spiritus potius quam alius apparuit? Tunc subito ipse euanuit — (Die Antwort blieb er schuldig.) Es war wie das Säuseln eines schwachen Windes, der in der Mitte des Zimmers aufstieg, und von dem alle Anwesende sich angeblasen fühlten. Et extunc nihil de spiritu fuit auditum Vnde opinabantur quod residuum penitentie compleuit in purgatorio communi. Am Ende der Erzählung wird das von neuem bestättigt, und der ganzen Begebenheit, mit folgender Schlufsformel, das Siegel der Wahrheit aufgedruckt: Hec omnia probata sunt coram papa iohanne XXII. Postea in die pasche miserunt aliquos. nec prefatum guuidonis spiritum inuenerunt Vnde creditur quod iam assumptus erat ad celicam mansionem. Ad quam nos perducat: qui sine fine viuit & regnat. Amen :. Drunter steht noch eine sehr frappante Nacherinnerung, in welcher alle Achtuug für die Infallibilität des Pabsts schnöde bey Seite gesetzt wird. Sie lautet, wie folgt: Tempore iohannis pape XXII. quidam erronee sentiebant de animabus purgatis etiam & sanctis scilicet quod non viderent gloriam dei & faciem christi ante diem iudicii: *vnde ipse papa etiam erroneus creditur per prescripta correctus*. Nam in prescriptis dictis

K

146 Alte, meiſtens unbekannte Ausgaben

que dixerat ſpiritus guuldonis: patet quod anima ejus in paſcha fuit in celis cum ſanctis & angelis.

Wer's nicht ſieht, daſs die ganze bisher erzählte Geſchichte *) zu Gunſten des Purgatoriums, und der mit deſſen Bewohnern verſchwiſterten Seelmeſſen ſich zugetragen hat, als ob ſie abſichtlich zu dem Zweck erfunden wäre **), dem müfste man rathen, ein praktiſches Collegium über Viſionen und Erſcheinungen bey einem erfahrnen Oculiſten zu hören. Alles läuft zuletzt auf 300 Seelenmeſſen hinaus, die des Verſtorbnen nachgebliebne Wittwe, für ſich und für ihn, auf ſein ausdrückliches Verlangen beſorgen muſs. ***) Das iſt die Hauptbedin-

---

*) Eine dergleichen, aber grauenvollere, zu *Presburg* in den Jahren 1641. 42. geſchehen, und eben daſelbſt 1643., auch zu *Utrecht* 1654. in 4. gedruckt, wird im I. Bande von *D. E. D. Haubers* Bibliotheca magica, p. 229. - 76. ausführlich erzählt. Die gegenwärtige Erſcheinung muſs indeſſen *Haubern* nicht bekannt geworden ſeyn; ſonſt würde er ſie in ſeinem Werke wohl genutzt, oder wenigſtens doch ihrer erwähnt haben.

**) Im *zweyten* Bande der *Briefe über das Mönchsweſen von einem katholiſchen Pfarrer*, (1780. gedruckt) findet man S. 48. - 57. Erläuterungen darüber. Auch verdient die *Nachricht von einer Betrügerey der Predigermönche zu Bern*, im 2ten B. des *Alten aus allen Theilen der Geſchichte* S. 120. u. f. nebſt dem *Tagebuch des Kloſters Seefeld* Ordinis Eremitarum S. Auguſtini im Maymonat 1783. die von 100. Millionen Teufeln beſeſſene *Johanna Seiberin* betreffend, im 2ten St. des *Hiſtor. Portefeuille* v. 1784. S. 241. - 68. mit dieſer Geſchichte verglichen zu werden.

***) Wie in einem ähnlichen Büchlein, welches im GESNERSUHLſchen *Verz. der vor 1500. gedruckten auf der öffentlichen Bibliothek zu Lübek, befindlichen Schriften* (Lüb. 1782. 4.) S. 16. n. 60. unter dem Titel: Dit is dat Boec van Arent Bosmann — Gheprent tot haerlem in Hollant. (4. Ohne *Drucker* und *Jahr*) mit der hinzugefügten Bemerkung angezeigt wird: „Eine Erſcheinung eines Geiſtes aus dem Fegfeuer, der Meſſen für ſich will geleſen wiſſen."

kleiner Schriften, alle in Quart. 147

gung, unter welcher der Geift fie in Ruhe zu laffen verfpricht — denn die andre: non dimittam in pace, *nifi voluerit cafte viuere*, fcheint blos eine Nebenfache zu feyn. Aber die Meffen waren's, wie der Erfolg lehrt, worauf eigentlich alles ankam. Videlicet *centum* de trinitate fiue de fancto fpirito: (Ueber diefe hatte der Geift fich im Vorhergehenden fchon weitläuftiger erklärt. Sie follten, nach der Verficherung, die er von einem guten Engel erhalten, am meiften ihm nützen — Faft müfste man vermuthen, dafs diefe beffer als andre bezahlt worden wären.) *centum* de beata virgine, *centum* de requiem vel de fancto petro apoftolo. *Et ipfa* (vxor) *confenfit*: & ftatim fecit celebrari omnes miffas fecundum formam predictam *nec amplius torquebatur*. So hatte die Hiftorie gleich ein Ende,

Ich hätte fie freylich ganz *deutfch*, auch allenfalls moderner, wieder erzählen können: aber, fo naiv, als mein Ungenannter, wahrlich doch nicht. Meine Lefer, werden mir's daher nicht verargen, fondern vielleicht wohl gar Dank wiffen, dafs ich die Erzählung nicht modernifirt, und zuweilen lieber meinen virum obfcurum felbft, in feiner originellen Sprache habe reden laffen. Zu den bekannten-*Briefen* feiner jüngern Brüder aus dem *fechszehnten* Jahrhundert könnte diefs Büchlein ein herrliches Supplement abgeben, deffen Unterfchrift ich noch herfetzen will: Impreſſum delff Anno dūi M. C. C. C. C. z (et) Lrrrvi in pfeſto (profefto) beate barbare virginis ab honore dei oipotetis. Die mehreften zu *Delft* um jene Zeit gedruckten Bücher haben den Namen des Buchdruckers nicht.

7.

JACOBUS CARTHUSIENSIS de arte bene moriendi. *Lipſiae* per *Arnoldum de Colonia.* 1495. 27 Blatter, in 5 Lagen, von 6, 4 u. 5 Bl. ſignirt *A Aa* bis *E E e.* Das letzte leer gebliebne Blatt iſt verworfen.

Dieſen raren Tractat hat *Fabriz* l. c. Vol. IV. L. IX. p. 19. blos in einer Handſchrift aus der *Pauliner Bibliothek* zu *Leipzig* angeführt, und *Maittaire* hat ihn im *Anhange* zum 2ten Bande ſeines Vten Toms, p. 527. wiewohl *ohne Druckjahr und Namen des Druckers*, aus *J. H. Leichii* libro de orig. & increm. Typogr. Lipſ. p. 108. nachgeholt. In *Mylii* Memorab. Bibl. Jen. kommt er auch p. 168. n. 152. 3.) unter folgender Angabe vor: Doct. Jacobi ordin. Carthuſienſ. tractatus de arte bene moriendi. *Lyptzck.* ſine *loco.* (Soll wohl heiſſen: ſine anno; und wenn das wäre, ſo würden jene Ausgaben beyde von der meinigen verſchieden ſeyn.) Er hat einen eignen Titel, auf welchem zugleich die Inhaltsanzeige geliefert wird. Tractatus Doctoris Jacobi ordinis cartbuſienſis. De arte bene moriendi. Zwiſchen dieſer Aufſchrift, und den nachfolgenden Ueberſchriften der Kapitel iſt zu einigen Zeilen ein leerer Raum gelaſſen. De arte bene moriendi. C. i. De origine bene viuendi. Capitulum ij. De curis ſecularibus abiciendis. Capitulum iij. De aſperitate et vilitate. Capitulum iiij. De obiectione infirmitatum. Capitulum v. Alia obiectio cōtra predicta. Capitulum vi. De meditatione futuroꝝ pauendoꝝ. Capitulum vij. De elemoſinarum largitione. Capitulum viij. De indulgentiarum pticipatione. Capitulum ix. De ingreſſu religionis. Capitulum x. De gratia lacrimarum. Capitulum xi. De perpeſſione iniuriarꝝ. Capitulum xij. De deſiderio diuine fruitionis. Capitulum xiij. De miſſarum celebratione. Capitulum xiiij. De his q̄ circa fine mo-

kleiner Schriften, alle in Quart.

tituris solet euenire. Capitulum xv. De dolore mo❊
rientium. Capitulum xvi. De coscientie pprie accusa❊
tione Capitulum xvij. De presentia maligno 4 spiri❊
tuū. Capitulum xviij. De c̄o per ꝓm in passione
sua factio et p nos imitandis in morte nostra. Capi❊
tulum xix. De presentatione ante tribunal. Capitu❊
lum xx. Conclusio huius tractatus de arte bene mo❊
riendi. Mit dem *vierzehnten* Kapitel endigt sich, wie es
im Texte heifst, der *erste* Theil des Tractats, und mit dem
folgenden hebt der *zweyte* an. *Jener* handelt de arte bene
viuendi, und ist als eine Einleitung zu *diesem* de arte bene
moriendi anzusehen; neque enim, sagt der *Verfasser* se-
cundum Gregorium ganz recht, speranda est mors bona quam
non precessit vita bona. In beyden steht viel Gutes. Der
Verfasser redet fleissig mit der Bibel, wiewohl er die Kirchenväter auch nicht anzuführen vergifst. Nur sein Latein
ist erbärmlich. Den Tod nennt er z. B. pauidam mortem
penalissimam, spricht auch nicht selten von presumptuosi-
tatibus, von *sublimatione* (sublimitate) presidatus, u. dgl.
Aber das kann man ihm leicht verzeihen, zumal da er selbst
gegen's Ende um Nachsicht in Ansehung des Stils bittet: Similiter & inculto stilo indulgentiam deprecor. quia ornatum
verborum. sicut nec splendorem foliorum putaui non esse
necessarium. sed solum fructuum vbertatem si qua ex his
dictis meis prouenire posset. Ich werfe gern in solchen Fällen die Schale weg, und finde dann oft den Kern recht wohl-
schmeckend und nahrhaft. Hier ist einer zur Probe. (Aus
dem 17. Kap.) In vulneribus Christi tutissimum remedium
(contra conscientie accusationem) reperies. sicut olim filii
israel sanguinem agni pascalis super vtrumque postem asper-
gebant & angelus primogenita egiptiorum percutiens videns
sanguinem agni illos illesos conseruauit. Nam hec tanta in
Christi passione fidutia vtilissimum prestat remedium. *nam
fide purificantur corda & abraham non ex operibus sed*

ex fide iuftificatus eft & ideo talis fuorum inopiam meritorum confiderans ex profundo cordis dolore debet cum lacrimis dicere. Scio equiffime iudex me in nullo tibi poffe ex equo refpondere. *& fi iudicatus fuero ex meis meritis. iuftiffime fcio fententiam contra me conferendam.* fed ego offero pro meis culpis illum tuum fanctiffimum fanguinem quem in cruce fimul & in paffione tua pro toto mundo effudifti. u. f. w.

Eben fo evangelifch wird das Verhalten Chrifti im Leiden und Tode als ein Mufter dargeftellt, und allen Kranken und Sterbenden (im 19. Kap.) zur Nachahmung empfohlen. Beten foll der leidende Chrift, wie fein Erlöfer, zu Gott: vt aut infirmitatem tollat, aut pacientiam donet. conformans per omnia fuam voluntatem diuine voluntati — nicht durch Todesfurcht fich beunruhigen laffen: Si enim dominus vite & mortis inftante fua paffione triftis fuit & expauit & fanguineum fudorem emifit pre anxietate imminentis paffionis non mirum debet videri ftipule arenti id eft homini infirmo qui eft ficut folium quod a vento rapitur fi inftante fua morte aut graui infirmitate pauor mortis ipfum inuadit & trifticiam incutit. Et ideo homo ex hoc non debet defperare quafi ad deum pertineat fi accedente morte letari non poteft. cum & dominus fuus fic triftis fuit & non minus meruit. u. f. w. — mit einem verföhnlichen Herzen fterben, jedermann gerecht zu werden fuchen, unrechtmäffig erworbenes Gut wieder erftatten, u. f. w. Hoc etiam chriftus omnibus in faluberrimum medium reliquit qui morituri funt. vt & ipfi omnibus debita dimittant & tunc ipfis etiam debita fua a deo dimittuntur. chrifto dicente. Dimitte nobis debita noftra ficut & nos dimittimus debitoribus noftris. Et alibi dimittite & dimittetur vobis. Debet infuper & moriturus reconciliari & petere publice veniam fi quem verbo vel facto offenderit. Hoc enim & chrifti doctrina tradit. Si inquit offers munus tuum ante altare &c. Per illa duo caritas reformatur fi lefa fuerit. fine qua nulli patet via falutis. Sic & creditoribus debet fatisfacere &. reftituere iniufte ablata aut quecumque non funt fui iuris aut petere debent relaxationem. fi non eft modo prouifus de foluendis — und fterbend nur Gott allein feine Seele empfehlen: Moriturus omni humana fpe derelicta & amore propinquorum fiue parentum natorum & omnium amicorum funditus exclufo. foli deo animam fuam a fe recipiendam ftudeat fiducialiter committere u. f. w. Mehr will ich nicht abfchreiben, fondern nur verfichern, dafs im ganzen Capitel, und faft durchgängig in der ganzen Abhandlung eben der Ton herrfcht.

Der *Verfaffer* ift *Jacobus Junterbuck* de Polonia, ex Monacho vel Abbate *Cicerfticienfi* in Coenobio Paradifienfi f. de Paradifo, dioecefis Pofnanienfis in Polonia, Monachus in Monafterio S. Saluatoris, *Carthufianus*, & S. Scripturæ Profeffor in Studio Erfordienfi. (S. den *Fabriz* l. c. p. 17. u. f.) Er hat das Schickfal gehabt, theils mit einem andern Carthäufer *Jacob Gruytrode* verwechfelt, theils vervielfältigt zu werden; denn man hat nicht weniger, als vier bis fünf verfchiedene Perfonen aus ihm gemacht: Jacobum Junterbock, Jac. de Polonia, Jac. de Paradifo, Jac. Ciftercienfem, Jac. Carthufianum. Wie das zugegangen, läfst fich aus obiger *Fabrizifchen* Anzeige ganz leicht erklären. Am *a. O.* findet man auch, dafs fchon der Abt *von Trittenheim* unfern *Jacobum*, wie ers verdiente, gelobt hat.

Arnold von Cölln, den man im *Maittaire* vergebens fucht, nennt fich als Drucker am Ende diefes Tractats: **Tractatus Doctoris Jacobi ordinis Carthufienfis De arte bn moriendi. Impreſſus Lipczik p Arnoldū de Colonia. Anno Dm. M. cccc. rcv.** In der *kurzen Nachricht von den Buchdruckern in Leipzig*, die im I. Theil *der fo nöthig als nützlichen Buchdruckerkunft und Schriftgieſſerey* (von *C. F. Geſsner*) fteht, findet man p. 91. (f) ein Exercitium puerorum grammaticale von 1493. als

152 **Alte, meistens unbekannte Ausgaben**

das älteste aus feiner Druckerey bekannte Buch angegeben. *Leich* hingegen hat l. c. p. 65-67. fchon ältere von 1491. und 92.

* * *

Noch muſs ich in Anfehung des Drucks fämtlicher bisher angezeigten Bücher nachholen, daſs fie alle mit *Gothifchen* Charakteren gedruckt find, und n. II. vor den übrigen durch eine anfehnliche fette, und fehr fchwarze Mönchsfchrift fich ausnimmt, welcher die in n. IV. zwar am nächften, aber doch lange nicht gleichkommt. *Signaturen* haben fie alle: (n. IV. ausgenommen) aber *Cuſtodes* und *Blattzahlen* hat keins. Die *groſſen Initialbuchſtaben* fehlen durchgängig, find aber allenthalben, obgleich fehr mühfelig, ergänzt, indem die Bücher alle rubricirt find. (Das letztere fcheint erft in fpätern Zeiten gefchehen zu feyn; wenigſtens ſteht auf der letzten gedruckten Seite von n. III. ausdrücklich das Jahr 1543. beygefchrieben; 1543 die oīm aīa ♃ (omnium animarum) Rubricatū. Drunter zweymal: (L. S.) Häufige *Abbreviaturen* machen das Lefen derfelben etwas befchwerlich. Das *Unterfcheidungszeichen* iſt in allen meiſtens ein Punkt, felten ein Doppelpunkt, noch feltener ein Fragzeichen. Das *Abfetzungszeichen*, bey getheilten Wörtern am Ende der Zeilen, iſt in diefer Sammlung fehr verfchieden geſtaltet. In n. I. III. VI. iſts *ein* fchräger Strich; (/) in n. IV. und VII. find's *zween* dergleichen Striche (//) die jedoch in n. VII. öfterer fehlen, als vorkommen; in n. II. *zween* Queerſtriche, (=) die oft in *einen* dickeren zufammengelaufen; und in n. V. findet man's gar nicht. Vergleicht man den Druck der zuletzt gedachten Nummer, mit n. I. und III. recht genau, fo bleibt wohl kein Zweifel übrig, daſs *Johann von Paderborn* jene eben fowohl, als diefe gedruckt habe. Wegen des fehlenden Abfetzungszeichens würd' ich aber n. V. für älter, als die beyden andern erklären.

III.
RECENSIONEN NEUER BÜCHER.

I.

Bibliotheca Moguntina libris fæculo primo typographico Moguntiæ impreſſis inſtructa, hinc inde addita inuentæ typographiæ hiſtoria a Stephano Alexandro Würdtwein, Epiſcopo Heliopolenſi, ſuffraganeo Wormatienſi. Auguſtæ Vindelicorum impenſis C. F. Bürglen. 1787. grofs 4.

II.

Monumenta typographica, quæ exſtant in bibliotheca collegii canonicorum regularium in Rebdorf. Collegit, notis illuſtravit & dedidit eiusdem collegii bibliothecarius. (Andreas Strausſ) 1787. Eichſtadii, typis Matth. Caietan. Schmid, Typogr. aulic. 4.

III.

Bibliothecæ academicæ Ingolſtadienſis incunabula typographica feu libri ante annum 1500. impreſſi circiter mille & quadringenti; quos fecundum annorum feriem difpofuit, defcripfit & notis hiſtorico-litterariis illuſtrauit Seebaſtianus Seemiller Canon. reg. Pollinganus, Scr. Elect. Pal. Bav. Conſil. eccl. act. Theol. D. & P.P.O.

Bibliothecæ acad. præfectus. Fasciculus I. qui libros complectitur nota anni infignitos vltra centum & viginti eosque omnes ante annum 1477. vel certe ante annum 1480. impreffi. Cum adprob. theol. facult. Ingoldftadii. 1787. grofs 4.

Drey neue wichtige Beweife, dafs die Liebe zu der Litteratur auf katholifchen Univerfitäten und in Klöftern immer mehr erwacht, da fie unter den Proteftanten hin und wieder einfchlafen will. Ich nehme wegen des ähnlichen Inhaltes hier diefe drey Bücher zufammen, um fie in möglichfter Kürze zu recenfiren. Mein Urtheil darüber, das ich vorausfetzen will, foll fehr kurz feyn. Das erfte ift fehr unvollkommen, das andre nicht ganz befriedigend, und das dritte vortreflich. Das mufs ich nun beweifen, und da kann ich mich freylich fo gar kurz nicht faffen.

Dafs Herrn *Würdtweins* Mainzifche Bibliothek, auf das gelindefte ausgedruckt, fehr unvollkommen ift, fage ich nach forgfältiger Prüfung. Er wird es auch felbft nicht läugnen, da er, wie ich gewifs weifs, fchon eine neue Auflage im Sinne hat. Ich bezeuge dabey alle nur mögliche Hochachtung gegen die fehr groffen Verdienfte des Herrn Weihbifchofs um die Gefchichte und Diplomatik, und es fey fern von mir, folche allgemein anerkannte Verdienfte zu verkennen. Dem ohngeachtet aber mufs ich fagen, dafs er in Bearbeitung der Buchdruckergefchichte eine kleine Figur macht. Diefe erfordert bey ihren vielen Dunkelheiten ein eignes anhaltendes Studium und dazu hatte der groffe Diplomatiker und Hiftoriker nicht Zeit genug. Auch fcheint er die nöthigen Hilfsmittel nicht immer bey der Hand gehabt zu haben, und uns alfo nur

Recenfionen neuer Bücher.

etwas zu liefern, das er in wenigen Nebenftunden ohne forgfältige Prüfung, oft nur in Eil, zufammengeraft hat. Doch! ich will das Buch nach der Ordnung durchgehen. Die Vorrede enthält eine kurze Nachricht von den alten Mainzer Bibliotheken. Den Grund dazu foll fchon der erfte Bifchof S. Crefcens gelegt haben, feine Nachfolger Maximus, Sidonius, &c. werden nur genennt, vom H. Bonifacius wird weitläufiger geredet. Dann folgt: de bibliotheca ecclefiæ Metropolitanæ a feculo VIII. excunte, de bibliotheca monafterii ad S. Albanum, de bibl. montis fpeciofi, eine weitläuftigere Befchreibung *Wolfgang Treflers* vom Jahr 1512. Zuletzt verfpricht Hr. W. von den Bibliotheken der Exfefuiten, Carthäufer, Carmeliten, Francifcaner, des Erzbifchöflichen Seminariums und vornehmer Familien, z. E. *Dalberg*, *Walderdorff*, *Oftein*, weitere Nachricht, wenn er die Verzeichniffe derfelben erhalten wird. Darauf folgt S. 35. der confpectus diefes Buches §. 1. De libris, typographia a Johanne Guttenberg Moguntiæ inuentæ usque ad annum 1457. Moguntiæ impreffis. §. 2. Libri ab anno 1457 - 1466. a Joanne Fuft & Petro Schoiffer impreffi. §. 3. Libri ab anno 1467. - 1502. a Petro Schoiffer impreffi, additis quibusdam in Rhingauia exufis & nonnullis aliis typographis. §. 4. Libri ab anno 1503 - 1531. a Johanne Schöffer impreffi. §. 5. Libri ab anno 1531 - 1558. ab Juone Schœffer & aliis impreffi. Der erfte §. von S. 36 - 55. enthält alfo eine kurze Gefchichte der Buchdruckerkunft. Die Nachrichten vom *Joh. Guttenberg* und feiner Familie mögen das befte darinnen feyn. Sonft wird *Meermann*, faft zu weitläuftig, und *Schöpflin*, widerlegt, und die Erfindung der Stadt *Mainz* zugefchrieben. Mehr Licht würde Hr. W. über diefe Gefchichte haben verbreiten können, wenn er die neueften Schriften darüber gelefen und gebraucht hätte. Allein davon ift faft überall ein tiefes Stillfchweigen. Man findet nichts von des fel. *Schelhorns* Schriften, nichts von der Erfindung der Matritzen, nichts vom Ablaſsbrief 1454. der zuerſt mit gegoſsnen Lettern gedruckt ſeyn ſoll, nichts von den Entdeckungen des Herrn *von Heinecken*, nichts von Hrn. *Aemil. Reif* zwey Programen de originibus typographicis 1785. 1786. bey der älteſten lateiniſchen Bibel, nichts von *Schelhorn*, *Maſch*, *Fürſtabt Gerbert*, u. a. m. Kurz, hier und im folgenden öfter hat Hr. W. die rechten Quellen nicht gebraucht. Den *Breitkopf* führt er S. 44. und 49. an: aber dem Anſehen nach hat er ſeine zwey Schriften mit einander vermengt. Wenn er ſagt: conferatur interim ejusdem, *Verſuch vom Urſprung der Spielkarten*, de an. 1781. quæ diſquiſitio prodiit hoc anno 1785. magis extenſa &c. ſo ſoll das heiſſen, der Anfang dieſes Verſuchs ſey zwar 1781. ſchon abgedruckt, aber nach Hrn. *Breitkopfs* eignen Zeugniſs erſt 1784. ausgegeben worden. Davon aber iſt ſeine kleine Schrift *über die Geſchichte der Erfindung der Buchdruckerkunſt* 1779. auf welche eigentlich hier p. 49. das Citatum gehen ſollte, und die er p. 50. in der Note ſelbſt anführt, ganz verſchieden. In dem folgenden Bücherregiſter finden ſich noch manche Beyträge zu dieſer Geſchichte. Die meiſten ſind Auszüge aus Büchern, welche Beweiſe enthalten, daſs die Buchdruckerkunſt zu *Mainz* erfunden worden iſt. Wo Hr. W. zwiſchen den Jahren 1457. und 1557. ein ſolches Zeugniſs auftreiben kann, miſcht er es in das Verzeichniſs der zwiſchen dieſer Zeit zu Mainz gedruckten Bücher hinein, und da mag der Leſer dieſe Zeugniſse aus dem ſonſt freylich ſehr magern Catalogo herausklauben, wenn es ihm beliebt. Welche Verwirrung! doch nun zum Verzeichniſs ſelbſt!

Daſs bey dem Jahr 1457. nichts als der bekannte Pſalter vorkommt, kann man ſich leicht vorſtellen. Faſt hätte man ſchon hier mehr erwarten dürfen. Man vergleiche des Hrn. *von Heinecken* neue Nachrichten, die aber freylich erſt 1786. herauskamen, ſo daſs ſie Hr. W.

noch nicht gebrauchen konnte, und des fel. *Schelhorns* Anmerkung von der allererſten Ausgabe des lateiniſchen Pſalters in Riederers nützlichen und angenehmen Abhandlungen, Alt. 1768. die Hr. W. billig hätte kennen ſollen. Daraus würde er geſehen haben, daſs das *fünfte* bisher bekannte Exemplar dieſes Pſalters in dem Reichsſtift *Roth* bey Memmingen iſt, daher auch Hr. *Breitkopf* auf kein andres zielen konnte. Hätte Hr. W. dieſes gewuſst: ſo würde er S. 58. nicht geſchrieben haben: id fortaſſe noſtrum exemplar eſt. Denn das iſt das *ſechſte* Exemplar, für deſſen nähere Bekanntmachung ihm Kenner gewiſs danken werden. Daſs p. 57. *Johannes Scheffer* ſtehet, anſtatt *Petrus Schöffer*, iſt Uebereilung. — Von dem Pſalter 1459. zählt Hr. W. S. 62. vier Exemplare. Drey davon vergleicht er unter einander: es wäre aber zu wünſchen, er hätte ſie auch mit dem Pſalter 1457. verglichen. Ein fünftes Exemplar auf Pergament befindet ſich jetzt zu Wien, wohin es ein Abbé gebracht hat, der Gelegenheit hatte, es nebſt andern Seltenheiten auf einer gelehrten Reiſe im vorigen Jahr in Italien zu kaufen. Was eigentlich die litteræ florentes ſeyen, die *Erhard Ratdolt* erfunden haben ſoll, und deren Hr. W. S. 62. gedenket, das hätte er von Hrn. *Panzer* lernen können. Bey dem *Catholico* 1460. giebt Hr. W. S. 66. u. f. einen weitläuftigen Auszug aus dem *Meermann*, der ſehr abgekürzt hätte werden können. Denn zuletzt geſteht *Meermann* doch ſelbſt noch, daſs das Jahr richtig ſey. Zuletzt fügt dann Hr. W. andre Zweifel über den Ort und den Druker bey, die ſich aber auch widerlegen ließen, wenn es hier nicht zu weitläuftig wäre. Hr. *Gerken* hat im erſten Theil ſeiner Reiſen S. 34. 189. 365. drey Exemplare, die er zu *Heilbronn*, *Buxheim* und *Polling* geſehen hat, für Mainzer Druck erklärt, und noch bin ich auch dieſer Meinung. Der decor puellarum, Venetiis mit der falſchen Jahrzahl 1461. gehört gar nicht hieher. Aber Hr. W.

zieht ihn blos p. 72. herbey, um aus der Cöllner Chronik 1499. etwas über die Erfindung der Buchdruckerkunſt zu ſagen. Wegen der erſten lateiniſchen Bibel mit der Jahrzahl 1462. vergleiche man Hrn. Seb. Seemiller de latinorum bibliorum cum nota anni 1462. impreſſa duplici editione Moguntina exercit. Ingolſt. 1785. ſo Hr. W. eben ſo wenig geſehen hat, als manche andre ihm brauchbar geweſne Sachen, und wegen der gleich darauf folgenden Deutſchen 1462. *Gerhoh Steigenberger* litterar: krit. Abhandlung über die zwo allererſte gedruckte deutſche Bibeln, die erſt 1787. herauskam und alſo von Hrn. W. noch nicht gebraucht werden konnte. — Von der gleich darauf folgenden Schrift *Dieterici* oder *Diethers* wider Graf Adolph von Naſſau, die, wie hier nicht deutlich bemerkt iſt, nur auf 4. Folioblättern 1462. gedruckt iſt, hält Hr. *von Murr* in ſeinem Journal, Th. 14. S. 107. für wahrſcheinlich, daſs ſie Johann Guttenberg gedruckt habe, giebt auch den Titel lateiniſch an. Bey dem J. 1463. und 1464. giebt Hr. W. kein Buch an, ſondern redet dagegen unter andern von der Einführung der Buchdruckerkunſt in Italien, ſcheint aber das neueſte und wichtigſte Buch von derſelben, den *Audiffredi*, nicht zu kennen. Hier will ich anfangen, einige Supplemente zu liefern, aber nur wenige. Denn bis zum J. 1500. iſt das Verzeichniſs ſo ziemlich, obgleich nicht ganz vollſtändig, aber nachher wird es immer magerer, ſo daſs Supplemente gar zu viel Platz wegnehmen würden. Zu dem Jahr 1463. gehöret: Bulla cruciata Pii II. contra Turchos, 6. Blatt mit den Charaᶜteren des rationalis Durandi 1459 und des catholicon 1460. gedruckt. (*Herr von Murr* l. c. S. 107.) Von dem Unterſchied der beyden Ausgaben der officiorum Ciceronis 1465. und 1466. ſagt Hr. W. kein Wort, und hat alſo hier weder den *Maittaire*, noch Hrn. *Suhl von der Lübeker Bibliothek* gebraucht. Bey dem J. 1466. führt er S. 88. den Auguſtinus de veræ vitæ cognitione an, weiſs aber. nichts davon, daſs *Schelhorn* in der diatrib. prælim. zum *Quirini* S. 38. auch ein Exemplar beſchrieben, und demſelben S. 37. auch noch den hier übergangnen Auguſtinus de vita chriſtiana cum inſignibus Fauſti & Schœfferi beygefügt hat. S. 91. u. f. macht er das roſarium decretorum, num. 14. iſt vermuthlich von dem *Johann Mentelin* zu Straſsburg, communiloquium Gallenſis, num. 19. wahrſcheinlich vom *Johann Zainer* zu Ulm, ſermones Leonis, num. 20. gewiſs vom *Schweinheim* und *Pannarz* zu Rom (1470.) Von des Cunradi Turicenſis repertorio, num. 27. ſteht die ganze hier abgekürzte Unterſchrift in Wiliſchii arcanis bibl. Annæberg. p. 300. und in den Seemilleriſchen Inkunabulis S. 140. Auguſtinus de conflictu, num. 51. iſt vermuthlich vom *Friedr. Creuſner* zu Nürnberg; der proceſſus judiciarius num. 52. nebſt den folgenden Schriften, ſo wie num. 47. ſpeculum peccatoris, ſicher vom *Günther Zainer*, nicht vom *Ambr. Keller* zu Augsburg, lauter Stücke einer Sammlung, die ich beſonders beſchreibe. Die in Holz geſchnittene Schriftprobe, die hier S. 47. ſtehet, iſt ein wenig gar zu dick. Laur. Vallenſis, num. 64. iſt vom *Huſner* und *Beckenhub* zu Straſsburg, wie Hr. *Seemiller* S. 147. zeigt, der auch verſchiedne andre hier befindliche Schriften deutlicher beſchreibet. S. 102. fangen die Bücher mit der Jahrzahl an. Das reformatorium Baſil. per Mich. Furter mit der falſchen Jahrzahl 1444. iſt nicht, wie hier behauptet wird, von 1544. ſondern 1494. Der ganz unbekannte tract. de regimine religioſorum editus per Fr. Jo. de Hagen 1465. iſt jünger. Denn das Wort editus heiſst nicht immer *gedruckt*, ſondern oft *verfertiget*. Das Summarium textuale 1465. iſt wahrſcheinlich 1485. gedruckt, und die biblia aurea 1466. im Jahr 1496. wie ſchon *Clement* vermuthet hat. Mit dem Jahr 1468. gehen ſichere Jahrzahlen an, und den Anfang machen die meditationes vite J. C. bey *Günther*

Zainer in Augsburg, fein erftes herrliches Product, das man nicht ohne Vergnügen fehen kann. Weil man es mit dem Kempis de imitatione J. C. confundirt hat: fo werde ich es näher befchreiben, wenn anders meine jetzige Befchäftigung, den wahren Verfaffer zu entdecken, nicht ganz vergeblich ift. Caldrini repertorium 1474. ift wahrfcheinlich vom *Mich. Wensler* zu Bafel gedruckt; Jo. Andreae quaeftiones 1475. vom *Eggeftein* zu *Strafsburg*. S. 136. Manthen, de Scherretzez ift ein ftarker Druckfehler anftatt Gberlretzem. Die Unterfchrift aber hat Freytag Tom. I. ad par. litt. p. 579. anders. S. 142. Pharetra bey *Fritz Creufner* fcheint nicht zu 1479. zu gehören, fondern unter die Bücher ohne Jahrzahl. S. 160. Der Livius 1482. ift freylich dem *Bauer* und *Niceron* unbekannt, aber *Ernefti* und *Maittaire* haben diefe Ausgabe. Eben diefes gilt von der Ausgabe 1485. S. 170. bey dem manuale facerdotum follte Hermannus de Schilditz genennt feyn. Dergleichen Anmerkungen hätte ich noch mehrere machen können: allein diefe mögen fchon genug feyn, um zu zeigen, dafs ich das Buch gelefen habe.

Endlich komme ich zu Herrn *Seemiller*. Seine Befchreibungen, ob fie gleich einigen zum Theil zu weitläuftig feyn wollen, mögen andern Bibliothekaren ein Mufter feyn, welches zu erreichen, nicht leicht, aber zu übertreffen, fie fich bemühen mögen. Was Hr. *Straufs* monumenta typ. nennet, das nennt Hr. *Seemiller* incunabula, und zwar mit Recht, obgleich diefer Name einem gewiffen Recenfenten lächerlich fcheinen will. Denn obgleich diefe Benennung nicht ganz etymologifch richtig ift: fo ift fie doch kürzer und bequemer, als andre, und hat, in diefer Bedeutung, und von dergleichen Büchern gebraucht, fchon vor mehr als 50 Jahren das Bürgerrecht erlangt, welches ohne Zweifel der Name *Vierzehenhunderter*, der feit etlichen Jahren der Kürze wegen gebraucht wird, auch bald erlangen wird. Diefes im Vorbeygehen!

Die

Die Ingolſtadter Inkunabelnſammlung iſt zahlreich und herrlich, wie die ganze Bibliothek, und ihr würdiger Vorſteher weiſs ſie zu benutzen, und hat Kenntniſſe, Kräfte, Zeit und Hülfsmittel genug dazu. Doch Mann und Werk bedarf meines Lobes nicht. Alſo gleich zur Sache!

In der Vorrede handelt Hr. S. hauptſächlich von dem vielfachen Nutzen der Kenntniſs der Inkunabeln, und be-ſchreibt alsdenn die Beſchaffenheit ſeiner gegenwärtigen Arbeit. Zuletzt verſpricht er eine Geſchichte der Bibliothek, welcher er mit ſo vielem Ruhm vorſteht, und die Erfüllung dieſes Verſprechens wird gewiſs jeder Litterator mit Sehnſucht erwarten. Da er in dieſem Faſcikel einige Bücher, die keine Jahrzahl haben, nach dem Exempel andrer Bibliographen bloſs nach Gutdünken unter ein gewiſſes Jahr geſetzt hat: ſo verſpricht er, ſolches in Zukunft zu unterlaſſen, weil es nur Verwirrung macht. Und dieſes wird gewiſs ein jeder billigen.

Einen ſolchen Vorrath von den älteſten Inkunabeln wird man nicht leicht in einer *Univerſitätsbibliothek* antreffen. Von dem Jahre 1462. ſind es zwey, 1466. eins, 1468. eins, 1469. acht, 1470. vier u. ſ. w. Wenigſtens wüſte ich nicht, wo die erſtern derſelben beyſammen zu ſehen wären? Die Mainzer lateiniſche Bibel 1462., die deutſche eben daſelbſt, die man bisher falſch in eben dieſes Jahr geſetzt hat, von welcher aber der ſel. *Steigenberger* gezeigt hat, daſs ſie Hr. *Eggeſtein* zu Straſsburg erſt 1466. oder 1467. gedruckt habe, die deutſche Straſsburger Bibel vom *Johann Mentel* 1466. u. ſ. w. Ueber die folgenden Bücher, von denen Hr. S. die Titel, wenn einer dabey iſt, oder die Unterſchriften richtig und genau anführt, will ich nur einige wenige Anmerkungen machen. Denn ich weiſs, daſs er ſelbſt dem zweyten Faſcikel verſchiedene Verbeſſerungen und Erläuterungen beyfügen wird. Auch wird er den *Maittaire*, der ſo viele

Verbesserungen nöthig hat, den Quirini de optimorum scriptorum editionibus nach der Schelhornischen Ausgabe, u. s. w. mehr als bisher gebrauchen. So selten auch die römischen Ausgaben vom *Conrad Schweinheim* und *Arnold Pannarz* in Deutschland sind: so trift man doch in der Ingolstadter Bibliothek verschiedene derselben, sogar von den ältesten, an; z. E. Apulei opera 1469. von welcher *Quirini* p. 209. handelt und p. 211. die ganze præfationem Johannis Andreæ episcopi Alerienfis liefert; (in der Unterschrift liefst Quirini falsch epitomata, hier heifst es S. 11. richtiger: epitoma,) Gellii noctes Atticæ, die Quirini ebenfalls p. 195. weitläuftig beschreibt, und die epistolam Alerienfis wieder ganz beybringt; und andre mehr. — Unter dem Jahr 1473. kommt vor: Eusebius de præparatione euang. zuletzt mit vier Versen, der Jahrzahl und dem Namen Leonhardus Aurl, von welchem sich Hr. S. nicht zu entscheiden getrauet, ob er Buchdrucker, Buchführer, Corrector, oder Verfaffer der Verse gewesen ist. Fast eben so urtheilt er auch S. 63. von dem Namen *Hans Aurl*, der bey einem 1474. gedruckten Buch steht. Nicht nur ich, aufgemuntert durch einen würdigen und wifsbegierigen Klosterbibliothekar, sondern auch der sel. Bibliothekar *Steigenberger* in München, der gewifs in der Buchdruckergeschichte sehr erfahren war, habe diesem Namen lang vergeblich nachgespürt, und fast so wenig entdecken können, als Hr. S. Fast scheint es *Leonhard Aurl* habe sich in Bayern aufgehalten. Wenigstens findet sich zu *Ammergau* eine steinerne Säule mit der Aufschrift: construxit Leonardus Aurl. (Aus dieser Gegend ist zwar sonst vom J. 1472. ein Buchdrucker bekannt Adamus de Ambergau, aber wer weifs, wo er gedruckt hat?) Vermuthlich ist der Eusebius 1473. nur ein Nachdruck der Jensonischen Ausgabe 1470. Dieser ist ein Octastichon beygefügt mit der Ueberschrift: Antonii Cornazani in laudem artificis carmen (*Maittaire* B. IV. S. 285.) Das erste und letzte Diftichon fteht bey der Ausgabe 1473. die auffer Maittaire auch Hr. S. liefert. Und fo fcheint *Leonard Aurl* faft nur der Auffeher, oder Corrector gewefen zu feyn. Doch! was nützen Muthmaffungen? Ob das zu Bologna verfertigte Buch pandectae medicinae 1474. auch dafelbft gedruckt worden ift, wie S. 57. ftehet, möchte nicht fogar gewifs feyn. Maittaire hat B. IV. S. 232. den Drucker *Johann Nurfter* ohne Namen des Ortes 1475 und ohne Benennung des Jahrs in Gefellfchaft des *Johann Baumeifters* zu Mantua. Noch will ich zu S. 83. anmerken, dafs der Buchdrucker *Johann Schall*, der im *Orlandi* fehlt, nicht nur im *Maittaire* B. IV. S. 266. ftehet, fondern dafs diefer auch S. 342. des von ihm gedruckten Buches: Pauli a S. Maria fcrutinium fcripturarum, Mantuae 1475. ausdrücklich gedenket.

S. 102. kommen die Bücher ohne Jahrzahl, die aber wahrfcheinlich vor dem Jahr 1477. oder doch 1480. gedruckt find. Noch niemand hat fich mit dergleichen Büchern fo viel Mühe gegeben, als Hr. S. Nicht nur befchreibt er fie fo, dafs die Ausgaben ohne Jahrzahl, dergleichen es bey vielen Büchern verfchiedene gibt, leicht von einander unterfchieden werden können: fondern er macht auch von dem zahlreichen Vorrath von Inkunabeln, der ihm anvertraut ift, noch einen andern fehr nützlichen Gebrauch. Er vergleicht die Bücher, von denen die Jahrzahl und der Drucker unbekannt ift, mit ähnlichen, bey denen Jahr und Drucker genennt ift. Die Gleichheit der Lettern hilft ihm oft, den Drucker gewifs oder doch höchftwahrfcheinlich entdecken und die Zeit des Drucks beyläufig beftimmen. Er ift darinnen fehr glücklich und befchreibt auf diefe Art folgende Bücher auf das genauefte. I. Fünf vom Ulrich Zell zu Cöln, der faft ganz unbekannt war, bis Schelhorn und Meermann feine Produkte, und zwar der letztere fchon vom Jahr 1467. entdeckten. II. Fünf, wovon eins p. 147.

nachgeholt ift, vom Georg Hufner und Johann Beckenhub zu Strafsburg. III. Sieben vom Chriftoph Valdarfer, der 1470. und 1471. zu Venedig, und nachher zu Mailand feine Preffe hatte. IV. Drey vom Conrad Fyner zu Efslingen. V. Eins vom Johann Gensberg, der fich hier genennt hat, und zu Rom um 1473. druckte. VI. Sechs vom Johann Mentelin zu Strafsburg, der fchon 1466. druckte. (Das fünfte ift S. 134. nachgeholt: A. quinatis fecunda fecundae. Unter den Inkunabeln zu Füffen ift ein fchon 1466. rubricirtes Exemplar. Das feehste ift p. 146. nachgeholt.) VII. Fünf vom Günther Zainer zu Augsburg. VIII. Sechs vom Johann Zainer zu Ulm. IX. Zwey vom Anton Sorg zu Augsburg. X. Eins vom Vindelino de Spira zu Venedig. XI. Eins vom Johann Fuft, oder Peter Schöffer. XII. Eins vom Sixtus Riefinger zu Neapel. XIII. Fünf vom Heinrich Eggeftein zu Strafsburg. Bey dem J. P. de Ferrariis ift in dem Exemplar zu Füfsfchen die Jahrzahl 1473. dazu gefchrieben. XIV. Eins bey dem Berthold Roth zu Bafel. XV. Eins vom Ulrich Hahn zu Rom. XVI. Eins vom Philipp de Lauagnia zu Mailand. XVII. Eins vom Friedrich Creufner zu Nürnberg. XVIII. Zwey vom Peter Drach zu Speyer. Von Num. 55. bis zu Ende Num. 105. kommen nun Bücher, wo fich Ort und Drucker nicht fo leicht errathen läfst, obgleich bey manchem noch eine wahrfcheinliche Muthmaffung gewagt wird. Der Kürze wegen will ich nur bey einem einigen eine Anmerkung machen, nämlich bey Num. 91. J. Nider praeceptorium. Lackmann führt davon in feinen annalibus typogr. p. 107. ein Exemplar an, das fchon 1472. gekauft worden ift. Es wäre zu wünfchen, dafs alle, welche Inkunabeln befchreiben, nach Hrn. S. Exempel, nie vergeffen möchten, anzuzeigen, wenn in ihren Exemplaren dergleichen Jahre angemerkt find, in denen fie rubricirt und gekauft worden find. Denn dadurch läfst fich das Alter mancher Ausgabe ziemlich wahrfcheinlich beftimmen.

Anmerkungen zu der Erläuterung der bekannten Verse: Scema tabernaculi u. s. w. bey den inftitutionibus Juftiniani 1468. Ich würde doch wenigftens gefagt haben, dafs sie schon *Schwarz* de origine typographiae, differt, III. p. 19. auch erläutert habe. Bisweilen citirt Hr. W. mit franzöfifcher Flüchtigkeit, z. Ex. S. 96. fteht bey zwey Büchern kein Wort, als: Bure. Wer kann hier errathen, welcher unter den 9 Bänden von Gu. Fr. de Bure bibliographie inftructive gemeinet fey? Dann redet er von Guttenberge Tod, vom Conrad Humery, u. f. w. und citirt: Joan. T. 3. p. 424. ich rathe blofs, es foll etwa G. C. Johannis fcriptores rerum Moguntinarum feyn. Was S. 106. unten apparatus ad decretalium Gratiani feyn foll, will ich eben fo wenig errathen, als warum S. 107. die Unterfchrift bey dem Auguftinus de ciuitate Dei 1473. zweymal von Wort zu Wort abgedruckt ift. Von dem Jahr 1474. findet fich in der Nürnberger Stadtbibliothek nach dem Zeugnifs des Hrn. *von Murr* in feinen Merkwürdigkeiten und in den memorabilibus: Vincentii fpeculum hiftoriale Moguntiae III. Vol. Bey dem Turrecremata 1474. fteht eine französische Anmerkung: woher? wird nicht gefagt. Vermuthlich ift fie aus dem *Crevenna*. Darunter ftehet: vide an. 1474. & 1476. Das foll wohl heiffen 1476. & 1478. Denn die Ausgabe 1474. ift es ja eben, von der hier die Rede ift. *Conrad Hannequis* S. 111. ift wohl *Conrad Henlif.* Bey dem Jahr 1481. fteht wieder kein Buch, fondern nur ein paar Zeugniffe, die man hier nicht fuchte. Ich fetze defswegen aus der biblioth. Meuarfiana, und dem Maittaire her: tractatus carminibus: elegantiff. confcriptus de paffione Domini Mogunt. 1481. 4. Mit *den Chronecken der Saffen* 1482. hat fich Hr. W. S. 122. vermuthlich geirrt. Es foll wohl 1492 heiffen. Zu dem J. 1490. gehört: Summulae logicales modernorum ex Ariftotele, Boethio, enucleatae a magiftris regentibus Moguntini collegii Moguntiae 1490. zu dem Jahre

1495. *Ob ein Mann ein ehelich Weib nehmen dürfe oder nicht* (Albrecht von Eyb) bey Hannſs Schöffer. Er fieng alſo nicht erſt 1503. an zu drucken, wie hier S. 129. ſtehet. S. 134. ſteht wieder eine franzöſiſche Anmerkung, bey der man fragen muſs: woher? vermuthlich wieder aus *Crevenna*. Sie betrift das Buch oratio querulofa contra inuaſores facerdotum. Der Verfaſſer *Jacob Wimpheling* iſt nicht genennt und die Worte: incomnu-a tous les bibliographes, brauchen Einſchränkung. Denn der Herr *von Riegger* hat im zweyten Faſcikel ſeiner amoenit. litt. p. 178. nicht nur Nachricht von den Ausgaben gegeben, ſondern auch dieſe Schrift S. 383. wieder ganz abdrucken laſſen. Den deutſchen Livius 1500. wird man S. 135. ſicher ausſtreichen dürfen. Bey dem miſſali Moguntino iſt der Druckort *Mainz* zu nennen vergeſſen worden. Die Frankfurter Freunde, die es Hrn. W. bekannt gemacht, haben es wohl nur aus Lucii catal. bibl. Moeno-Francof. p. 421. kennen lernen, und hätten ihm aus dem Augenſchein wohl mehr mittheilen ſollen, als nur die zwey Worte: miſſale Moguntinum. Der Pſalter 1502. vom Peter Schöffer S. 137. iſt ziemlich unbekannt. Aber woher weiſs Hr. W. daſs dieſs noch *Peter Schöffer*, der ältere iſt? der ſeit 1493. nicht mehr vorkommt. Ich nehme hier gleich S. 144. mit, wo es bey dem Jahr 1512 heiſſet: Petrus Schoffer typographus hoc anno feria ſecunda proxima poſt Aſſumptionem virginis Mariae, inter viuos adhuc agebat, vt videre eſt e documento ſub num. XXV. Sollte das nicht eher *Peter Schöffer* der jüngere ſeyn, der nachher zu Worms druckte, und daher ſein Haus zu Mainz aufgab? Unmöglich iſt es zwar nicht, daſs der ältere von 1457. bis 1502. gedruckt und 1512. noch gelebt hat, aber gar nicht wahrſcheinlich. — Bey dem deutſchen Livius 1505. ſteht S. 139. nicht einmal der Titel, den Hr. W. doch aus dem Uffenbachiſchen Catalogus B. II. im zweyten Anhang S. 80. ſicher hätte entlehnen können. Das Format wird eher klein Folio, als grofs Quart feyn. S. 142. bey directorium miffe 1508. follte doch allerwenigftens noch ftehen: fecundum frequentiorem curfum Maguntine ecclefiæ pro nouellis ruralibus clericis. Aber Hr. W. hat die allerwenigften Bücher felbft gefehen, und Titel und Nachrichten find bey ihm, eins fo unvollftändig, als das andre. Bey dem Jahr 1511. ift vergeffen: liber precationum feu curfus beatæ Mariæ virginis, Jo. Schoeffer mit der falfchen Jahrzahl an millef. quadringentefimo vndecimo; bey dem Jahr 1516. hortulus animae, auch von Johann Schöffer; bey 1520. Vlr. Hutten de vnitate ecclefiae conferuanda, & fchifmate inter Henricum IV. imper. & Gregorium VII. pont. M. menfe Martio, bey eben demfelben. S. 153. ftehen Reginonis annales zweymal. Bey 1521. fehlt der deutfche Livius, von welcher und den andern Ausgaben die Beyträge zur kritifchen Hiftorie der deutfchen Sprache B. I. S. 23. 460. B. V. S. 179. nachzufehen find. Wie fchlecht die alte Orthographie beobachtet, ift, davon mag der Titel und Unterfchrift des deutfchen *Cäfar* ein Beweifs feyn. Auf 20 Zeilen hab ich nicht mehr als 36 Fehler gefunden; es wäre aber hier zu weitläuftig, fie anzuzeigen. S. 161. fangen die Bücher vom Jvo Schoeffer an, es find aber noch manche vom Johann Schoeffer darunter. Bey der Dietenbergerifchen Bibel 1534. hätte wohl Hr. *Panzer* angeführt zu werden verdient. Wie fich in eben diefes Jahr, S. 167. eine Note aus Gaffari annalibus über die Bämlerifche Bibel 1466. verirrt hat, deren Ungrund doch Hr. *Panzer* fchon längft gezeigt hat, weifs ich nicht. Es fcheint faft, Hr. W. halte die Ausgabe fur ächt. Bey dem Jahr 1538. fehlt der deutfche Livius, und Martialis epigrammata, beyde bey Jvo Schöffer. S. 178. fteht wieder ein nachläffiges Citatum: Fleifcher in collectione; wird das jeder errathen? und S. 180. gar: in Bibl. was ift das für eine Bibliothek? Faft bin ich müde, und der

Leſer nicht auch zu ermüden, eile ich zum Schluſs. S. 104. u. f. kommen Bücher ohne Jahr, Ort und Druker; ich kann mich aber dabey eben ſo wenig aufhalten, als bey dem darauf folgenden: praemiſſae circa inuentionem typographiae veritates hiſtoricae in ſynopſin redactae, ob es gleich manches zu erinnern gäbe. Hier nur das einige: *Günther Zainer* zu Augsburg ſtarb nicht 1475. ſondern 1478; und wenn es S. 209. heiſst, vor dem Jahr 1485. werde man kein in Holland gedrucktes Buch mit dem Namen des Buchdruckers antreffen: ſo hat Hr. W. nicht daran gedacht, daſs *Maittaire*, den er doch in der Hand hat, bey aller Unvollkommenheit ſeiner Nachrichten dennoch den *Richard Pafroed* ſchon 1477. zu *Deventer*, den *Gerard Leeu* 1480. zu *Antwerpen* und *Gouda* u. ſ. w. hat. Zuletzt bittet Hr. W. S. 211. ſelbſt um Beyträge und das mag meine Weitläuftigkeit entſchuldigen. S. 212-251. ſind 28 documenta ad amplificandum ſchema genealogicum Gensfleiſchiorum de Sorgenloch & illuſtrandas familias in eo occurrentes vom Jahre 1293. bis 1566. angehängt, zum Theil aus den Originalien, zum Theil ohne Anzeige, wo ſie her ſind. Vielleicht das wichtigſte im ganzen Buch! Die beygefügten neun Kupferſtiche enthalten meiſtens Buchdruckerzeichen und Unterſchriften von Büchern, die zum Theil faſt nicht ſo viel Ehre verdienten. Der erſte iſt der wichtigſte, die bekannte Unterſchrift des erſten prächtigen mit groſſen Miſſalbuchſtaben gedruckten Pſalterii vom Jahr 1457. die man gewiſs mit Vergnügen ſehen wird.

Nun komme ich zu den Rebdorfiſchen Monumenten. Ihr Daſeyn haben wir der Ermunterung an die Kloſterbibliothekare, ihre Schätze bekannt zu machen, in der erſten Antwort an Hrn. *Eckard*, die ſich in Hrn. *Meuſels* litterariſchen Annalen der Geſchichtkunde für das Jahr 1786. findet, S. 561. zu danken. Der würdige Herr Bibliothekar, *Andreas Strauſs*, war einer der erſten, dem

diese Ermunterung zu Herzen gieng. An Fleiſs, Forſch-
begierde und unermüdetem Eifer fehlt es ihm nicht. Nur
Schade, daſs der emſige Mann in ſeiner ſonſt herrlichen
Kloſterbibliothek ſo gar wenig litterariſche Hülfsmittel vor-
fand, die zu einer ſolchen Arbeit unentbehrlich ſind!
Viele kleine Verſehen, die er faſt nothwendig begehen
mufste, ſind daher nicht auf ſeine Rechnung zu ſchreiben,
ſondern entſtunden von dem Mangel litterariſcher Bücher,
über welchen der Herr Bibliothekar ſehr klagt. Aus andern Urſachen mufste er ſich auch bey dem Selbſtverlag
bisweilen kürzer faſſen, als ihm ſelbſt lieb war. Daher
hat er auch leider die lateiniſchen Inkunabeln nur bis zu
dem Jahr 1489. und ſodann noch einige deutſche bis
1515. beſchrieben, überhaupt aber ſeine Anmerkungen
oft ſo kurz gefaſst, daſs ſie den wiſsbegierigen Leſer nicht
befriedigen. Hätte er doch lieber mit einem etwas en-
gern Druck ſich mehr Platz zu verſchaffen geſucht!

Die Vorrede enthält einiges zur Geſchichte der Bibliotheck zu Rebdorf, und billige Klagen, daſs der ehema-
lige Kurfürſt zu Mainz *Lotharius Franciscus* die beſten,
beſonders Mainzer-Inkunabeln, wie auch Handſchriften
dem Kloſter abgetauſcht hat. Dieſe Seltenheiten ſind nun
in der Bibliothek zu *Gaybach* aufgeſtellt, wovon Hr.
Hirſching im zweyten Band ſeines Verſuchs einer Beſchreibung ſehenswürdiger Bibliothecken S. 337. kurze
Nachricht giebt. Zuletzt verſpricht Hr. *Strauſs*, auch
noch andre ſeltne Bücher dieſer anſehnlichen Kloſterbibliothek und darunter beſonders polemiſche Avtographa,
nebſt den Manuſcripten, zu beſchreiben. Wer wird ihm
hiezu nicht Zeit und Geſundheit, nebſt beſſern litterariſchen Hülfsmitteln, als er bisher gehabt hat, in die Hände
wünſchen?

Den Anfang machen Ausgaben ohne Anzeige des
Jahrs und Ortes, an der Zahl 125. unter welchen manche
unbekannte Seltenheit iſt. Gleich die Nachricht von den

erſten zwey Bibeln iſt unzuverläſſig, aber ohne Schuld des Hrn. Bibliothekars, nur, daſs er gar zu wenig ſagte. Hätte er den *Meermann*; den Maſchiſchen *Le Long* u. ſ. w. bey der Hand gehabt: ſo würde es ganz anders lauten. Von der zweyten Bibel hat auch Hr. *Maſch* eine Schriftprobe gegeben, die aber der hier p. 10. gelieferten nicht ähnlich iſt. Num. 6. iſt die Nachricht von dem lateiniſchen Pſalter faſt ein wenig zu flüchtig hingeſchrieben. Miſsverſtand war es, wenn Hr. Str. zu vermuthen ſcheint, er ſey aus der 1457. vom *Fuſt* und *Schöffer* gedruckten Bibel genommen. Denn ſie druckten in dieſem Jahr nur den Pſalter allein. Aber auch von dieſer Ausgabe iſt das Rebdorfer Exemplar nicht, ſondern ich halte es vielmehr dem Anſehen nach für eine ganz unbekannte Ausgabe, welche die gröſste Seltenheit ſeyn kann. Wäre der lateiniſche Pſalter 1457. zu *Rebdorf* geweſen: ſo hätte er ſicher auch mit nach *Gaybach* wandern müſſen und wäre itzt nicht mehr da. Auch hier, wie noch öfter, machte ihn der Mangel der Hülfsmittel ſtraucheln. Was *Schelhorn*, *Maſch*, *von Heinecken* u. a. m. (Den *Würdtwein* konnte er noch nicht brauchen,) von dem Pſalter 1457. geſchrieben haben, das hatte Hr. Str. leider nicht bey der Hand.

Weil ich ſehr begierig war, dieſen mir und andern bisher ganz unbekannten Pſalter näher kennen zu lernen: ſo theilte mir der Hr. Bibliothekar auf meine Bitte ſogleich folgende Nachricht davon mit. Dieſer Pſalter hat 64 Blatt, und auf jeder Columne 29 Zeilen. Die Buchſtaben haben ſehr viel Aehnlichkeit mit den Lettern, mit welchen die zweyte der vorhin genannten Bibeln abgedruckt iſt, wovon aber die ſchon gemeldete Probe ſchlechter ausgefallen iſt, als im Buch ſelbſt. Faſt ſind ſie noch feiner, und eher noch etwas gröſſer. Das Format iſt klein folio; die Unterſcheidungszeichen Punct, Colon und Comma; das i hat nur einen ſehr feinen Strich; alles übrige verräth ein hohes Alter. Um diefen Pfalter von andern Ausgaben unterfcheiden zu können, mag das folgende hinlänglich feyn. Der 2te Pfalm quare fremuerunt gentes fängt auf der 15ten Zeile des erften Blatts an. Auf der andern Seite des 63ften oder vorletzten Blatts fängt auf der vierten Zeile das Magnificat an, fo 10 Zeilen hat. Auf 4 Zeilen folger: nunc dimittis &c. Dann kommt Te Deum laudamus, und auf der erften Seite des letzten Blatts, in der 10ten Zeile: quicunque vult faluus effe. Die andre Seite fängt an: bemur, und die letzte Zeile heiffet: uus effe non poterit. finit foeliciter. Vermuthlich mufs man diefen Pfalter unter die Ausgaben rechnen, die durch den täglichen Gebrauch im Chorfingen fo verderbt und unbrauchbar worden find, dafs man kaum noch ein Exemplar davon antrift. Wenigftens weifs ich fonft keine Urfache, warum ihre Seltenheit gar fo grofs ift.

IV.
ANFRAGEN.

1.

Nirgends, als im Catal. Bibl. acad. Grypeswaldenfis T. II. p. 820. finde ich angeführt: *Julii Valerii* Hiftoria Alexandri M. Regis Macedoniae de Praeliis. *Argent.* 1589. fol. Wer war diefer Valerius? und, wie ift das ihm beygelegte Buch befchaffen?

2.

Wer war der *Eufebius*, deffen Hiftoriam Alexandri M. D. *Johann Hartlieb* von München ins deutfche überfetzt hat? Man kennet von diefer Ueberfetzung folgende Ausgaben: Augsburg durch Anton Sorg 1478. fol. *Augsburg* durch Joh. Planbites 1478. fol. *Augsb.* durch

Anton Sorg 1480. 4. *Strafsburg* durch Martin Schotten 1488. fol. *Strafsburg* durch eben denfelben, 1493. fol. Sind wohl mehrere Ausgaben vorhanden?

3.

Kann man keine Notitz von zweyen Werken, Alexander den Groffen betreffend, erhalten, welche Lenglet du Fresnoy en Méthode pour etudier l'hiftoire T. XI. p. 38. (nach der Ausgabe von 1772.) auf folgende Art citirt:

L'Eroifmo di Aleffandro Magno, overo la vita è le più grandi imprefe, intrapefe dal medefimo, in tutto il tempo della fua vita. Roma 17 in 4. 2 vol.

Dion. Baron. di KOSSIN, l'Eroifmo ponderato nella vita di Aleffandro il Grande, con difcorfi iftorici, politici e morali. Parma 1716, in 4. 2 vol.

Er empfiehlt beyde Werke, von denen ich fonft nirgends etwas finden kann.

4.

Wann find die gelehrten Jefuiten *Hanfitz* und *Calles* geftorben?

5.

Wann ftarb der gelehrte Ciftercienfer *Hanthaler*? Und ift keine Hoffnung vorhanden, dafs deffen Fafti Campilienfis, wovon zwey Folianten in den Jahren 1747. und 1754. erfchienen, fortgefetzt werden? Man hatte ehedem Hoffnung dazu gemacht: aber noch zur Zeit ift fie nicht erfüllt worden.

V.
EINZELNE
BEMERKUNGEN
UND
BERICHTIGUNGEN,
KURZE NACHRICHTEN,
ANTIKRITIKEN, ANKÜNDIGUNGEN.
und dgl.

Nachricht von zwey alten Impreſſen des XVten Jahrhunderts, betreffend den Bruder Niclaus von Flüe, und von einigen Ausgaben des Thomas à Kempis. *)

Es ſind eigentlich nur zwey verſchiedene Exemplare von dem gleichen Werkgen. In beyden iſt die Auffchrift eine und eben dieſelbe: *Bruder Claus.* Format, Holzſtich, Lettern ſcheinen die gleichen. In dem einen Exemplar hingegen ſind die groſſen Initiallettern abgedruckt; in dem andern ſind ſie roth hingemahlt. In dieſem letztern kommen weder Drukort noch Buchdrucker vor: in jenem ſteht am Ende: „Gedrückt vnd volendet In „der werden Statt Nürmbergk von Marco ayrer Im „LXXXVIII iar." In beyden iſt auch die Rechtſchreibung verſchieden.

So vieles Herr Doctor und Chorherr Weiſſenbach in ſeiner Lebensgeſchichte des ſel. Nikolaus von Flüe geſammelt hat, was dieſen frommen Eremiten angeht, ſo erwähnt er doch dieſes ſeltenen Buchs nicht. In einer vorläuftigen Abhandlung ſ. IX, §. V. kömmt zwar bey ihm folgende Anzeige vor: „Wiederum in dieſem Jahre 1489. „(1488?) hat ein ungenannter Bürger von Nürnberg, der „gleich andern Ausländern vom Ruf der Heiligkeit unſers „Einſiedlers aufgemahnt worden, eine Reiſe von vielen „Tagen nach Unterwalden gethan: und was er dort ver„nommen, mit eigener Hand, aber einfältig, und ohne „Ordnung aufgezeichnet. Eine Abſchrift auf Pergament „wird noch wirklich zu *Sachſeln* unter andern Urkunden „aufbehalten." In dieſer Anzeige aber iſt nicht von ei-

---

*) Dieſer Aufſatz gehörte eigentlich in die II. Rubrik, iſt aber zu ſpäth eingekommen.

ner Druckſchrift, nur von einer Handſchrift die Rede.
Jene ließ ich mit dieſer vergleichen, und der Inhalt fand
ſich völlig verſchieden. Je unbekannter alſo bisher unſer
altes Impreſſum geblieben, deſto mehr verdient es eine
nähere Beſchreibung. Die beyden Exemplare davon befinden ſich in dem koſtbaren Bücherſchatz des Hrn. Zunftmeiſter Heideggers in Zürich: Dieſer gelehrte Liebhaber
der Litteratur beſitzt nicht nur eine ſehr merkwürdige
Sammlung von ungefähr 700 alten Impreſſen, ſondern
kennt auch aufs genaueſte ihren Werth und ihre Geſchichte. Wie ſehr wär es zu wünſchen, daſs er dem
Publicum von Zeit zu Zeit ſeine critiſchen Nachrichten
über die Seltenheiten in ſeiner reichen Bibliothek mittheilen möchte. Seiner Gefälligkeit verdank ichs, daſs
ich hier das Geſpräch zwiſchen dem Eremiten und dem
Pilger näher bekannt machen kann. Die bibliographiſche
Beſchreibung dieſes ſo ſeltenen Werkgens, wird, von dem
Hrn. Beſitzer ſelbſt verfertigt, und am Ende dieſes Artikels
beygefügt werden.

Auch für die Geſchichte der Sprache und Rechtſchreibung mag dieſes Werkgen intereſſant ſeyn. Ueberhaupt
herrſcht in der Rechtſchreibung wenig Gleichförmigkeit,
und wenig Sinn und Ordnung in der Punctation. So z. B.
ſogleich auf der erſten Seite in der erſten Zeile ſteht in
dem einen Exemplar: *Inn meiner elendung*; in dem andern Exemplar: *in meiner ellendung*. In der vierten Zeile
an dem einen Orte: *Da ich in anſach do erfrewet ſich
mein hertze*; an dem andern Orte: *Da ich yn anſach
do erfrewet ſich meyn Hertz*. In der eilften Zeile: das
einemal: *was waiſt du von der Liebe gottes*; das andre
mal: *wz weiſtu von der lieb gottes?* In der fünfzehnten Zeile ſteht in beyden Exemplaren *offenwar*, anſtatt
unſers heutigen *offenbar*. — Unter andern Eigenheiten
der Orthographie iſt auch der höchſtſeltene Gebrauch der
Doppellauter. So z. B. kömmt anſtatt tödtlich, thörlich,
Schöpfer,

Schöpfer, Gefchöpf u. f. w. immer *totlich*, *torlich*, *Schopffer*, *Gefchopff* vor. Die Doppellaute verhalten fich zu den einfachen reinen Selbftlauten wie die gemifchten in einander fchmelzenden Farben zu den hohen, grellen unvermifchten. Nur mit allmähliger Verfeinerung des Geficht und Gehörs geräth man auf zufammengefetztere Mifchungen fo wohl der Töne als der Farben. Häufig bleibt auch die Afpiration weg, und der Verfaffer fchreibt ohne H, *ee*, *ften*, *nert*; fehr gerne hingegen dehnt er durch Einmifchung des E feine Worte, z. B. *Maget*, *Arzet*, *geleich*, *beleibet*. Bey ihm findet man mehrere Spuren, wie fich ein Mitlaut in den andern verwandelt, z. B. *h* in *ch*, ch in *g*, nahe, nähefter, nächfter, negfter. Er hat Wörter, die heut zu Tage entweder nicht, oder in ganz anderer Bedeutung gebraucht werden. So z. B. f. 2. „bruder Claus fach mich an vnd „fprach vn *berüffet* mir einen wirdigen namen." S. 8. „Darumb *bruff* (d. i. nenn') feinen namen ihefus." S. 6, b. *vnuermailigts* (in dem andern Exemplar, *vnuermaligts*) Angeficht, d. i. ein Angeficht ohne Fleck, ohne Mal oder Mackel. S. 7. Maria empfing den Sohn Gottes *on alle mail*. S. 7, b. ein Garten, „der fo zertlich „fchon vber *mufiert* ift mit aller wunn vñ Freuden, vber mufiert, d. i. wie Mofaïque im Blumenfchmelz glänzt. S. 5. „wir follen gott danck fagen, das er vns befchuff „vñ *eraynet* mit feine heiligen rofsenvarben plut." *) Grammatifche Eigenheiten findet man felten. Die Unregelmäßigkeiten, der Mangel an Beftimmtheit in Abficht auf das Gefchlecht und auf die Endungen, alles diefs find Fehler des Zeitalters, nicht blos des Autors. So z. B. mit feinem rofenvarben plut; fo z. B. f. 10. „Wann „*dein* fel mufs fcheiden von deinem leib. Domit dy „*pofen* Geift nit begriffen *dein fele*. S. 12. „dafs dein

---

*) S. 11. die *Gelter*, d. i. die Schuldgläubiger.

„fel nit gefangen wurd von den pofen *Geiften.*" Auch fchreibt der Verfaffer *die* Mond und *der* Luft.

In Abficht auf Styl, auf Gefchmack und Empfindung bemerkt man eine Art liebevoller Zärtlichkeit, die man damals aus dem galanten Minnegefang in die religiofe Myftik hinüberzutragen gewohnt war. Nur foldenge Stelle f. 7, b. zum Beyfpiel: „O du h. Junkfrawe, du fchone „rofe von Jericho, thu dich gegen mir armen funder auff! „das ich meren müg dein grofsmechtigs hohes lob. vnd „ob ich voll pin der funden. fo piftu vol aller genaden „vn̄ aller parmhertzigkeit. Ich wil mich der funden „fchemen. vn̄ wil mich in deiner güte frewen. Du „fchoner aufftringender morgenftern feucht mein Hertz „mit dem thawe deiner genaden. Du fuffe Mutter ver- „las mich nit mit difem heile Vnd ob ich nach difer „tzeit abgelaitet würd durch meiner funden willen. Da- „rumb ich den zornn gottes verdient het. Noch wolt „ich mich der ftund oder minuten erfrewen ich gedacht „het dein lob vn̄ zukerfüffigkeit. Darumb fo fpalt mein „hertz vnd leg darein ein cleines roflein aus deinem „keufchen edeln gartē der fo zertlich fchon vber mufiert „ift mit aller wunn vn̄ Freuden."

Soll ich noch von des Werkgens eigentlichem Inhalte reden? Es enthält fromme Myftik in dem Gefchmacke eines Johann Taulers oder Thomas à Kempis. Sogleich auf der erften und zweyten Seite athmet Amor purus Dei." „Vnd ob Got mich verdampt," heifst es, „durch meiner „fund willen. noch wollt ich nit das er mich (nit) „erfchaffen hät. vnd ob fein milte güt an mir nicht „erfült werden mag. fo wirt aber fein wahrhafftige ge- „rechtigkeit an mir erkent. das er mich rechtigklich „ftraffet. Dife ere wolt ich nit das fy meinem got ent- „zogen were worden alfo lieb hab ich ihn." Auf eben diefer zwoten Seite eyfern Niclaus und der Pilger für die unbefleckte Empfängnifs und Geburt der h. Maria: „Wann

,, fy iſt i dem ſpiegel der gotlichen almechtigkeit fürſe-
,, hen worden. ee ye was beſchaffen worden himel vn̄
,, erde. — Vnſer muter Eua iſt von got beſchaffen wor-
,, den on alle Erbſund Vnd ſo maria die iunckfraw em-
,, pfangen wer worden in den erbſunden ſo wer die iunck-
,, fraw maria nicht geſegnet vber die weib." Wie es
mit dieſer unbefleckten Empfängniſs und Geburt der Maria zugegangen ſey, erklärt der Verfaſſer ſ. 4. ,, Maria iſt
,, fürſehen worden durch die gotliche Weiſsheit dyſelbig
,, hat ſy umbgeben als pald ir got gedacht das ſy ſolt
,, empfangen werden darumb iſt ſy in der gedechtnuſs des
,, hochſten gottes ee empfangen worden dann in dem mü-
,, terlichen leib. Vn̄ dieſelb genad mit groſſem heil iſt
,, eingangen in diſer vermüſchung. — Alſo iſt der groſs-
,, mechtige got der do bedeket vn̄ vmbgreifft alle himel
,, der iſt eines kleinen kindleins weiſs auſs der hochſten
,, iunckfrawen vnuerſeret ir iunckfrawſchaft eingangen vn̄
,, auſgegangen." Von der Brodverwandlung, und zwar
von einer gedoppelten, einer allgemeinen und natürlichen,
und einer beſondern und übernatürlichen, heiſst es ſ. 3, b.
,, inn einem yden brot iſt verporgen die genad gotes des
,, almechtigen vnd diſe genad wirt hingenomen. So mag
,, des menſchen pild kein natürlich leben nicht dauon
,, empfahen. Als wenig der menſch mag erſatt werden
,, als eſſe er vō einem ſtein. Als dann verporgenlich got
,, einget mit ſeiner almechtigkeit in ein klein hoſtia vn̄
,, wirt da verwandelt das es kein natürlich brot meer iſt ſun-
,, der allein fleiſch vn̄ plut." Warum der Menſch ſich Gott
ſo gerne vermenſchliche, erklärt der Verfaſſer ſ. 6, b. folgender maſſen: ,, So ſprich ich das got von himel iſt ge-
,, ſtiegen, vnd hat an ſich genumen menſchliche pildnuſs.
,, Auch die menſchliche vernufft gibt das. dz der menſch
,, nichtz libers anſicht dann ein ſchōſs clars vnuermailigts
,, angeſicht als einen zertlichen menſchen. Das gibt ein

„ bezeugknuſs das puch der natur. Ein yde creatur erfrewet
„ ſein geleichnuſſe. Nun iſt nit minders ſo der gerecht
„ menſch got anſicht vn̄ im erſcheint ſein gottlicher ſpiegel
„ in geſtalt menſchliches angeſicht das es im pringet ein
„ groſſe Freude dann ſo er got in einer andern geſtalt an-
„ ſehe:" So unfruchtbar dem erſten Anſchein nach des
Verfaſſers Theorie ſcheint, ſo fruchtbar ſind gleichwol die
practiſchen Folgen. So z. B. zeigt er S. 10, b. ſehr an-
ſchaulich, wie man Gott nicht lieben könne, ohne ſeine
Geſchöpfe zu lieben. „Got ſoltu danken daſs er dir verlihen
„ hat das der arm durch dein hant geſpeiſt wirt. thuſtu aber
„ das nit vn̄ leſt den armen not leiden, ſo piſtu vor dem got-
„ lichen ſpiegel ein dieb — vn̄ heltſt dem armen das ſein
„ vor wider recht vn̄ wider die gotlichen lieb."

Herr Weiſſenbach will es nicht gelten laſſen, daſs
Niclaus von Flüe von den Joh. Taulern und Thomas à
Kempis gelernt habe. *) Ohne den Unterricht des h.
Geiſtes und die Erleuchtung der göttlichen Gnade auszu-
ſchlieſſen, konnte doch wol der fromme Eremit ſich auch
andere natürliche, damals bekannte Mittel zur Aufklärung
zu Nutze gemacht haben. Allein Herr Weiſſenbach zwei-
felt, daſs damals von Taulers Schriften ſchon etwas im
Drucke erſchienen. In der That kenn' auch ich keine
ältere deutſche Ausgabe ſeiner Sermonen, als die Leipziger vom Jahr 1498, welche Herr Zunftmeiſter Heidegger
auch beſitzt. **) Tauler ſtarb ſchon im J. 1361. ***)
Konnten aber nicht auch ungedruckt ſeine Schriften durch
Copeyen bekannt worden ſeyn? Doch vielleicht nicht unſerm Niclaus von Flüe? *Kempis* v. d. Nachfolgung Chriſti
ward ſchon früh gedruckt, wie wir unten ſehen werden.
Herr Weiſſenbach ſcheint zu vermuthen, daſs Nicolaus
weder leſen noch ſchreiben gekonnt habe. Für ſeine Ver-

---
*) S. ſeine Lebensgeſchichte ſ. 374, 375.
**) S. Oberlin de Tauleri dictione vernacula & myſtica.
***) S. Schellhorns Amœnitat. litt. T. VII.

muthung aber führt Hr. Weiſſenbach keine Beweiſe oder Angaben an, Für die entgegengeſetzte Vermuthung hingegen mangelt es an ſolchen Angaben nicht. So z. B. zeigt man von unſerm Eremiten Briefe, unter andern einen derſelben vom 31. Jänner 1482. an den Bürgermeiſter und Rath der Stadt Conſtanz, der daſelbſt Nro. 49. in dem Archiv aufbewahrt wird, und von dem mir Herr Chorherr von Flüe zu Biſchofzell eine vidimirte Copey mitgetheilt hat. Auch hat man von dem ſeligen Niclaus andere Briefe z. B. an die Cantone Bern und Solothurn. Ob ſie eigenhändig oder nicht eigenhändig ſeyn, iſt zwar noch nicht entſchieden. Eben ſo wenig iſt es entſchieden, daſs Niclaus nicht leſen können. In dem Werkgen, von dem ich bisher einige Notizen gegeben, ſchreibt der Pilger von Nürnberg ſ. 3. b. „ Do hub er (nämlich Niclaus von Flüe,) „widerum an zu reden vn̄ ſprach zu „mir ob mich nüt verdrüſs ich wolt dich auch ſehen „laſſen *mein puch* darinn ich *lern* vn ſuch dy kunſt di„ſer Ler. vn trug mir her verzeichnet ein *Figur* in der „Gleichnuſs als ein rad mit ſechs ſpaichen. " Daſs dieſes Buch nichts anders geweſen ſeye als ein Bilderbuch, iſt doch nicht zu vermuthen? wenigſtens bleibt nun Hrn. Weiſſenbachs Vermuthung ſo lange unwahrſcheinlich, bis er dieſelbe mit beſſern Gründen unterſtützt, und data vorlegt, welche beweiſen, daſs Nikol. von Flüe wirklich weder leſen noch ſchreiben gekonnt habe.

M.

* * *

Bibliographiſche Beſchreibung.

Bruder. *Claus* Dieſs iſt die ganze Auffſchrift, die in beyden Ausgaben auf der Vorderſeite des erſten Blats mit groſſen gothiſchen Buchſtaben gedruckt iſt. Auf der Rükſeite dieſes Blats lieſs man (ebenfals in beyden Exemplaren jedoch mit einiger Abänderung der Ortographie.)

„ *Hie nachuolget ein loblicher tractat der geteilt wirdt*
„ *in zween teil.*
„ *In dem erſten teil wirt begriffen ein hübſche lobliche*
„ *mitkoſſung. redunfrag bruder Clauſen tzu ſchweitʒ*
„ *vnd eines erſamen bilgrins.*
„ *Die erſt frag vnd red iſt von der lieb gottes.*
„ *Die ander frag iſt von der emphahung der himmeliſchē*
„ *keiſerin marie.*
„ *Die dritte frag iſt von dem teglichen brot darumb wir*
„ *got alletag piten ſeyen.*
„ *Die vierd frag iſt vō einer figur vnd pildnuſs die der*
„ *benāt bruder Claus den bilgrin lieſs ſehen vd im*
„ *die auſs legt.*
„ *Die fünfft frag iſt von der plag der peſtilentʒ.*
„ *In dem andern teil diſes tractats wird begriffen ein be-*
„ *ſundere geiſtliche auſslegung der obgeſtimpten figur*
„ *der dieſer bilgerin darauſs genomen hat und wirt*
„ *in ein geiſtlichen ſyn gezogen. und geleichet ſechs*
„ *ſchlüſseln und den Sechs wercken der heiligen*
„ *barmherzigkeit dardurch der mēſch einget in das*
„ *ewig vaterlandt.*

Nach dieſer Anzeige des Inhalts, (welche aus dem Exemplar mit der Jahrzahl genommen iſt,) fängt auf der erſten Seite des zweyten Blats der Tractat an. Allererſt ſteht ein Holzſchnitt welcher beynahe die Helfte dieſer Seite einnimmt. Das ganze Werkgen hat nur zwey Lagen jede von 8. Blättern in klein Quarto, und endet ſich auf der Rükſeite des vierzehnten Blats. Auf der Vorderſeite des fünfzehnten Blats kommt wieder ein Holzſchnitt. Die Rükſeite deſſelben und das ſechszehnte Blat ſind leer gelaſſen. Dieſe Einrichtung iſt in beyden Ausgaben vollkommen gleich. In der einen Ausgabe lieſt man am Ende des Werkgens, auf der Rükſeite des vierzehnten Blats, folgende Unterſchrift:

„ *Gedrückt vnd volendet In der werden Stat*
„ *Nürmbergk von Marco ayrer Im lxxxviij. iar.*

Die Typen find gotifch, und haben ziemliche Aehnlichkeit mit denen fo Albert Kunne von Duderftatt, in Memmingen, und Frofchauer in Augsburg (im XV. Sek.) gebraucht haben. Die Buchftaben und die Holzfchnitte find in beyden Ausgaben eben diefelben, und folglich beyde aus der gleichen Druckerey. Holzfchnitte find zehen. Ich habe kein Zeichen des Formfchneiders entdecken können. Sie find übrigens nicht ganz fchlecht gerathen, und für die damaligen Zeiten ziemlich fein gearbeitet. Es giebt viele Bücher des XVIten Jahrhunderts welche weit fchlechtere Holzfchnitte haben. Beyde Ausgaben haben Signaturen, aber weder Seitenzahl noch Cuftos. Die Ausgabe mit der Jahrzahl hat gedruckte Anfangsbuchftaben — in der andern find fie hingemahlt. Vermuthlich ift alfo letztere die ältere. Aus der Rechtfchreibung läfst fich wenig auf den Unterfchied des Alters zwifchen diefen beyden Ausgaben fchliefsen. Der Setzer fcheint nach feiner Willkuhr verfahren zu feyn.

Diefe zwey Seltenheiten verdanke ich der Gefälligkeit meines fchätzbaren Correfpondenten, Herrn Schaffers *Panzer* in *Nürnberg*. Diefer würdige Gelehrte hat fie bereits in feinen *Annalen der ältern deutfchen Litteratur* (S. 172. N? 256. und S. 448. N? 1010.) angezeigt. Ein Exemplar der Ausgabe mit Anzeige des Jahrs befindet fich in der Bibliothek des Klofters *Rebdorf*. (*v. monumenta typograph. quæ extant in Bibliotheca Colegii Canonicor. Regular. in Rebdorf. p.* 207.) Sonft hab ich bis dahin kein anderes entdecken können — und von der Ausgabe ohne Jahr gar keines. Ich finde auch weder bey *Röder* noch bey andern Bibliographen nicht die geringfte Spur. *Vielleicht* hat der fel. *Bauer* einige Notiz davon gehabt. In den *Supplementen feiner Bibl. Libror. Rarior.* (die der verdiente Hr. *Hummel* herausgegeben) fteht *To. I. p.* 373. folgende Anzeige : „ *Claus* (des Bruders) geiftliche Werke. Gedr. in der werden Stat Nurmbergk von Marco Ayrer im 85. iar. in 4°

Opusculum rarissime obulum. Bauer." Wahrscheinlich ist ein Fehler in der Jahrzahl gemacht, und der Titel umschrieben worden. Dann von Bruder Claus sind keine *Sammlungen geistlicher Werke* bekannt, und *Röder* hat diese Ausgabe auch nicht. Ueberhaupt gehören die *Ayrerschen Drücke* zu den *größten Seltenheiten.* Röder führt einen einzigen an, nemlich ein *deutsches Titular - Buch. Nürnberg von Marzen Ayrer. typis ligneis — Extat in Biblioth. Cygneensi.* (v. *Catalog. Libror. Sec. XV. Norimb. impressor. a Jo. Paul. Radero.* p. 34: N? 267. Da ich dieses *Titular-Buch* nicht gesehen, so kann ich über die Bemerkung *typis ligneis* nicht urtheilen. — Aber zuverlässig glaube ich entscheiden zu dörfen, daß die zwey Ausgaben von *Bruder Claus* mit *gegossenen Schriften* gedruckt sind. Vielleicht erhalten wir mehrere Aufklärung über diesen Drucker und seine Arbeiten, wenn der berühmte Herr *Panzer* seine neue vermehrte und verbesserte Ausgabe des *Röderschen Catalogus* vollendet haben wird.

Hr. Chorh. Weissenbach redet (S. 375.) von den Ausgaben des Werks *de Imitatione Christi* von *Thomas a Kempis*, und glaubt, daß es zum ersten mal A? 1487. zu *Nürnberg* gedruckt seye. Da Hr. W. unsern verdienten Hrn. Prof. Meister, unter andern, über diesen Punkt an mich verweißt, so darf ich ihn nicht mit Stillschweigen übergehen.

Der Litterargeschichte dieses Schriftstellers ist zwar von so vielen gelehrten Männern bearbeitet worden, daß keine Nachlese übrig bleibt. Der sel. Eusebius *Amort* regulierter Chorherr in *Pollingen* hat sich besonders um unsern *Kempis* verdient gemacht, und, so viel ich weiß, das vollständigste Verzeichniß der Mscps. und Ausgaben seiner Schriften geliefert. Dieses Verzeichniß befindet sich in folgenden Werken: *Schelhornii* Amoenitat. literar. To. VIII. p. 391. seq. *
Euseb. *Amort* Scutum Kempense, bey der Ausgabe von *Kempis* Werken *Colon. Agrippinæ & Colon. Allobrog.*

des 15. Jahr. betreffend d. Niclaus v. Flüe. 185

1759. in 4º. *Ejusd.* Deductio critica qua — certum redditur Thomann Kempenfem librorum de imitatione Chrifti authorem effe &c. &c. Aug. Vindelicor. 1761. 4º. Letzteres hab ich nicht. Hrn. Weiffenbach wird es leicht feyn dasfelbe durch feine Correfpondenten in Augsburg zu erhalten, und fich über die verfchiedenen Ausgaben des Kempis belehren zu können. Ich begnüge mich alfo nur diejenigen anzuzeigen, die ich felbft befitze, weil diefes zur Entfcheidung der Frage hinreichend feyn wird.

1. *Libri IV. de imitatione Chrifti.* in fine: *Viri egregii Thome montis fanẽte Agnetis in Traiecto regularis canonici libri de xpi imitatioe numero quatuor finiunt feliciter. per Gintheum zainer ex reutlingen pgenitū literis impſse ahenis.* in fol.

Dafs Günther *Zainer* von Reutlingen von An. 1468. an in *Augsburg* gedruckt habe — dafs feit An. 1472. Günther Zainer keine Gothifchen Schriften mehr gebraucht — dafs in der Franzifcaner Biblioth. zu München einem Exemplar diefer Ausgabe das Jahr 1472. von einer gleichzeitigen Hand beygefezt feye — und diefe erfte Ausgabe folglich *fpäthefiens* An. 1472. von Günther *Zainer* in *Augsburg* gedruckt feyn müffe. —

Diefes alles ift von berühmten, und Hrn. Weiffenbach unmöglich unbekannten Litteratoren theils vermuthet theils behauptet worden, und nun, da man in Hrn. *Zapfs* Buchdruckergefchichte von *Augsburg* alle mit Günther *Zainers* Namen und Jahrzal bekannten Ausgaben in Chronologifcher Ordnung nachfchlagen kan, fo gut als *bewiefen* anzufehen. Man fehe: *Schelhorn* Amoenitat. literar. T. VIII. p. 416. XII. *Theoph. Sinceri (Schwindelj)* Nachrichten von lauter alten und raren Büchern (1. Band) 3tes Stück p. 165. *Ejusdem* Thefaur. Bibliothecal. Tom. IV. pag. 19. *Amort* (Eufebii) Scutum Kempenfe p. 27. XI. wo er fagt: *Codex impreſſus Auguſtæ* 1472. *Cujus ipfemat plura exemplaria vidi, ad finem ſic habet.* (Hier folgt *wört-*

lich die oben aus meinem Exemplar angeführte Unterfchrift.) *In exemplari , quod vidi in Conventu F. F. minorum monachii, manu Sæculi* 15. *adfcriptus eft annus impreffionis* 1472. (vielleicht eher das Jahrs in welchem das Buch *gekauft* oder *rubriciert* worden?) *& revera hanc Editionem primam libri de imitatione non poſſe eſſe multo juniorem , ex eo conſtat quia Gintherus Zainer jam mortuus eft* 1475. &c. (Nun ift das Sterbejahr des Günth. Zainers auf 1478. fo gut als feftgefetzt worden, das benimmt aber der Vermuthung nichts, dafs diefe Ausgabe *fpätheftens* An. 1472. gedruckt worden feye.) ≠ *Hambergers* (Ge. Chriftoph) zuverl. Nachrichten von den vornehmften Schriftftellern von Anfange der Welt bis 1500. Tom. IV. p. 806. conf. p. 801. (wo er mit Grund vermuthet, dafs diefe Ausgabe mit eben den Typen gedruckt feye als *Roderici* Specul. vitæ humanæ, fo von unferm *Zainer* An. 1471. gedruckt worden. Ich habe beyde Ausgaben mit einander vergleichen können, da ich des *Roderici* Speculum auch befitze, und zwar doppelt, fo dafs ich von diefer Seltenheit jemanden ein Exemplar gegen andere alte Drücke von gleichem Gehalt abtretten könnte. *Hamberger* vermuthete ferners dafs G. *Zainer* im Jahr 1472. aufgehört habe mit Gothifchen Lettern zu drucken, und fchliefst daraus auf das Alter der Ausgabe des Kempis — auch diefe Vermuthung läfst fich, wie fchon oben bemerkt worden, aús Hrn. *Zapfs* Buchdrucker - Gefchichte Augsburgs beftätigen. ≠ *Denis* Einleitung zur Bücherkunde Wien 1777. in 4to Fol. I. p. 110. wo unfere Ausgabe von diefem berühmten Litterator ebenfals für die *erfte* anerkannt wird. Von dem Druckjahr redt er zwar ziemlich unbeftimmt, weil damals diefer Punkt noch nicht fo genau unterfucht war. In *deſſelben Merkwürdigkeiten der Garellifchen Bibliothek.* p. 232 - 37.) giebt er es hingegen etwas näher. ≠ *Zapfs* Augsburgs Buchdruckergefchichte , Erfter Theil p. V - XI. und p. 21. No. XVII. ≠ *Merkwürdigkeiten* der *Zapfifchen*

des 15. Jahr. betreffend d. Niclaus v. Flüe.

Bibliothek 1. Bandes 2tes Stück p. 322. V. — 329. (mein Exemplar ift wirklich das gleiche fo Hr. Zapf hier befchrieben hatte.) Diefe Citationen find zur Erörterung der im wurf liegenden Frage hinreichend. Noch muſs ich bemerken, daſs diefe Ausgabe von Kempis *einzeln*, und *mit verfchiedenen andern kleinen Traßaten, die ich groſſentheils auch befitze, in gleichem Band* angetroffen wird. v. *Maittaire* Annal. typogr. Tom. V. P. II. p. 525. voce *Hieronymus* de viris illuftribus; & multa alior. alia. Dabey beruft er fich auf *Leich* de origine & Incrementis Typograph. Lipfienſ. c. Supplemento ad annal. maittairii &c. p. 141. wo die ganze Sammlung Stück für Stück angezeiget wird. conf. *Catalogue des Livres de — M. Gaignat — & Catal. dertibus de — — M. le Duc de la Valliere* 1783. *ſ Denis* Merkwürdigkeiten der *Garell.* Biblioth. 1. cit. Die vollſtändigfte Befchreibung diefer Sammlung befindet fich in dem *gegenwärtigen erſten Band des Hiſtor. Litterar. Bibliograph. Magazins.*

2. *Eine ware nachuolgung Criſti — Augsburg* Ant. Sorg 1486. in 4to.

Schon An. 1486, alſo gar eine deutſche Ausgabe,

Sie iſt zwar die *Erſte* Ausgabe der *älteſten* deutſchen Ueberſetzung, und alſo *ſehr ſelten* und fchäzbar.

v. ː *Schelhorn.* Amoenit. literar. Tom. III. p. 337. ɿ *Theſaur.* Bibliothecalis (*Schwindelii*) Tom. II. p. 316. ɿ Biblioth. *Tomaſina* Tom. I. p. 604. No. 5379. ɿ *Engels* Biblioth. Selectifs. P. II. p. 30. ː *Amoſt* Scut. Kempenſ. p. 29. XXI. ɿ *Bauer* Biblioth. libror. rarior. Tom. III. p. 107. voce *Nachfolg Chriſti.* ɿ & *Supplement.* ejusd. Biblioth. Tom. II, p. 165. ɿ *Gemeiners* Nachrichten &c. p. 154. ɿ *Zapfs* Augsburgs Buchdrucker - Gefch. p. 76. ɿ *Merkwürdigkeiten der Zapfiſchen* Biblioth. 1. Bandes 2 Stück, p. 329 - 31. ɿ *Panzers* Annalen der ältern deutfchen Litteratur p. 159. No. 225.

3. Die dritte Ausgabe des Werks *de imitatione Chrifti* die ich befitze, führt den Namen des Jo. Gerfon auf dem Titel:

Gerfon de ymitatione crifti cum tractatulo de meditatione cordis

in fine:

Tractatus aureus & perutilis de perfecta ymitatione xp̄i & vero mundi contemptu cum tractatulo de meditatione cordis finiunt feliciter per Johannem Zeiner vlmenſ. Anno lxxxvij. (1487.) in 8. minor.

dem äuſſern des Formats nach zu urtheilen, fcheint diefe Ausgabe in 12 zu feyn. Allein man darf nur die Striche des Papiers anfehen, und einen Bogen in 4to. 8vo. 12mo. &c. zufammen legen, fo wird man das Format eines Buchs bald beurtheilen lernen. Eine *anfcheinende Kleinigkeit!* die aber in der Litterargefchichte fchon manche Irrungen verurfachet hat. Ohne mir einen allzuentfcheidenden Ton anzumaaſſen, glaube ich behaupten zu dürfen, daſs diefe Ausgabe *äuſſerſt felten*, und *beynahe ganz unbekannt* feye. Ich habe zwar noch nicht alle meine *Subfidia literaria* genau durchfucht, doch immer fo weit als es nöthig ift um meine Behauptung zu unterftützen.

Folgenden Schriftftellern fcheint diefe Ausgabe *völlig unbekannt* geblieben zu feyn:

• *Maittaire*, in Annalib. typograph. Tom. I. 1719. p. 200-204. Tom. I. 1733. (S. potius Tom. IV.) P. II. p. 481-492. & pag. 780. 781. Tom. V. voce *Gerfon*, P. I. pag. 437. 438. & P. II. 521. voce *Kempis*, P. I. pag. 535. P. II. pag. 530. voce *Campis*, P. I. pag. 229. P. II. p. 508. & in *Spicileg.* P. II. pag. 564. (*)

• *Fabricius*, in Bibliotheca med. & infimæ Latinitatis, editione *Manfj* Tom. III. voce *Gerfon*, & Tom. IV. voce de *Kempis*.

(*) Ich habe diefe Stellen alle ausgezeichnet damit man fehe wo ich nachgefchlagen habe.

des 15. Jahr. betreffend d. Niclaus v. Flüe. 189

, *Hamberger* in zuverläſſigen Nachrichten Tom. IV. p. 673. & 803.
, *Clement*, in Bibliotheque curieuſe, Tom. IX. art. *Gerſon*.
s *Du Pin*, in Gerſonianis, in operib. Gerſonii, Hagæ Comit. 1728. fol. Tom. I. pag. LXXVII.
, *Baumgarten*, in Nachrichten von merkwürdig. Buchern - und Nachrichten von einer Galliſchen Bibliothek.
s *Freytag*, in Analectis litterar. in adparatu literar. und in Nachrichten von ſeltenen Büchern.
, *Hummel* in neuen Bibliothek von ſeltenen Büchern, 3. Bänd.
, *Vogt* in catalogo Libror. rariorum —
, *Gerdes* in Florilegio —
, *de Bure* in Bibliographie inſtructive —
, *Bauer* in Biblioth. libror. rariorum, und (H. *Hummels*) Supplementen.

Auch in den *Schelhorniſchen* Amoenitatib. habe ich von dieſer Ausgabe nichts gefunden. Eben ſo wenig könnte ich in vielen ſehr beträchtlichen Catalogen auch nur ein einziges Exemplar davon entdecken. Um meine Angabe abermal zu beweiſen nenne ich folgende Bücherverzeichniſſe: die Catalogen der *Uffenbachiſchen* Bibliothek der *Schwarziſchen* (alten drüken, in den Fränkiſchen Actis eruditor. Tom. I. pag. 551. 687. 795. und Tom. II. p. 83.) s Der *Thomaſiſchen* Bibliothek der s *Solgeriſchen* s *Engelſchen*, und der Herzogl. *vallieriſchen* Bibliothek von 1767. und von 1783. s Die Catalogen der Bibliothek des Herrn *Gaignats* s des H. *Crevenna* s des Grafen von *Firmian* s des H. *Pinelli* in Venedig. Ferners, s *Fabricii* Hiſtor. Bibliothecæ ſuæ s (*Götz*,) Merkwürdigkeiten der Königl. Biblioth. zu Dresden s *Denis* Merkwürdigk. der *Garelliſchen* Bibliothek s *Suhls* neue Ausgabe des *Geſnerſchen* Verzeichniſſes der auf der öfentlichen Biblioth. zu *Lübeck* befindlichen vor 1500. gedrukten Büchern s *Gemeiners* Nachrichten von den in der *Regensburgiſchen* Stadtbiblioth.

befindl. Büchern aus dem XV. Jahrhundert, und endlich die *monumenta* Typographica quæ extant in Bibliotheca Coll. Canonicor. Regular. in *Rebdorf.* So viele vortreffliche Litteratoren denen diefe Ausgabe unbekannt geblieben, und fo viele, befonders an alten Drücken reiche Bibliothecken, in welchen nicht ein einziges Exemplar davon zu finden ift, beweifen fattfam die aufferordentliche Seltenheit derfelben. Doch ift mein Nachfchlagen nicht ganz vergebens gewefen. Ich fand einen Litterator, der diefe Ausgabe gekannt und zu fchätzen gewufst hat. Das war der groffe Bücherkenner, Georg Jack. *Schwindel* deffen unter dem Namen Theophili *Sinceri* herausgegebene Schriften jedem Bibliographen unentbehrlich find. In dem 2ten *Supplement - Band* der *Bauerfchen* Biblioth. libror. rar. pag. 107. fteht eine Ausgabe von 1492. zu *Ulm* gedruckt, mit der Anmerkung *Editio rariffima maittairio ignota. Sinceri notit*, p. 168. Um mich zu überzeugen, dafs in der *Jahrzal* kein Fehler feye, fuchte ich die citierte Stelle in dem Buch felbften, deffen Titel eigentlich ift: *Libror, nonnifi veterum rariorumq.* — — *Notitia hiftorico-critica.* Oder *Theoph. Sinceri neue Nachrichten von lauter alten Büchern* &c. &c. *der erfte Band auf das Jahr* 1747. *Frfurt und Leipzig, und auch in Nürnberg* &c. 1748. 4. Hier fand ich völlig meine Ausgabe angezeigt, nur heifst es am Ende: *Anno LXXXXII.* (1487.) *Editio rariffima, maittairio ignota:* fo dafs zwar in den Römifchen Zahlen ein Druckfehler fteckt, der aber fogleich durch die dabey ftehende eingeklammerte Jahrzahl berichtigt wird. Warum nun die *erfte* anftatt der *zweyten* in den Bauerfchen Supplement aufgenommen worden, kann ich um fo weniger begreiffen, da Schwindel die gleiche Ausgabe mit der richtigen Jahrzahl 1 4 8 7. fchon vorher in feinem *Thefauro Bibliothecali* Tom. II. pag. 31. angezeigt, und befchrieben hat, vermuthlich kennt Hr. *Gemeiner* diefe Ausgabe, die er in feinen Nachrichten (pag. 154. in nota) im vorbeygehen zu berühren fcheint, aus der gleichen Quelle.

des 15. Jahrh. betreffend d. Niclaus v. Flüe.

4. Endlich bemerke ich noch die Ausgabe der *Operum Thomæ a Kempis*, Norimbergæ 1494. fol. Diese *Erſte und Seltene* Ausgabe der Werken unſers Schriftſtellers trägt zwar zur Erörterung der Behauptungen des Herrn Weiſſenbachs nichts bey. Ich begnüge mich alſo dieſelbe angezeigt zu haben, und verweiſe den Leſer auf die ausführliche Beſchreibung davon in den *Merkwürdigkeiten der Zapfiſchen Bibliothek* (1. B. 2. St. p. 331.) aus welcher ich auch dieſes Jmpreſſum erkauft habe.

Zunftm^{r.} *Heidegger*.

2.

Bücher, ohne ſie ſelbſt geſehen zu haben, citiren, um mit groſſer Beleſenheit und ausgebreiteten Litteraturkenntniſſen zu prahlen, iſt ſchon eine alte Mode, die nichts taugt. Der Kenner und Liebhaber ſchlägt die citirten Bücher emſig und wiſsbegierig nach, um die gewünſchten Nachrichten zu finden, und — findet nichts, oder Kohlen ſtatt des geſuchten Schatzes. Neuere Exempel möchten zu verhaſst ſeyn: ich will nur ein altes herſetzen. In M. *J. C. Klotzii* *) libro ſingulari de libris auctoribus ſuis fatalibus Lipſ. 1761. einem Buch, das ſelbſt den Beyfall des groſſen *Erneſti* erlangt hat, ſteht von dem berühmten Buchdrucker *Johann Lufft* zu Wittenberg, p. 102. plura de Lufftio dabit Steph. Maittaire in annalibus typographicis & clar. Schœpflinus in vindiciis typographicis. Wer das vorherangeführte zeltneriſche Leben *Hans Luffts* geleſen hat, der wird gewiſs nicht begierig ſeyn, den *Maittaire* und *Schöpflin* deſswegen nachzuſchlagen: wer aber jenes nicht hat, wird ſich freylich bey den beyden letztern Raths erholen wollen, und — ſich ganz betrogen finden. *Maittaire* erzehlt von den deutſchen Buchdru-

---
*) Vaters des berühmten *Chriſtian Adolf*. M.

ckern des 16ten Jahrhunderts fehr wenig, feine Nachrichten von deutschen Büchern find höchst feicht und mager, und vom *Hans Lufft* und der Menge der von ihm gedruckten deutschen Schriften kennt er nichts, als einige fehr wenige, erst vom Jahr 1536. an, die er höchst unvollkommen anführt. Aber auch einen *Schöpflin* hier angeführt zu fehen, das ist würklich lächerlich. Seine Abficht war zu zeigen, dafs die Buchdruckerkunft nicht zu *Mainz*, fondern zu *Strafsburg* erfunden worden fey, und von den erften Buchdruckern dafelbst und im Elfafs zu reden, u. f. w. Und von dem *Hans Lufft* — kein Wort!

3.

Anagrammatifche Namen der Gelehrten, die fonft nach gewöhnlicher waren, als zu unfern Zeiten, verführen oft fogar Leute, die fich auf ihre litterarifche Kenntniffe nicht wenig einbilden, dafs fie folche für wahre halten. So gieng es *Lambachern* mit dem Namen *Relmifius*. Er befchreibt in feiner bibliotheca Vindobonenfi ciuica p. 68. ein Buch: Georgii Relmifii memorabiles euangeliftarum figurae cum Petri de Rofenheim metris Hagenoae 1504 eine ganz unbekannte Ausgabe, die keinem der Gelehrten, die bisher von diefem Buch Nachricht gegeben haben, unter die Hand gekommen ift. Ich will hier nicht unterfuchen, ob feine Befchreibung ganz richtig ift, fondern nur von feiner Klage reden, dafs er von dem *Relmifius* bey den Scribenten der Litterärgefchichte wenig oder nichts habe finden können. Das gieng nun ganz natürlich zu. Denn Georgius Relmifius Anipimus ift nichts anders als G. Simlerus Vimpinas oder Wimpinenfis. Die neuefte Nachricht von diefem Buch hat Hr. Hofrath *Pfeiffer* in den Beyträgen zur Kenntnifs alter Bücher und Handfchriften, Stück II. S. 323. u. f. gegeben, aber weder diefe Hagenauer Ausgabe, noch eine andere von eben diefem Jahr ohne Namen des Ortes, welche *Clement* kürzlich befchreibet, bemerkt.

4. Es

Einzelne Bemerkungen und Berichtigungen.

4.

Es giebt jetzt nicht nur viele Büchermacher oder auch Bücherabfchreiber, fondern auch Recenfenten, denen man immer ein bischen mehr litterarifche Kenntniffe oder doch Belefenheit wünfchen dürfte. Jene verkaufen oft etwas altes für neu, und diefe fchauen es mit Verwunderung an, ohne zu wiffen, ob es alt oder neu ift. Einige Exempel mögen vielleicht manchen nicht unangenehm feyn. Wenigftens mufs ich doch ein Paar geben, um zu beweifen, was ich fage. — In des Herrn Dr. *Möhfens* mit groffem Beyfall aufgenommenen Beyträgen zur Gefchichte der Wiffenfchaften in der Mark Brandenburg, Berlin 1783. wird in dem merkwürdigen Leben *Leonhard Thurneifers* S. 95. eine fonderbare Prophezeihung angeführt, welche er 1578. von Frankfurt an der Oder erhalten hat: veniet aquila, cuius volatu debellabitur leo u. f. w. In der allgemeinen teutfchen Bibliothek, Band 56. S. 18. wird folche wegen ihrer Merkwürdigkeit wiederholt und darüber geurtheilt, es fey fonderbar genug, dafs diefes im 16ten Jahrhundert gefchrieben worden fey. Es ift Schade, dafs weder Hr. *Möhfen*, noch fein Recenfent, die fchöne Anmerkung gelefen haben, die ehemahls *Mosheim* in dem Verfuch einer unpartheiifchen und gründlichen Ketzergefchichte, Helmft. 1746. in der Gefchichte des Apoftelordens S. 342. unter der Auffchrift geliefert hat: „Nachricht von der berühmten Weiffagung „des Abts zu Kurazzo in Calabrien, *Joachims*, dafs ein „Kaifer Friedrich der dritte genannt, den Pabft töden und „die Kirche durchs Schwerd reinigen und beffern würde." Man lernt daraus, wie bekannt diefe Weiffagung ift, wie kurz und vorfichtig fie zuerft gewefen, wie man immer mehr darzu gefetzt, dafs fie fich fchon aus dem 13ten Jahrhundert herfchreibt, u. f. w. Dafs alfo Hr. *Möhfen* etwas gar nicht unbekanntes zum Vorfchein gebracht hat. Mehr will ich nicht davon fagen. Kennern der Gefchichte ift die Sache nichts neues; Liebhaber aber werden fich felbft die

194 Einzelne Bemerkungen und Berichtigungen.

Mühe nehmen, die vortrefliche Mosheimifche Erläuterung ganz zu lefen. Auch vom *Abt Joachim* fage ich nichts weiter. Denn er ift zu bekannt. Die neueften Nachrichten von ihm haben *Weller* und *Jagemann* gegeben. Der Kürze wegen beziehe ich mich blofs auf die allgemeine deutfche Bibliothek, B. 67. S. 260.

5.

Dafs zu unfern Zeiten die Monita fecreta der Jefuiten neu gedruckt worden find, darüber wird fich niemand wundern: aber über die Recenfion derfelben in der allgemeinen teutfchen Bibliothek hab' ich mich deswegen gewundert, weil der Recenfent keine genaue Kenntnifs der Ausgabe diefes Buches gezeigt hat. Sie ftehet B. 56. S. 241. wie und warum es unter den Gefchichtbüchern recenfirt wird, ift mir unbegreiflich. Von der lateinifchen Ausgabe: Monita fecreta patrum focietatis Jefu *nunc primum* typis expreffa, Romae 1782. heifst es, das nunc primum laffe fich entfchuldigen, weil das lateinifche Original, ob es gleich zwey bis dreymal gedruckt worden fey, doch fo gut, wie Manufcript gewefen, da die Jefuiten jederzeit *alle* Exemplarien aufgekauft hätten. Wenn es hieffe *die meiften:* fo könnte man es glauben; aber *alle*, das war unmöglich. Gefetzt fie haben auch das *meifte* von den Ausgaben 1612. 1666. u. f. w. aufgekauft: fo haben fie gewifs nicht *alle* Exemplare ohne Ausnahme erwifcht. (Wenigftens ift noch im Jahr 1785. eine verkäufliche Ausgabe von 1666. in einem Frankfurter Buchhändler-Catalogus anzutreffen.) Und wäre diefes auch: fo haben fie doch die bekannte Schrift Os Lobos nam mafcarados, die aus dem portugiefifchen unter der Auffchrift I Lupi fmafcherati in das italienifche, und dann unter dem Titul: *die entlarfte Wölfe* 1761. in das Deutfche überfetzt und 1762. noch einmal gedruckt ift, und wo man überall diefe faubern Monita lefen kann, gewifs nur dem geringften Theil nach aufkaufen können.

Einzelne Bemerkungen und Berichtigungen.

Da haben wir alſo auch ſchon längſt eine deutſche Ueberſetzung in zwey Auflagen, obgleich der Recenſent S. 242. ſagt: *eine deutſche Ueberſetzung iſt unſers Wiſſens vorher nie da geweſen*, und alſo die empfiehlt, die 1787. herauskam: *Geheime Vorſchriften des Jeſuiterordens*. Beyde Ausgaben, die lateiniſche und deutſche, ſind noch dazu nicht viel werth, da der Herausgeber ſelbſt klagt, er habe ein ſehr fehlervolles Manuſcript von den Monitis vor ſich gehabt. Warum ließ er dann das fehlervolle Manuſcript abdrucken? Warum mußte es dann noch dazu überſetzt ſeyn? Hätte er ſich nicht vorher beſſer erkundigen können? Und der Recenſent — hätte er *die entlarvten Wölfe* gekannt: ſo würde er ſich vielleicht haben aus dem Traum helfen können, hätte auch die Vermuthung beſſer widerlegen können, als ob die *Monita* von den Feinden des Ordens erdichtet wären. Das wollten freylich die Jeſuiten, und auch ihre wenige neue Freunde die Welt gern überreden. Kaum kann man ſich des Lachens enthalten, wenn man in des Hrn. *von Murr* Journal zur Kunſtgeſchichte und Litteratur, Th. VIII. S. 85. auf die Anmerkung ſtößt: Pombalium maxime ſedulum fuiſſe diffamando ſocietatem neminem latet. Ita publice vendebatur a Pagliarino liber mendaciorum pleniſſimus ubique & ſcurrilitatibus imo blasphemiis refertiſſimus *I Lupi Smaſcherati* &c. Ein ſehr kräftiges Gegengift gegen ſolche Einfälle findet man in der Erneſtiſchen theologiſchen Bibliothek, Band II. S. 916-922. und weitere Nachricht von den *Monitis* ſelbſt in *Saligs* Hiſtorie der Augsb. Conf. B. I. S. 818. B. II. S. 181. Von den *entlarvten Wölfen* aber will ich nur dieſes noch anmerken, daſs Hr. Prof. *Schröckh* in den kurzen Fragen aus der Kirchenhiſtorie des N. T. (VII. Fortſetz. II. Abtheil. S. 1061.) den vornehmen römiſchen Prälaten Bottari als Verfaſſer, und das gelehrte Deutſchland den berühmten Herrn *Le Bret* als Ueberſetzer angibt. Mehr will ich nicht ſagen. Aber das muſs ich noch anmerken, daſs die Monita auch 1782. noch einmal lateiniſch und deutſch gedruckt ſind in dem neunten Band der pragmatiſchen Geſchichte der vornehmſten Mönchsorden. M. ſ. die dritte Abtheilung des Anhangs zum 37. bis 52ſten Band der Allgem. deutſchen Bibliotheck S. 1336.

6.

In *Wien* iſt jetzt des Bücherſchreibens und Druckens kein Ende: Das iſt etwas bekanntes; und eben ſo bekannt iſt es auch, daſs das wenigſte darunter des Schreibens und Druckens werth war. Wenn aber gar ſolches Zeug gedruckt wird, wie folgender Brief: dann weiſs man nicht, was man ſagen ſoll: Epiſtola Rabbi Samuelis miſſa ad Rabbi Iſaac magiſtrum Synagogae &c. Mit Abſchreibung des langen Titels will ich das Papier nicht verderben: ein Recenſent in der allgemeinen deutſchen Bibliothek hat ſich ſchon dieſe undankbare Mühe gegeben, im 54ſten Band, Stück 1. S. 196. So viel ich aus der Recenſion ſchlieſſen kann, hat der *Herr von Geiſau* hier eine Handſchrift aus der kaiſerlichen Bibliotheek abdrucken laſſen, ohne zu wiſſen, daſs ſie ſchon oft gedruckt war. Mit Recht ſagt der Recenſent: *Wie gut wäre es, wenn man wider dergleichen Abſchreiber eine Indemniſationsklage anſtellen könnte!* Er hätte aber auch anzeigen dürfen, daſs hier etwas ſehr altes, das in unſern Tagen ganz aus der Mode iſt, wieder aufgewärmt worden iſt. Schon im Jahr 1475. iſt dieſer Brief zu Mantua, 1486. zu Antwerpen, 1493. zu Cöln, und 1498. durch Caſpar Hochfeder zu Nürnberg, deutſch und lateiniſch, gedruckt worden. Wäre, wie der Recenſent ſagt, bey der Abſchreibung des ſchlechteſten alten deutſchen Manuſcriptes, die Zeit doch nicht ſo ganz verloren geweſen, als bey dieſem mönchslateiniſchen Wiſch: ſo hätte man allerdings lieber eine deutfche, als eine lateinifche neue Ausgabe wünfchen dürfen. Allein die alte deutfche Ueberfetzung fcheint der Herausgeber eben fo wenig gekannt zu haben, als fein Recenfent. Eine deutfche Ausgabe hatte doch noch können einen Nutzen haben, obgleich kein Jude dadurch bekehrt worden wäre; aber eine lateinifche gewifs nicht. Die Nürnberger lateinifche 1498. hat erft im Jahr 1785. Hr. *Gemeiner* in den Nachrichten von den in der Regensburgifchen Stadtbibliothek befindlichen Büchern aus dem 15ten Jahrhundert wieder befchrieben und S. 259. dabey angemerkt, dafs *Bartolocci* und *Wolf* die meiften Ausgaben angezeigt haben. Von einer deutfchen Ausgabe, die *Judocus Pflanzmann* 1475. zu Augsburg gedruckt hat, fehe man Hrn. *Zapfs* Buchdruckergefchichte Augsburgs S. 33. wo er verfpricht, von einer alten ohne Jahr, Ort und Drucker erfchienenen lateinifchen Ausgabe in 4. zu feiner Zeit mehrers zu fchreiben, welches Verfprechen er in dem zweyten Stück der Merkwürdigkeiten der *Zapfifchen* Bibliotheck S. 376. u. f. hinlänglich erfüllt hat. (Diefes Exemplar befitzt nun Hr. Zunftmeifter *Heidegger* in *Zürich*.) Von der Nürnberger deutfchen 1498. redet Hr. *Schnitzer* in der vierten Anzeige der Kirchenbibliothek zu Neuftadt, S. 39. Die lateinifche Ausgabe 1523. 8. eine deutfche, Heidelberg 1583. 8. und ein lateinifches Mfcpt. diefes Briefes in der Nürnberger Bibliotheck hat *Schwindel* in feinen Nachrichten von lauter alten und raren Büchern, II. Band S. 537. u. f. befchrieben.

7.

Herr *Adler* in Koppenhagen hat im 18ten und letzten Theil des Repertorii für biblifche und morgenländifche Litteratur S. 150. u. f. das erfte gedruckte Stück des griechifchen neuen Teftamentes vom Jahr 1504. befchrieben, das *Aldus* zu Venedig feiner Ausgabe der carminum Gregorii epifcopi Nazianzeni einverleibt hat. Es ift der An-

fang des Evangelii Johannis bis zum 58ſten Vers des ſechs‑
ten Capitels und die gründliche Beſchreibung dieſer Aus‑
gabe wird beſonders durch die Anzeige der Varianten ſchatz‑
bar. (Beyläufig bemerke ich ein auffallendes Verſehen,
da S. 153. Lin. 15. *Matthäi* ſtehet, an ſtatt *Johannis*.)
Da Hr. *Adler* niemand anführt, der dieſes Stückes gedacht
hat: ſo iſt in der allgemeinen Litteraturzeitung 1786. Mai
S. 341. angemerkt worden, es ſey nicht ſogar unbekannt,
ſondern *Wetſtein* habe es ſchon angezeigt, und die Va‑
rianten daraus in ſeine Sammlung aufgenommen. Ich kann
nicht nur anmerken, daſs *Maittaire* in ſeinen Annalen
B. II. S. 166. deſſelben gedenket, und daſs es auch B. III.
S. 242. im catalogo librorum, qui in officina Aldi Manutii
excuſi ſunt, deutlich ſtehet, ſondern ich kann auch die
unerwartete Nachricht hinzuſetzen, daſs ſchon eine ſehr
gute Beſchreibung dieſer Seltenheit an einem Orte ſtehet,
wo ſie freylich Hr. *Adler* und ſein Recenſent nicht ge‑
ſucht haben. Der ſel. *Feuerlin* in Göttingen hat ſie in
einem Brief an den Cardinal *Quirini* gegeben, der in den
Vicennalibus Brixienſibus p. 51. ſtehet und zwar S. 61-68.
Beyde Nachrichten ſtimmen in Kleinigkeiten nicht ganz
überein und faſt dünkt mich, *Feuerlin* ſey bisweilen ge‑
nauer. Nothwendig muſs man auch ſeine Nachricht mit
der Adleriſchen verbinden, da er unterſucht hat, ob *Al‑
dus* ſein Verſprechen gehalten und den Reſt des Evangelii
Johannis der Paraphraſi des Nonni Panopolitani beygefügt
hat, welches er wahrſcheinlich zu machen ſuchet, da ſich
hingegen Hr. *Adler* gar nicht darauf einläſst. Auch merkt
er an, daſs obgleich *Le Long* (ich ſetze hinzu: auch Hr.
Maſch in der neuen Ausgabe) dieſes ſeltne Stück nicht
gekannt habe, ſo ſey es doch dem *Geſner* und *Fabricius*
nicht unbekannt geweſen.

Auch macht *Feuerlin* S. 60. eine Anmerkung, die
noch wichtiger iſt, und beruft ſich dabey auf *Palm* und
Fabricius, daſs es noch ein 10 Jahr älteres *erſtes* gedruck‑

Einzelne Bemerkungen und Berichtigungen. 199

tes Stück des griechifchen N. T. gibt, indem *Aldus* den Anfang des Evangelii Johannis fchon im Jahr 1494. des *Conſtantini Laſcaris* rudimentis grammatices beygefügt habe. Da er es nicht bey der Hand hatte: fo begnügte er fich damit, folches blofs anzuzeigen. Ich habe es in dem Catalogo der vortreflichen Solgerifchen Bibliotheck, die nun der Nürnbergifchen einverleibt ift, B. II. S. 353. unter den Quartbänden gefunden: Conſt. Lafcaris erotemata graecae linguae - - oratio dominica & duplex falutatio Mariae virginis. Symbolum Apoſtolorum. Evangelium D. Joannis Euangeliſtae u. f. w. Ob es das ganze Evangelium ift, wie es aus diefer Auffchrift fcheinet, daran zweifle ich, weil *Feuerlin* und andre nur von dem Anfang reden. Ich wollte defswegen nachforfchen, um bey Gelegenheit nähere und fichere Nachricht davon geben zu können. Aber ich fand bald, dafs es nicht viel Nachforfchen brauchte. Die Ausgabe des *Gregor. Nazianz.* 1504. führt auch Maittaire B. II. S. 166. an, aber ohne weiter etwas davon zu fagen, und des C. *Lafcaris* Erotemata weitläuftiger B. I. S. 577. mit der Nachricht, dafs das Evangelium Johannis nur bis zu den Worten: *Gnade und Wahrheit*, gehe; und das wäre freylich fehr wenig, nur bis zum 14ten Vers des erſten Capitels. Er beziehet fich dabey auf das Jahr 1495. wo er S. 593. folgende Ausgabe ohne *Lafcaris* Namen hat: alphabetum graecum cum multiplicibus litteris - - oratio dom. Salutat. - - Symbolum - - *initium* euangelii S. Joannis - - per Aldum 4. Venet. 1495. Weil übrigens nur von dem erſten gedruckten *Stück* des griechifchen N. T. die Rede ift: fo mögen die im Jahr 1494. und 1495. gedruckten 14 erſten Verfe des Ev. Johannis eben fowohl Anfpruch darauf machen, als die erſt 1504. gedruckten faſt fechs Capitel deffelben.

8.

Ob des *Johann Peter Niceron* Memoires pour servir à l'histoire des hommes illustres dans la republique des lettres, avec un catalogue raisonné de leurs ouvrages, die 1729. u. f. zu Paris heraus kamen, aus 42. 43. oder 44. Bänden bestehen, das scheint wohl eine unwichtige Frage zu seyn. Indessen habe ich aus der Erfahrung gelernt, daß aus dieser Ungewißheit Verwirrung uud Wiederspruch entstehe, und das ist die Ursache, warum ich die Sache näher bestimmen will. 44. Theile gibt Hr. Dr. *Miller* in seiner systematischen Anleitung zur Kenntniß auserlesener Bücher in der Theologie und in den mit ihr verbundnen Wissenschaften, in der dritten Auflage 1781. S. 25. an : allein an dem 44sten Bande zweifle ich noch bis zu besserer Belehrung. Eben so viel zählte Herr Rector *Mertens* in dem zweyten Bändchen seines hodegetischen Entwurfs einer vollständigen Geschichte der Gelehrsamkeit, Augsb. 1780. S. 125. Da er aber sagt, sie seyen 1730-1741. herausgekommen; und in dem letztern Iahr 1741. erst der 42ste Band erschien, so läßt sich die Zahl 44. leicht für einen Druckfehler erklären, anstatt 42. Lange Zeit waren mir selbst, so wie vielen andern Gelehrten nicht mehr, als 42 Bände bekannt. Ich hätte mir daher gar nicht einfallen lassen, daß ich mich irren könnte, (und doch habe ich mich geirrt ,) da ich in der Recension des hodeg. Entwurfs in Herrn *Meusels* neuesten Litteratur der Geschichtkunde, Erfurt 1780. Th. VI. S. 166. schrieb : *Niceron Memoires sind nicht 44 Bände, sondern 42.* Von einem gelehrten Freund wurde ich deßwegen getadelt, welcher gewiß versicherte, es müßten ihrer 43 seyn. Ich dachte nicht an die bekannten Sprüchwörter : *irren ist menschlich* , und: *grosse Leuthe fehlen auch.* Das erste erfuhr ich an mir selbst, und das andre an den grossen Litteratoren, die ich als Zeugen für mich aufstellte. Konnte ich grössere Gewährmänner für mich anführen, als folgende ? In der vortreflichen Bibliothek

Einzelne Bemerkungen und Berichtigungen. 201

des sel. *Schelhorns* in Memmingen sah ich nicht mehr, als 42. und diſs noch im Iahr 1760. Weder vor - noch nachher konnte ein Gedanke in mir aufsteigen, daſs ein so groſser Bücherkenner das Werk nicht ganz haben sollte. *Heumann* in Göttingen, ein nicht geringerer Kenner, gab sich die Mühe, seinem conspect. historiae litterariae, wovon ich die sechste Ausgabe, Hanover 1753. habe, ein alphabetisches Regiſter aller vom *Niceron* beschriebnen Gelehrten beyzufügen, und das hat er nach seiner eignen Anzeige S. 413. nur aus 42. Theilen verfertiget. (Sollte aber meine jetzige Vermuthung gewiſs seyn, daſs die Ausgabe 1753. vielleicht nur ein unveränderter Abdruck der vorhergehenden 1746. die ich nicht bey der Hand habe, ist: so verdiente *Heumann* einige Entschuldigung, indem diese Ausgabe zu gleicher Zeit mit dem 43ſten Niceronischen Theil im Jahr 1745. unter der Preſſe war, und also *Heumann* vermuthlich nichts davon wiſſen konnte.) Einen noch sichrern Zeugen fand ich an dem s. *Baumgarten*, der sogar eine deutsche Ueberſetzung *Nicerons* veranſtaltete und der doch nothwendig alle Theile des Buches hätte haben sollen. Allein er gibt in der Vorrede des erſten Theils Halle 1749. gleich im Anfang nicht mehr als 42 Theile an, die von 1729 bis 1741. erschienen sind. Und sein Recensent, *Kraft*, in der theologischen Bibliothek, B. IV. S. 361. der doch damals schon die Göttinger Bibliothek benutzen konnte, nennet ebenfalls nur 42. *) Noch könnte ich einen unsrer jetzigen gröſsten Bücherkenner zum Zeugen aufruffen: allein ich muſs fast fürchten, er habe sich von mir verführen laſſen. Schüchtern sage ich also bloſs, daſs auch der Herr Hofrath *Meuſel* in seiner Bibliotheca hiſtorica Vol. I. P. I, p. 37. nur von 42 Bänden redet. Vielleicht aber habe nicht ich, sondern *Bertram* in seinem Entwurf einer Geschichte der Gelahr-

---

*) Selbst in der neueſten Ausgabe von *Lenglet du Fresnoy* Catalogue
  des principaux hiſtoriens (à Paris 1772.) T. XIV. p. 369.
  sind gar nur 40 Bände angeführt. *M.*

heit .Th. I. 1764. S. 10. ihn verführt; der auch nur 42 Bände kennet.

Als ich nach der Zeit in des Hrn. Sam. *Murſinna* primis lineis encyclopediæ theologicæ edit. ſec. Hal. 1784. S. 143. wieder 43 Bände und zwar von 1729. bis 1745. (nicht 1741.) antraf, wurde ich aufmerkſam, und zweifelhaft, ob denn doch nicht vielleicht ein 43ſter Band vorhanden ſeyn könne ? Unvermuthet genoſs ich das Glück, ihn an Einem Tage in zwey anſehnlichen Kloſterbibliothecken in Baiern, zu *Rottenbuch* und *Pollingen*, zweymal zu ſehen. Er iſt würklich zu Paris 1745. gedruckt und den vorhergehenden Bänden ganz ähnlich. *) Auch beſitzt der Hr. Prediger *Schelhorn* in Memmingen würklich nun auch ein Exemplar davon, der es aber erſt nach dem Tod ſeines ſel. Hrn. Vaters von Ulm erhalten hat. Woher mag es wohl kommen, daſs der 43ſte Band ſo gar unbekannt iſt ? und daſs die berühmteſten Männer nur 42 kennen ? Ich würde die in demſelben noch nachgelieferten Gelehrten alle nennen, wenn ich es nicht für unnützlich hielte und den Platz ſparen wollte, indem ſie Hr. *Schelhorn* in ſeiner Anleitung für Bibliothekare und Archivare, Th. I. S. 340. angezeigt hat. Meine Unterſuchung aber wird hoffentlich nicht unnütz ſeyn, da man doch nun weiſs, wie viel Bände ein completes Exemplar haben muſs. Denn man trifft bisweilen eins an, das nicht einmal 42 Bände hat. So ſteht z. Ex. in dem groſſen Dresdner Auctions-Catalogo der Dubleten, die wegen des Ankaufs der Bünauiſchen und Brühliſchen Bibliotheck daſelbſt aus der Kurfürſtlichen weggeben wurden, Th. II. 1776 S. 87. ein Exemplar, das nur aus 41 Bänden von 1729. bis 1740. beſtund. Den 44ſten Band aber will ich indeſſen unter die Druckfehler rechnen, bis ich ſein Daſeyn beweiſen kann.

---

*) Einer kurzen Erwähnung deſſelben thut die Leipziger gel. Zeitung vom J. 1746. S. 267. u. f. mit der Nachricht, daſs er nach Nicerons Tode gedruckt worden ſey. *M.*

9.

Das wichtige, aber fehr feltne Buch: Commentarii de ftatu religionis & reipublicae in regno Galliae, regibus Henrico II. Francifco II. Carolo IX, und Henrico III. ift zu bekannt, als dafs ich es weitläuftig befchreiben follte. Wer es noch nicht hinlänglich kennet, wird in *Clements* bibliotheque B. IX. S. 43-51. und noch mehr in Hrn. *Mafch* Beyträgen zur Gefchichte merkwürdiger Bücher, 9ten Stück S. 722. u. f. vollkommne Befriedigung finden. Es kam 1570. u. f. in fünf Theilen, oder 15 Buchern heraus und von den erften 4 Theilen gibt es verfchiedne Auflagen; nur in Anfehung des fünften Theils war man bisher zweifelhaft, ob er nur ein, oder zweymal gedruckt ift. Darüber kann ich Auffchlufs geben, da ich zweyerley Exemplare von 1580 und 1590 vor mir habe. Die letztere befchreibet *Freytag*, die erftere *Clement*, fagt aber von derfelben: je croi, que cette edition de 1590 n'exifte que par une faute d'impreffion, ou par la tricherie du libraire: fur-tout, puifqu'elle a 208. feuillets, comme celle de 1580. Hr. *Mafch* befitzt ein Exemplar 1590. da er es aber mit keiner andern von 1580. vergleichen konnte: fo war er nicht im Stand, Clements Vorgeben zu entfcheiden. Da ich beyde verglichen habe, fo fand ich, dafs die Bogen b bis v. in beyden Exemplaren, einerley find, die übrigen aber zu Anfang und Ende im Jahr 1590. neu gedruckt worden find. Das mufs ich beweifen, und der Kürze wegen will ich die Ausgaben A und B nennen. Das A von B unterfchieden ift, beweifet auffer der Jahrzahl auf dem Titel fchon die Vorrede, wo keine Zeile harmoniert und die fumma earum rerum, quae his tribus comment. libris continentur, wovon der Anfang in A gleich nach dem Ende der Vorrede auf der vierten Seite fteht: in B aber ftehen auf derfelben nur die 7 letzten Zeilen der Vorrede, das übrige ift leer und jene Summa fängt erft mit der fünften Seite an. In A fängt das Regifter auf der 6ten Seite an, in B auf der 7ten, in A beträgt es 8. Seiten und einige Zeilen, in B aber mit kleinerer Schrift nur 6 Seiten und etliche Zeilen darüber. Kleinigkeiten, z. Ex. veränderte Druckfehler, eine verfchiedne Abbreviatur des Wörtleins et, u. f. w. beweifen, dafs der Bogen a würklich umgedruckt ift, obgleich faft alle Zeilen harmoniren: hingegen auf dem Bogen b herrfchet fchon eine folche Gleichheit, dafs es unmöglich zweyerley Druck feyn kann. Aber bey dem Bogen x gehet in B ein neuer Druck an. Die Blattzahlen zeigen diefes fchon, da fie eben fo grofs find, als die vorhergehenden, da fieh ingegen in A von Bl. 161-208. kleiner find. Auch ftimmen die Zeilen felten mehr überein, z. Ex. Bl. 179. gar nicht mehr. Auf den letztern Blättern hat A fogar eine gröffere Schrift als B, dem ungeachtet fchlieffen beyde Bl. 208. auf der erften Seite oben. Würklich ift alfo in der Ausgabe B, oder 1590. der erfte und die letzten fechs Bogen ganz umgedruckt, aber 19 Bogen find von A oder 1580. Warum? will ich nicht errathen. Meinetwegen mag nun jeder diefes *eine* oder *zwey* Ausgaben nennen. Diefes einige wünfche ich, dafs andre ihre Exemplare mit meiner Nachricht vergleichen mögen. Denn nicht viele werden beyde Ausgaben felbft mit einander vergleichen können, indem die zwey letzten Theile faft noch feltner feyn mögen, als die drey erften, da fie nicht fo oft aufgelegt worden find, obgleich unter diefen auch höchftfeltne Ausgaben find. In den meiften Bibliothecken und Auctionen findet man nur einzelne Theile, felten alle 5. complet. Diefes war die Urfache, dafs ich von allen Orten her 16. folche einzelne Theile zufammenkaufte, wodurch ich zwey ganze Exemplare zufammenbrachte, und guten Freunden ihre defecten Exemplare vollftändig zu machen, das Vergnügen haben konnte.

10.

Es war lange Zeit unbekannt, was für ein Ort die villa Beronenſis in pago Ergouiæ ſita ſey, wo unter andern der bekannte Mammotrectus im Jahr 1470. gedruckt worden iſt. Ein Recenſent in Herrn Hofrath *Meuſels* hiſtoriſchen Litteratur 1784. B. I. St. II. S. 137. vermuthete, es ſey *Burgdorf* in dem Bernergebiet, andre vor ihm glaubten, es werde *Bern* ſelbſt darunter verſtanden. Der berühmte Herr *von Haller* zeigte dagegen, eben daſelbſt B. II. S. 168. es ſey *Münſter im Ergau*, (das nach *Füeſslins* Zeugniſs in der Staats - und Erdbeſchreibung der Schweizeriſchen Eidgenoſsſchaft, Th. I. S. 282. ſeinen Urſprung einem Grafen *Bero* zu danken hat) woſelbſt ſich ein Chorherrenſtift, das in den Canton *Lucern* gehöret, befindet. Einem ſolchen Kenner der Schweizeriſchen Geſchichte vollkommnen Beyfall zu geben, trage ich kein Bedenken. Aber um ſo viel mehr habe ich Bedenken, dem Recenſenten *Xm* von Herrn Prof. *Pfeiffers* in Erlangen Beyträge zur Kenntniſs alter Bücher und Handſchriften, III. Stück, in der allgemeinen deutſchen Bibliothek, B. 70. Th. II. S. 538. Beyfall zu geben, welcher von dem Mammotrectus ſagt, die erſte Ausgabe ſey in der Probſtey *Büren* im Canton *Bern* 1470. erſchienen, ſie ſey mit den abgenutzten Lettern der erſten oder eigentlich der zweyten alten lateiniſchen Bibel gedruckt worden, und zwar noch vor der Mainzer Ausgabe dieſes Buches 1470. er kenne noch vier Bücher aus dieſer Druckerey (da ſonſt nur zwey bekannt waren, die in der hiſtoriſchen Litteratur 1784. B. I. S. 137. angeführt ſind.) Hier wünſchte ich folgende Fragen beantwortet zu ſehen: woher weiſs der Recenſent, daſs villa Beronenſis nicht das Chorherrenſtift *Münſter*, ſondern die Probſtey *Büren* ſeyn ſoll? woher weiſs er, daſs die Schweizer Ausgabe des Mammotrectus, bey der zuletzt ſtehet: vigilia ſancti Martini epiſcopi, älter iſt als die Mainzer, wo am Schluſs eben der Tag ſtehet: in vigilia Martini? welches ſind die drey bisher ganz unbekannten Bucher, welche in dieſer Druckerey erſchienen ſeyn ſollen. *)

§ I.

Ueber die älteſten Bücher-Druckprivilegien iſt zu unſern Zeiten, beſonders von *Pütter* und *Beckmann* in Göttingen, *Hoffmann* in Tübingen, u. ſ. w. öfters geſchrieben und neue Entdeckungen ſind genug gemacht worden. Ich ſelbſt habe ein paar mahl darüber geſchrieben, beſonders zuletzt in Herrn Hofrath *Meuſels* Beyträgen zur Erweiterung der Geſchichtkunde, II. Theil, S. 95 - 114. In verſchiedenen neuen Büchern und Recenſionen aber habe ich zu meiner Verwunderung gefunden, daſs Hrn. *Meuſels* leſenswürdige Beyträge manchem Litterator eben ſo unbekannt geblieben ſind, als des ſel. *Hoffmanns* Abhandlung von den älteſten Druck-oder Verlag-Privilegien 1777. und Herrn *Pütters* vorhergegangne Schrift von dem Büchernachdruck 1774. nebſt Herrn *Beckmanns* Beyträgen zur Geſchichte der Erfindungen. Mit ſo berühmten Gelehrten einerley Schickſal zu haben, das iſt, unbekannt zu bleiben und vergeſſen zu werden — ſchätze ich mir für eine Ehre. Aber des Lachens kann ich mich kaum enthalten, wenn ich noch immer eingebildete Litteratoren auftreten ſehe und z. Ex. von ihnen hören muſs: das älteſte Buchdrucker-Privilegium ſey von dem Jahr 1514. oder wenn ein anderer ſich etwas darauf einbildet, daſs er ein weit älteres vom J. 1502. gefunden hat. Man erlaube mir alſo auch hier ein paar Worte darüber.

*) Dieſe Fragen wird Hr. Zunftmeiſter *Heidegger* in *Zürich*, in einem der nächſten Stücken beantworten. Er beſitzt alle dieſe fünf Ausgaben, die der *Recenſent* der Allg. d. Bibl. bey ihme geſehen haben muſs, wie er nach der Hand vernommen.

Einzelne Bemerkungen und Berichtigungen.

Der eigentliche Urſprung und das wahre Alter der Bücherprivilegien iſt noch, und bleibet vielleicht, unbekannt. Das erſte, mir bekannte, war vom Jahr 1490. und der berühmte Herr Schaffer *Panzer* in Nürnberg hat es bey einem von Joh. Pfeil zu Bamberg gedruckten Miſſale entdeckt. Nach der Zeit fand ich in Hrn. *Denis* Merkwürdigkeiten der Garelliſchen Bibliothek eines vom Jahr 1489. bey einem Buch, das die Auffſchrift hat: noſce te ipſum. Noch ältere vermuthe ich mit gröſster Wahrſcheinlichkeit: jüngere, die ich ſonſt noch nie angeführt habe, von den Jahren 1491. u. f. könnte ich genug anzeigen. Allein ich ſchone den Platz und denke: ſapienti ſat.

12.

In dem XIII. Heft des deutſchen Zuſchauers, herausgegeben von Freunden der Publicität 1787. ſind Num. 4. Memorialien und Einlagen des *Bapt. von Salis* während ſeines Aufenthalts in Wien 1772. abgedruckt, weil faſt die ganze Auflage derſelben, die er ſelbſt beſorgt hatte, von ſeinen Freunden unterdrückt worden ſeyn ſoll. Der ſonderbare Inhalt verdiente allerdings weiter bekannt zu werden. Allein er war doch nicht ſo unbekannt, als die Herren Herausgeber glaubten. Schon in den nouis actis hiſtorico-eccleſiaſticis XII. Band, 93ſte Theil S. 575-604. ſtehet eine hinlängliche Nachricht von des Herrn *B. von Salis* ſeltſamen Vorſchlägen zur Vereinigung der drey im römiſchen Reich geduldeten Religionen, nebſt Beylagen A - H, wo jene Memorialien zum Theil ſchon abgedruckt ſind. Ich zeige es deswegen an, weil es auch dem Nürnberger Recenſenten (1787. XVII. Stück) unbekannt geweſen zu ſeyn ſcheinet.

* * *

13.

Zu *Paſſau leiſtet man einer Perſon Namens* Madonna *groſſe Verehrung.* So ſtehet mit dürren Worten in *Richard Pocakes* Beſchreibung des Morgenlandes, überſetzt durch Chriſtian Ernſt von Windheim, dritten Theil S. 352. in welcher an allerhand Fehlern kein Mangel iſt. Ob der Verfaſſer, oder nur der Ueberſetzer auf eine ſo höchſtlächerliche Art geſtolpert iſt, das weiſs ich nicht. Auch kann ich nicht ſagen, wie es in der von Herrn D. *Schreber* gelieferten neuen Ausgabe der deutſchen Ueberſetzung lautet. *) Aber weil die erſte Ausgabe viele Pränumeranten hatte, welche ſchwerlich die zweyte kaufen: ſo halte ich den abſcheulichen Fehler der Erinnerung würdig. Wer Verzeichniſſe von Kupferſtichen oder von Gemählde-Sammlungen geleſen hat, der wird ſich leicht erinnern, daſs in denſelben zum öftern die heilige Jungfrau, oder die Mutter Gottes, oder eine *Madonna* vorkommt. Denn *Madonna* iſt der gewöhnliche italieniſche Name der *Jungfrau Maria*. Für die, welche dergleichen nicht leſen, oder es ſonſt nicht wiſſen, mag alſo die Anzeige, wer die zu Paſſau ſo vorzüglich verehrte *Madonna* iſt, hier nicht gar umſonſt ſtehen. Wenigſtens ſey ſie Warnung für die rüſtigen Ueberſetzer, die Augen beſſer aufzuthun.

---

*) Von Hrn. Hofrath *Schreber* rühren nur die hier und da beygefügten botaniſchen Anmerkungen her. Hr. Hofrath *Freyer* hingegen hat die Windheimiſche Ueberſetzung von Schnitzern geſäubert. Auch den hier gerügten überſah er nicht, ſondern ſchrieb dafür: *Zu Paſſau leiſtet man einem Mariabild groſſe Verehrung.*

M.

Einzelne Bemerkungen und Berichtigungen. 209

14.

Project einer historischen Gelehrten Gesellschaft zu Heidelberg.

Exempt aus einem Schreiben des Ben. Casp. *Haurisius*, Prof. der Geschichte zu Heidelberg, an D. Joh. Jacob *Baier* in Altdorf.

Heidelberg, d. 19. Oct. 1734.

Societatem historico litterariam in commendationem studii historici cum auditoribus meis privatis erexi. Sed fata eadem exceperunt eandem, quæ Academiam Imperialem Naturæ Curiosorum ab initio divexarunt. Hisce coactus protectionem imploras, tutelamque Sereniss. Electoris Palatini, qua & eo facilius potitus sum, quo sapientius Elector sapientissimus perspexit, cedere hoc institutum in commodum studiosorum Universitatis Heidelberg, studiique historici incrementum. Societates vero sine legibus constitutae cum corruant, salubriores vix potui invenire, quam, ut Romani apud Graecos, ita ego Leges Academiæ Imper. Nat. Curiosorum, pro varietate circumstantiarum tamen mutatis mutandis. Has ut ab eadem Academia profectas esse sciant omnes, Tuam, perillustris Domine, nomine Societatis Electoralis Palatinae historico-litterariæ interpello auctoritatem & licentiam, qua legibus Academiae pro instituto nostro uti liceat, ne post confirmationem & publicationem proxime petendam & inauguratione solenni instituendam, plagio arguamur.

15.

Berichtigung einer gewissen Allegation.

Bücher, die ohne Grund bey Materien angeführt werden, wovon sie nicht handeln, wieder aus ihrer unrechten Stelle wegzuschaffen; das ist wohl eben so nützlich, als die Anzahl älterer Allegaten zu vermehren. Um hier aber nicht bloß die Irrung anzuzeigen, fondern auch zugleich die Bücherkunde zu bereichern; (vielleicht auch wegen eines andern Zweifels belehret zu werden;) will ich zuerſt von dem unrichtig angeführten Buche etwas fagen. Es iſt, Jac. Simancæ (Diego de Simancas) Collectaneorum de Republica libri IX, ex illuſtribus Theologis, Legum latoribus, Juris conſultis, Medicis, Philoſophis, Poëtis, Hiſtoricis, aliisque bonarum artium peritis; opus ſtudioſis omnibus utile, viris autem politicis neceſſarium. Nach Btheca Pphica Struv. Kahl T. II. p. 226, v) erſchien es *zuerſt* 1565, Princiae. (Dieſen Ort kenne ich nicht: vielleicht aber ſteht auf dem Titel Pintia; welches ehemals auf der Stelle des heutigen Valladolid (Vallifoletum) ſoll gelegen ſeyn, weswegen jener Namen antiquariſch ſtatt des neuern gebraucht ſeyn könnte. Wenigſtens liegt nicht weit von Valladolid der Ort, wovon der Verf. ſeinen Namen hat, Simancas, ehemals Septimancas ; auch iſt ſein Buch de exſtirpendis Haereſibus 1552. zu Valladolid gedruckt.) Die *zweyte* Ausgabe, oder den *Venezianiſchen Nachdruck* in 4to, von 1569, nennet ſchon J. Jac. Friſii Btheca, (583. Tig. f.) p. 385. Auf dem Titel der *dritten*, 1574, Antwerpen, 8vo. ſteht, In hac *tertia* Editione adjecti ſunt *ab Auctore* plures quam *mille* Loci memorabiles. Die unrichtige Jahrszahl 1579. gieng wol aus Friſii Bth. in die Struviſche über: in der Bth. Juris Struv. Buder. p. 957. ſteht gar 1539; und eben da ſcheint die *Irrung*, daß das Buch de Rep. *Veneta* heiſſe, bloß aus einer Büchertitel-Abſchrift, nämlich des *Venezianiſchen* Nachdrucks, entſtanden, und ſo wieder in die Bth. Hiſtorica Struvio-Buderiana, p. 1457, übergegangen zu ſeyn. — Die *vierte* Ausgabe endlich, 1582. Salmanticae, 8vo. nennet die Bth. Pphica Struv. Kahl. l. c. und ſetzt hinzu, Auctor *impiis ſuperſtitionibus* ad inſaniam usque imbutus; ohne dafür einen Zeugen

Einzelne Bemerkungen und Berichtigungen. 211

anzuführen: da doch das Buch an 2 katholifchen Orten *approbirt* ward.

Jezt mufs ich aber noch eine Irrung zu verhüten fuchen, wozu ein flüchtiger Blick in den *Inhalt* verführen könnte. Hier fteht nämlich an der Rückfeite des Titelblatts, Lib. VII. De Republica *Hifpaniae*; und im Buche felbft, (p. 349. ed. Antw.) De *Regno* Hifpaniae; auch p. 351. De *Magiftratibus* Hifpaniae: und dennoch ftehn in dem ganzen VIIten Buche, bis p. 416, unter dem Haufen der Stellen aus alten Schriftftellern, nur folgende Stellen *von Spanien*; worunter einige wenigftens zur Kenntnifs des damaligen Reiches dienen mögen.

Pag. 350. *Plato* quoque vult, ut Senatus probatiffimorum hominum fit Collega Regis, quafi quaedam Respublica Optimatum; atque haec quidem Regis noftri Dominatio eft, multis Confiliariis praeftantiffimis plena. Itaque Reges noftri, re & nomine vere *Catholici*, tales habent Confiliorum & Actionum Adjutores, quales effe poffent illi, qui Ariftocratiam & Democratiam optime gubernarent.

Pag. 352. *Jetro* videns *Moyfem*, a mane ufque ad vefperam, Jus dicentem Populo: Cur *folus* fedes? inquit. — Ad eumdem prorfus modum Reges noftri, ad Regnorum & Provinciarum adminiftrationem, plurimos crearunt Magiftratus, tam civiles, quam militares; multis utuntur Gubernatoribus, Praefidibus & Praefectis; habent quoque Hifpaniae Tribunalia fumma, de quibus jam nunc difleremus.

Pag. 353. fq. Primus Hifpaniae Magiftratus eft *Praefectus Praetorio fummo*, quem Praefidem Confilii Regli five Praefidentem vocant. Is in Hifpaniae Curia primum locum poft Regem obtinet, & Regis Confilio praeeft. Ad hunc graviffima quaeque negotia totius Regni referuntur, & ea omnia ipfe cum Regiis Confiliariis confert. Sed maximum atque praecipuum ejusdem munus eft, (ut mihi quidem videtur,) *viros idoneos eligere*, quibus adminiſtrationem reipublicæ Rex tuto committere valeat: Salus enim Reip. in Magiſtratibus ſita eſt.

Pag. 356. Multa ſunt in Regis Curia *Tribunalia ſumma*, quorum conſilio Rex cuncta gubernat: in præſentia tamen de Tribunali dumtaxat ſummo, quod *Regium Conſilium* vocant, nonnulla ſuccincte commemorabo. Nam de ſacroſancto illo Tribunali, in quo de cauſis Religionis agitur, in noſtris catholicis Inſtitutionibus (de exſtirpandis Hæreſibus) copioſiſſime diſſeruimus. Cetera vero *Tribunalia*, (Aragoniæ, rerum Italiarum, Indiarum, Militiarum ſive Ordinum, & Patrimonii Principis,) & Regia ſunt, & ſumma, & Regii Conſilii inſtar obtinent.

Pag. 382. Quidam ſunt *Juridici Conventus* in Hiſpania: ſed duo præcipui, *Valdolitanus* & *Granatenſis*; quos *Audientias*, & *Cancellarias* vulgo appellant. In utroque horum conventuum XVI *ſelecti Judices*, quos *Auditores* vocant, in IV *Aulas* ſive Claſſes diviſi, cauſis civilibus finem imponunt. Hi cauſas Appellationum excutiunt; & aliorum omnium Judicum Sententias aut confirmant, aut in melius reformant. Ab his provocare non licet; ſed eisdem ſupplicari poteſt.

Pag. 404. Exſecutores appello Apparitores ſive Lictores, quos vulgus *Merinos* & *Alguaſiles* nominat. Iſti ſunt, qui Mandata & Sententias Judicum exſequuntur. Hi fere per omnem Hiſpaniam officio *Vigilum* funguntur. (p. 405.) Proſunt præterea hi Exſecutores *Incendiis arcendis*, quæ noctu ſolent eſſe periculoſiſſima. (p. 406.)

Pag. 406. Abundat Hiſpania noſtra Patronis & *Advocatis* plurimis, quorum non pauci, & viri probi ſunt, & juris peritiſſimi. Officium autem eorum admodum neceſſarium omnibus.

Pag. 411. ſeq. *Scribæ* Hiſpaniorum innumerabiles fere ſunt: ſed, ut multi mecum ſentiunt, pauculi eſſe deberent, & illi quidem ſpectandæ fidei, & bono genere nati. Nam & privatim & publice prodeſſe plurimum & nocere poſſunt.

Pag. 413. Quum ipfe Neapoli Regis vicem gererem, a multis audivi, *Scribas*, quos *Magiftros Aflorum vocant*, magna tyrannide fpoliare litigantes, præfertim criminum reos; & vehementer dolui, quia eos punire non potui.

Weil ich mich nun niemal fo lange bey diefen Collectaneen verweilt habe: fo mufs ich wohl auch noch die *Ueberfchriften* der übrigen VIII. Bücher anzeigen; weil ich davon fonft nirgends Anzeige fand. I. de Urbe, Civitate et Cive, p. 7 - 61. II. de Rebus publicis, p. 62 - 101. III. de Monarchia et Rege, p. 102 - 171. IV. de *Legibus*, p. 172 - 231. V. de Magiftratibus, et eorum virtutibus, p. 232 - 289. VI. de his quæ vitanda funt a Magiftratibus, p. 290 - 348. VIII. de *Præfeclis Urbium*, p. 417 - 520. IX. de Regni Gubernatione, p. 521 - 670. Unter mehrern Titeln diefer Bücher ift alles gefammelt, was frühere Schriftfteller über alle Gegenftände der Staatswiffenfchaft dachten; wirklich Gedanken genug in 43 Bogen.

16.

Eines alten Theologen, Erhard Schnepfs *), *Aeufferungen von dem Lafter der Selbftbefleckung, von vvelchem in unfern Tagen fo viel gefchrieben vvird.* **)

Quod magis folicitus effe femper folitus fui pro tua tuorumque æqualium ætate, ne quid in hac tanta iuuentutis

---
*) Aus einem Brief Schnepfens, worinn er dem David Chyträus zu feiner Verheyrathung Glück wünfchet. Er ftehet in folgender kleinern Schrift: Carmina & Epiftolæ de coniugio ad Dauidem Chytræum, Profefforem in Academia Roftochienfi, fcripte a multis honeftis & doctis uiris anno 1553. Viteb. 1562. 8. 10 Bogen.

**) und, fetze ich hinzu, wodurch gewifs mehr Schaden, als Nutzen, geftiftet wird. Längft fchon hab' ich mich über

214 Einzelne Bemerkungen und Berichtigungen.

imbecillitate fiammarum uiolentia & tyrannidæ Satanæ, nondum mariti, ſe ſuaque functione indignum patiantur, tam me iam literæ tuæ, quæ maritum te factum eſſe ſignificant, exhilararunt, adeque gaudio totum obruerunt.

Non ignotæ mihi ſunt uerſutiſſimi hoſtis cum βυλαι tum τεχναι, quibus præclara ſæpenumero ingenia rebus maximis nata non ſolum impediuit, ſed funditus etiam euertit, & ad res gerendas prorſum inutiles reddidit. Neque uero ardens hæc aetas eiusmodi modo flagitiis, qui in hominum oculos incurrunt, contaminari ſolet, ſed ſunt alia longe tetriora, quæ ſine arbitris fere, pace tua dixero, commiſſa, ſoli Deo, miſellæque animulæ, male ſibi conſcia, perſpecta ſunt. Et 1. Cor. IV. non πορνοι ſoli, μοιχοι και αρσενοκοιται regno cælorum excluduntur, ſed μαλακοι etiam. Hæc ſcribo, ut curas & anxias meas ſolitudines, non pro meis tantum liberis, ſed omnibus in univerſum adoleſcentibus & iuuenibus piis, quorum ego periculis & imbecillitate ex animo afficior, tibi exponam.

Rabinus quidam parentes impios, quorum conſilio & opera dulciſſima pignora periculoſe coelibatur uinculis irretiuntur, non diſſimiles idololatris iſtis eſſe affirmat, qui filios ſuos olim idolo per flammes immolare ſoliti fuere.

---

dieſen pädagogiſchen Lärmen geärgert. Die unzeitigen Eiferer wähnen, erſt in unſern Zeiten würde Onanie häufig getrieben, da ſie doch gewiſs von jeher im Schwange war und im Schwang gehen wird, ſo lang Menſchen Menſchen bleiben, und zwar ehedem ſo ſtark wie ietzt. Wer nur mäſsige phiſicaliſche und hiſtoriſche Menſchenkenntniſs beſitzt, wird mir beypflichten. Es iſt ſehr zu wünſchen, daſs mehrere Zeugniſſe, wie das obige, aufgeſpürt und bekannt gemacht würden.

Meuſel.

17.

D. Nicolaus Selneccers eigener Bericht *) von Schimpf-namen, vvomit ihn seine Gegner belegt.

Ihr kommet den mehrern Theil nur auf meine arme Person, u. weil ich von Natur bin, wie mich Gott erschaffen hat, klein u. unansehnlich, u. wie David von sich redet, nikeleh, ein armer geringer Mann, so gehet ihr damit um, und erlustiget euch nach euers Herzens arger Lust, u. nennet mich Selenkerle, Doctorle, nanum, Zwerglein, Aefflein, Lutheräfflein, Spitz- und Lotterbüblein, Männchen mit kurzen Beinen, Närrchen, Fantästlein, Wascherlein, der nie keine Bibel noch Patres gesehen vielweniger gelesen habe, den Gott also habe machen u. erschaffen wollen, dass er ein klein Fantästlein, u. nicht ein grosser Doctor seyn sollte, der kein Theologus sey, sondern der den Marcolphum und Eulenspiegel lesen u. predigen sollte, der ein Schwärmerchen sey, u. nicht wisse, wo er daheim sey; ja der ein Cayernait, ein Fleischfresser u. Blutsäufer sey, ein Manichäer, ein Ubiquitist, ein Judas, ein Marcionit, an Verstand grob und tölpisch &c.

18.

Alphabetisches Verzeichniss von Schimpfnamen, die Cochläus dem D. Luther in einer einzigen Schrift **) beylegt.

Abtrünling, feldflüchtiger,
Apostata, ehrloser, muthwilliger, verzweifelter, boshafter,

---

*) Diess schreibt er in seiner kurzen einfeltigen Antwort auf das Examen vnd vnchristlich lesterbuch eines Sacramentirischen Mammelucken, der sich nennet Germann Beyer von Hall, Leipz. 1580. 4.

**) Dieser Catalogus ist genommen aus folgender Schrift, deren Verfasser Cochläus ist: Hertzog Georgens zu Sachsen

Aufrührer, ärgſter, blutgieriger,
Bluthund, durſtiger, ärgſter auf Erden,
Böſswicht, henkmäſſiger,
Bube, unehrlicher, böſer,
Cunz, vierſchrötiger, der wol Säck in die Mühle tragen könnte, wie ein Eſel.
Dreſcher, grober,
Ehrendieb, aufrühriſcher, Erzbube,
Eſelskopf, ausgekuttete,
Flegel, Galgenſchwengel, blutgieriger,
Geifermaul, unreines, Göcker, unkeuſcher, der an einer ausgelauffen Nonne hanget, bis er der Tage eines auf ihr zerborſtet. Holziger, verwegner, verlaufner, abtrünniger.
Hundsmücke, tolle und ſchwermeriſche,
Ketzer, öffentlich verdammter, der in einem Bubenleben mit einer Nonne zu Hauſe ſitzt.
Knecht der Verruckung der wie ein Hund zu ſeinem Undau lauft, und ein gewaſchne Sau, die ſich wieder im Pful wälzet.
Kühmaul, ruhmglerrendes,
Kuttenfritz, unverſchämter, vertrugnender,
Laſtermaul, holhipniſches, Lügner, unverſchämter,
Maul, verlognes, Maulaffe, ehrloſer, zeugloſer,
Münch, ausgeloffener, boshafter, ehrloſer, hartmäulichter, laufigter, meineidiger, ſchalkhaftiger, teufelhaftiger, verwegner, unverſchämter,
Nonnenfetzer, bübiſcher, der weder Land noch Leut hat, als ein unedler Wechſelbalg von einer Badmagd gebohren, wie man ſagt, und noch heut zu Tag das Allmoſen, ſo zum Kloſter geſtift, mit einer ausgelauffenen Nonnen friſst.

Ehrlich vnd gründtliche entſchuldigung, wider Martin Luthers Auffrühriſch vnd verlogenen brieff vnd Verantwortung. Leipz. 1533. 4.

Rültz, grober, Sauevangelift, Schafmörder, Schwärmkopf, überhoffärtiger Schelm, zerkratzte Stirn, Teufelsapoftel, rechter, ungezweifelter, grimmig Thier, Unflatshals, verlogner, fchwermerifche Unruh gemeiner Chriftenheit, gottlofer Wiederchrift, Wolf.

19.

Francifcus Lambertus las zu Wittenberg 1523. fechs Monate lang ein Collegium über das Evangelium Lucä, und empfieng von allen feinen Zuhörern nicht mehr, als — — 15. Grofchen.

— Nihil profecto tale unquam petiturus, nifi iam debitis non paucis obftrictus effem, & ingratiores effent auditores mei, quam ut ab illis ego cum forore, quam mihi ex tua Saxonia Deus tradidit, ac miniftro fperare ualeamus. Nam ecce nouiffime Lucæ euangelium fex menfibus interpretatus fum, & ab omnibus fimul, qui me audiverunt, XV tantum groffos accepi.

So fchrieb diefer gewefene Francifcanermönch von Avignon, der zur Evangelifchen Lehre übergetretten, einige Zeit zu Wittenberg Collegien gelefen und als Profeffor zu Marburg 1530 verftorben, an Georg Spalatin. Siehe Jo. Fried. Heckels feltenes Manipulum Epiftolarum fingularium p. 78. Die befte Nachricht von Lamberti Leben und Schriften findet fich in Schelhorns Amoenitatt. litter. T. VI, p. 307 – 388.

20.

Erasmi von Rotterdam Gedanken von der Täuschung des Volks, und ob jede Wahrheit bekannt zu machen sey?

Scio, quiduis esse ferendum potius, quam ut publicus orbis status turpetur in peius, scio, *pietatis esse, nonnunquam celare ueritatem, eamque neque quouis loco, neque quouis tempore, neque apud quosuis, neque quouis modo, neque totam ubique promendam.* Neque quenquam eruditum fugit, esse quædam recepta, uel paulatim obrepente consuetudine, uel adulatione iuris consultorum recentium, uel temerariis definitionibus scholasticorum, uel arte denique technisque principum, quæ præstaret rescindi; uerum illud erat prudentiæ christianæ, sic tentare remedium, ne sinistre tentatum morbum non tolleret, sed exacerbaret, ac pro morbo mortem acceleraret. Nec enim ausim pronunciare, an aliquo pacto Christianis probanda sit Platonis sententia, qui permittit sapientibus illis custodibus, *ut populum ipsius bono fallant mendaciis, quandoquidem ueris ac philosophicis rationibus contineri promiscua multitudo non potest, ne prolabatur in deterius.* Illud semper caui, ne aut tumultus essem autor, aut noui dogmatis assertor. S. Ej. *Opus Epistolarum, Basil.* 1538 *fol.* p. 505.

Qualis qualis rerum status est; periculosissima res est mouere camarinam huius mundi. Plato cum rempublicam philosophicam somniaret, uidit multitudinem absque mendaciis non posse gubernari. Absit a christianis mendacium, attamen non expedit omnem ueritatem quouis modo prodere uulgo. *Ibid.* p. 602.

21.

Einige unverdächtige Zeugniſſe, daſs Friedrich, Churfürſten von Sachſen, die Kayſervvürde angeboten, von ihm aber König Carl in Spanien dazu empfohlen vvurde. *)

Eraſmus in Opere Epiſtolarum (Baſel 1538. fol.) p. 425.

Ab omnibus delatum imperium ingenti animo recuſauit, idque pridie quam Carolus eligeretur, cui nunquam contigiſſet imperii titulus, niſi *Fridericus* deprecatus eſſet, *clarior honore contemto, quam fuiſſet adepto.* Mox rogatus, quem igitur cenſeret eligendum? negavit ſibi quenquam alium videri tanti nominis oneri ſuſtinendo parem, quam Carolum. Ob hunc inſignem animum a noſtris oblata triginta florenorum millia conſtantiſſime rejecit. Quumque urgeretur, ut ſaltem decem millia pateretur dari famulis: accipiant, inquit, ſi velint, attamen nemo manebit poſtridie apud me, qui vel aureum acceperit: ac poſtridie conſcenſis equis ſubduxit ſeſe, ne pergerent eſſe moleſti. Hoc mihi ut compertiſſimum retulit Epiſcopus Leodienſis, qui comitiis imperialibus interfuit.

Eben derſelbe l. c. p. 441.

— Quid enim in iſto Principe non aureum? qui pro magnitudine animi plus quam heroica contemſit ultro delatum imperium, qui pro ſingulari fide & integritate ſua nullis præmiis vinci potuit, quo minus ei decerneret im-

---

*) Da die Wahrheit dieſer Geſchichte doch noch bisweilen von manchem Geſchichtſchreiber, z. E. von P. Daniel, in Zweifel gezogen werden wollte, ſo habe ich hier zur Beſtätigung derſelben einige ſtarke und unverwerfliche Zeugniſſe hier zuſammenſtellen wollen.

perium, quem oneri ferendo judicaffet unum omnium hujus ætatis Principum maxime idoneum, qui tantam auri vim a noftris oblatam pertinaciffime refpuit.

Luther in feiner Schrift *vom Mifsbrauch der Meffen,* Witt. 1522. 4. fpricht gegen das Ende derfelben von einer Prophezeyung, die er als ein Kind öfters gehöret, dafs ein Kayfer Friedrich das heilige Grab erlöfen würde; welches dadurch nach feiner Meinung in Erfüllung gegangen, dafs unter Churfürft Friedrich die reine Wahrheit des Evangelii, die bisher verdunkelt gewefen, an das Licht gekommen fey. Worauf er noch hinzufetzt: Und obwol jetzund kein Kayfer ift, fo ift das genug zur Erfüllung der Prophezeyung, dafs er zu Frankfurt von den Churfürften einträchtiglich ein Kayfer erwehlt ift, und wär auch wahrhaftig Kayfer, wenn er gewolt hätte. Es ift vor Gott gleich fo viel, wie lang einer Kayfer ift, wenn er nur Kayfer gewefen ift.

Melanchthon in der bey feinem Tod 1525. gehaltenen *Rede* fchreibt: Amifit uniuerfa Germania fenatus imperii Principem. In hoc plurimum bonis omnibus præfidii erat. Ad hunc proxime in magno Germaniæ difcrimine detulerant rerum fummam omnes ordines & autoritatem judicabant parem effe gerendo imperio. Im zweyten Band der Declamationen, wo diefe Rede wieder abgedruckt worden, ftehet am Rand bey diefen Worten das Marginale: Fridericus Imperator factus.

Da Kayfer Carl dem Churfürften Johannes zu Sachfen die Belehnung auf dem Reichstag zu Augsburg 1530. aus dem Grund verweigerte, weil er der Evangelifchen Lehre anhieng, fo fpricht diefer in feiner Antwort unter andern alfo: Dieweil mein lieber Bruder, Gott feeliger, durch folche Gerechtigkeit vnd Dignitet der Chur zu Sachfen, Ew. Kayf. Maj. fonder Ruhm, ja nit am wenigften zu diefer jrer Kayf. Hoheit, ganz unterthäniglichen gefördert hat &c. S. *Joh. Joach. Müllers* Hift. von der Evang. Stände Proteftation und Augfp. Conf. S. 676.

* * *

In einem *Lied für die Landsknecht* gemacht, Inn diefen Kriegsläuffen nützlich zu fingen. 1546. 4. wird Kayfer Carl alfo angeredet:

> Du führft darzu in Teutfche Land
> Ein mördrifch volck, voll aller fchand,
> Welchs du doch haft verfchworen,
> Da du durch Hertzog Fridrichs gunft
> Zum Kayfer bift erkoren.

Joh. Friedrich, Churf. zu Sachfen, und Landgraf *Philipp* in ihrem Bericht, warum ihnen zu unfchuld auffgelegt wird, das fie R. K. M. ungehorfame Fürften feyn follen &c. 1546.

Drun jre Ma. folt fich billich eins beffern hierinne befonnen haben, denn das Churfürftl. haufs zu Sachffen, alfo mit gewalt vnd that, an (ohne) alle Götliche oder rechtmeffige vrfachen, zu uerderben vnd zu uergewaltigen.

Denn jre Ma. wiffen fich wol zu erinnern, wie vnfer des Churfürften Vetter, Hertzog Friderich Churfürft zu Sachffen, feliger, jrer Ma. zu difer jrer Key. Hocheyt gedienet, vnd fich der ehren felbft vorziegen, vnd jre Ma. darzu befördert, Wir wöllen andere dienfte vnd gutthaten, fo die Churfürften zu Sachffen, auch Landgrauen zu Heffen, dem haufs Oefterreych erzeygt, gefchweigen.

222 Einzelne Bemerkungen und Berichtigungen.

Melanchthon in einem Brief an Veit Dietrich im Jahr 1546. da er des Schmalkaldifchen Kriegs gedenket, Tom. Lugd. Epp. Mel. p. 496.

Annis fere mille in Germania nulli fuerunt Italici exercitus. Nunc eos adducit Carolus, & contra eam famlilam adducit, a qua in hoc imperii faftigium evectus eft.

In *Wolfg. Krauſſens* Stamm und Ankunft des Chur- und Fürftlichen Haufes Sachfen (Nürnb. 1554. 8.) Bogen J 6.

Friderich ift auch ein weyfer hochuerftendiger vnd wolberedter Fürft geweft, das er letzlich nach Keyfer Maximiliani todt ift zu Römifchem Keyfer erwelt worden, aber vonn wegen feines alters, das er der Zeyt auff jm gehabt, hat er fich diefes hohen Ambts geweygert, vnd nit vnterfangen wollen, Sondern Carolum den fünften, vnd yetzt regierenden Römifchen Keyfer darzu erwehlet.

In dem gleich darauf folgenden Epitaphio:

Zum Keyfer ward auch erkorn ich
Defs mein alter befchweret fich
Darfür ich Keyfer Carl erwelt
Von dem mich nit wand gunft noch gelt.

Einzelne Bemerkungen und Berichtigungen. 223

22.

Sonderbare Dedication. *)

Zuschrift an den Herrn Jesum.

Mein Herr Jesu!

Verzeihe mir es, Liebster Heiland! daß dieses Blat dir einen so kurzen Titel giebt. Und wie solte es deine Ehrenamen alle begreiffen können, da es ein so kurzes Blat ist: weil die ganze Welt zu klein, allen deinen Ruhm, alle deiner Hoheit Namen, alle deine Würde, alle deine Herrlichkeit, allen deinen Preiß, alle deine Thaten zu fassen? Sufficiat dixisse nomen tuum, suauissime Jesu! Es sey genug; deinen Namen genennet zu haben, süssester Jesu! In dem edlen Jesus Namen liegt aller Titel Würdigkeit. Und was fragst du nach vielen Titeln, du Seeligmacher, der du das Haupt-Beyspiel der Demuth! Was ich aber wolle? weissest du selbst wohl. Ich gebe dir hiemit, was deine Gnade mir gegeben. Ich gebe dir meinen Himmel auf Erden: dafür wollest du mir geben deinen Himmel in dem Himmel. Du verstehest mich, Jesu! wie ich es meine. Und was ich dir hie zuschreibe, bin ich dir längst schuldig. Denn da vor etlichen Jahren deine Güte durch die Hand des tapfern und frommen, auch hochgelehrten Mannes, D. Johann Georg Volkamers zu Nürn-

---

*) Diese Dedication befindet sich in M. Gottfried Händels, Predigers, Prof. und Inspectoris im Hochf. Brandenb. Kloster und Gymnasio Heilsbronn, auf die Erden gesetzter Himmel: oder Himmel auf Erden, Nürnb. 1680. 12.

Daniel Friedrich Jan hat im J. 1718. eine eigne Abhandlung de Fatis dedicationum librorum geschrieben, die noch sehr verehrt werden könnte; denn der Unfug, der von jeher mit Dedicationen getrieben wurde, ist fast unzählich, und fällt öfters ins lächerliche.

berg (welche du zum Seegen fetzen wolleft) mir nun faft Todten das Leben wiederum verliehen, habe ich dir dergleichen verfprochen. Jetzt zahle ich. Jefu habe Dank, dafs ich zahlen kann! Nimm den Verzug nit übel auf: eher konnt ich nicht. Schütze mich und diefs Buch, fo wirft du Ehre davon haben. Nimm mit diefem vor lieb, und ftärke mich, dafs ich ewig bleibe

dein getreuer Knecht
Gottfried Händel.

23.
Litterarifches Projekt.

Hambergers zuverläfsige Nachrichten von den vornehmften Schriftftellern vor dem XVIten Jahrhundert find eines unferer fchätzbarften litterarifchen Werke. Diefer Litterator hat fein Vorhaben, eine Fortfetzung davon über die Schriftfteller der letzten drey Jahrhunderte zu liefern, nicht mehr ausgeführt. Ein folches Handbuch würde aber jungen Gelehrten und Litteratoren viele Bequemlichkeit verfchaffen und manche Koften erfparen, da man, fo lange daffelbe nicht exiftirt, die Nachrichten von einem Gelehrten in vielen Büchern, in welchen fie noch zerftreut liegen, mühfam zufammenfuchen und manche Stunde fruchtlos verderben mufs. *Saxens* Onomafticon erfüllt diefe Abficht nur zum Theil, fo fchätzbar es auch übrigens ift, weil es nicht bis auf unfere Zeiten reicht, unter den Schriftftellern eine folche Auswahl getroffen ift, bey der man noch manchen ehrlichen Mann vermifst, und es mehr ein Repertorium über andere Bücher, die man nachfchlagen kann, alfo nur demjenigen befonders nützlich ift, welcher die angeführten Schriftfteller zu gebrauchen Gelegenheit hat. Man findet aber nach feinem Plan weder Schriftenverzeichniffe, noch eigentliche Lebensgefchichte

der

Einzelne Bemerkungen und Berichtigungen.

der Gelehrten in seinem Buche. — *Nicerons* Nachrichten sind, zumahl in Ansehung der Gelehrten außer Frankreich, gar nicht hinreichend. — Beyde bieten inzwischen gute Hülfsmittel zur Bearbeitung des neuen Werks dar, dessen Project ich hiemit vorlege.

Dieses würde sich von einem Gelehrtenlexicon dadurch unterscheiden, daß das letztere alle, auch minder wichtige Schriftsteller enthält, jenes hingegen nur die *vornehmsten* Schriftsteller begreift, auf die deutsche Nation vorzüglich Rücksicht nimmt, ohne jedoch die wichtigen Schriftsteller der Ausländer zu übergehen. Hiebey würde der Umfang noch immer beträchtlich genug bleiben. Die Bearbeitung einzelner Artikel würde sich nach der Beschaffenheit des Stoffs und der Wichtigkeit des Mannes richten. Von manchem Gelehrten sind ohnehin nicht viele Lebensumstände bekannt, manche Nachricht ließe sich ziemlich abkürzen; und die Schriftenverzeichnisse würden nicht alle und jede kleine akademische Schriften enthalten können, zumahl wenn man davon bereits Sammlungen hat. Eben deswegen würde auf andere ausführlichere Nachrichten zugleich verwiesen, wie es Hamberger that. Umständliche Beurtheilungen einzelner Schriften wird man hier auch nicht suchen.

Ein Haupterfordernifs eines solchen Werkes wäre die *Richtigkeit* und *Zuverläßigkeit*. Zu diesem Ende würde einige der vorzüglichsten Hülfsmittel, oder in manchen Fällen, nur ein einziges, in welchem alle Vorgänger angezeigt worden, angegeben werden. Z. E. bey Rechtsgelehrten *Jäpler*, bey Aerzten *Haller*, die gelegenheitlich auch berichtigt, und ergänzt werden könnten.

Die Verbesserer der Wissenschaften aus dem XV. Jahrhundert, welche Hamberger übergieng, müßten noch nachgeholt werden, damit sich dieses Werk an das Hambergerische anschlösse.

P

Die Ordnung könnte *chronologisch* seyn nach den Todesjahren der Gelehrten. Vermittelst eines alphabetischen Registers könnte es auch als ein Lexicon gebraucht werden.

Die ganze Arbeit ist nicht das Geschäfte eines einzigen Mannes; sondern mehrere Litteraturfreunde müsten sich deswegen verbinden. Zur Beförderung des Absatzes, (welcher bey litterarischen Werken besonders in Anschlag kommt,) würde es daher auch besser seyn, die einzelnen Classen der Gelehrten nach den Facultäten, oder nach einer noch speciellern Abtheilung in Ansehung deren, die zur philosophischen Facultät zu rechnen wären, zu trennen, jedoch so, daß es immer ein Ganzes bliebe, das unter einem doppelten Titel verkauft wurde. Bey jedem Manne, der zu mehr als einem gerechnet werden kann, würde auf den Theil des Werkes verweisen, wo sein Leben steht.

Dieß sind meine Gedanken über ein litterarisches Werk, welches uns und andern Nationen zur Zeit noch fehlt. Ich wünsche, daß andere Litteratoren diese Vorschläge prüfen, beurtheilen, und in diesem Magazin ihre Meynung darüber mir mittheilen mögen.

P.

24.

Ankündigung.

Kein Theil der *Arzneykunde* liegt so unbearbeitet und vernachläßigt, als ihre *Geschichte*. Noch besitzt keine Nation ein vollständiges und zweckmäßiges Werk über dieselbige, und selbst die vorhandenen Bearbeitungen der ältern *Geschichte* sind nicht mit dem Geiste eines *Henslers* und *Mohsens* abgefaßt. Nicht einmal ein brauchbares, unsern Zeiten angemeßnes Handbuch ist vorhan-

Einzelne Bemerkungen und Berichtigungen. 227

den, welches nur das bisher bekannte richtig umfafste. Aber weder zu diefem noch jenem ift Hofnung, fo lange nicht im einzelnen vorgearbeitet, Materialien durch einzelne Erörterungen gefammelt werden. In diefer Hinficht, und um manchen vielleicht fchlummernden Freund der Gefchichte zu wecken, habe ich mich entfchloffen, ein eignes *Archiv für die Gefchichte der Arzneykunde, in ihrem ganzen Umfang*, anzulegen. In einer ausführlichen Ankündigung, welche in den nächften Wochen abgedruckt feyn wird, lege ich meinen Plan und meine Ideen näher dem Publikum vor, und zur *Oftermeffe* 1788. wird das *erfte Stück* des *Archivs*, im *Grattenaucrifchen* Verlag allhier, felbft erfcheinen. Nürnberg, am 24. December 1787.

Dr. Philipp Ludwig Wittwer.

www.ingramcontent.com/pod-product-compliance
Lightning Source LLC
Chambersburg PA
CBHW031750230426
43669CB00007B/570